남북전쟁과 제국의 탄생

미국사 산책 3

미국사 산책 3 : 남북전쟁과 제국의 탄생

ⓒ강준만, 2010

1판 1쇄 2010년 3월 12일 펴냄 1판 2쇄 2013년 1월 15일 펴냄

지은이 | 강준만 **펴낸이** | 강준우 **기획편집** | 김진원, 문형숙, 심장원, 이동국
디자인 | 이은혜, 최진영 **마케팅** | 박상철, 이태준 **펴낸곳** | 인물과사상사
출판등록 제17-204호 1998년 3월 11일 **주소** | (121-839) 서울시 마포구 서교동 392-4 삼양빌딩 2층
전화 | 02-471-4439 **팩스** | 02-474-1413 **홈페이지** | www.inmul.co.kr | insa@inmul.co.kr
ISBN 978-89-5906-140-2 04900 ISBN 978-89-5906-139-6 (세트)
값 14,000원

이 저작물의 내용을 쓰고자 할 때는 저작자와 인물과사상사의 허락을 받아야 합니다.
파손된 책은 바꾸어 드립니다.

남북전쟁과 제국의 탄생

미국사 산책 3

강준만 지음

제1장 노예제·이민 갈등

『톰 아저씨의 오두막』 노예제 타협과 갈등 •9
아시아를 향한 '명백한 운명' 페리의 흑선과 이양선의 출몰 •17
"나는 아무것도 모릅니다" 이민의 물결과 토착주의 운동 •26
남북전쟁의 신호탄인가? '포타와토미 학살'과 '드래드 스콧 사건' •37
75마리의 낙타와 메이시 철도의 질주, 백화점의 탄생 •44

제2장 링컨의 남북전쟁

'분열된 집안' 에이브러햄 링컨과 존 브라운 •55
"인간은 원숭이에서 진화했다" 찰스 다윈의 『종의 기원』 •66
"우리는 적이 아니고 친구입니다" 제16대 대통령 에이브러햄 링컨 •74
링컨의 '연방 구하기' 남북전쟁의 발발 •90
"대의를 완전히 파괴하는 범죄"인가? 노예해방선언 •102

제3장 남북전쟁의 정치학

'국민의, 국민에 의한, 국민을 위한 정부' 게티즈버그 연설 •115
전사자 62만명 남북전쟁의 종전 •129
"투기꾼들을 모두 총살해버렸으면 좋겠다" 남북전쟁 중의 사회 •139
"남부는 살아날 것이다!" 링컨 암살 •151
미국과 조선의 만남 제너럴 셔먼호 사건 •161

제4장 **제국 인프라의 건설**

'위대한 땅' 알래스카와 카우보이 •169
동서남북의 통합 대륙횡단철도의 개통 •179
미국과 조선의 충돌 신미양요 •195
그랜트-트웨인-콤스톡 '도금시대'의 사회상 •204
4000만 버펄로의 멸종 리틀 빅혼 전투 •213
'거리의 소멸'과 '체험공간의 팽창' 전화의 발명 •227

제5장 **약육강식과 우승열패**

"야만시대에서 데카당스 시대로" '날강도 귀족'의 전성시대 •241
토지와 백열등 헨리 조지와 토머스 에디슨 •252
남부의 로빈후드인가? 제시 제임스·프랭크 제임스 사건 •261
'미국은 영토 욕심이 없는 나라' 조미수호조약 •268
'상상할 수도 없는 묵시록적 의미' 의료선교사 알렌의 조선 입국 •281
"백만장자는 자연도태의 산물" 윌리엄 섬너의 사회진화론 •287

참고문헌 •301   찾아보기 •321

제1장
노예제·이민 갈등

『톰 아저씨의 오두막』
노예제 타협과 갈등

1850년의 노예제 타협

1848년부터 1850년까지 지역분쟁과 더불어 대통령의 권한이 약화된 가운데 미국 정치의 주도권은 남부를 대표하는 사우스캐롤라이나 상원의원 존 C. 칼훈(John C. Calhoun, 1782~1850), 서부를 대표하는 켄터키 출신의 상원의원 헨리 클레이(Henry Clay, 1777~1852), 북동부를 대표하는 국민주의자 상원의원 대니얼 웹스터(Daniel Webster, 1782~1852)라고 하는 세 거두가 주도하고 있었다.

1849년 캘리포니아가 자유주로 연방편입을 신청하자 이미 오리건을 자유주로 받아들인 바 있는 남부주들은 격렬하게 반대하고 나섰다. 특히 칼훈은 연방탈퇴 의사까지 밝히면서 강력반대했다. 칼훈이 병이 들어 사망한 직후 타협안이 1850년 9월 의회를 통과했다. 타협안으로 나온 5개 절충 법령의 내용은 다음과 같다.

① 캘리포니아는 자유주의 지위를 획득한다, ② 뉴멕시코와 유타는

노예제에 상관없이 주를 구성한다, ③ 역시 노예제의 구속을 받지 않는 텍사스는 경계를 확정하고 텍사스에서 떨어져 나가는 뉴멕시코 지역의 보상금으로 10만 달러를 받는다, ④ 컬럼비아 특별구(지금의 워싱턴 D.C.)에서의 노예매매(노예제 자체는 아니다)를 금지한다, ⑤ 도망친 노예를 소유주에게 되돌려주기 위해 연방에 사법권을 부여하는 도망노예법(Fugitive Slave Act)을 신설한다.

가장 뜨거운 쟁점은 마지막 법령, 즉 도망노예법이었다. 이 법령으로 노예소유주들은 도망친 노예를 수배할 때 연방의 도움을 받을 수 있는 막강한 힘을 얻게 되었다. 심지어 도망친 노예를 붙잡아 원주인에게 되돌려주는 데 드는 비용까지도 연방정부가 부담하도록 했다. 도망노예를 숨겨주거나 도와주거나 구조해준 일반인에게도 무거운 벌금과 금고형이 부과되었다. 이 법에 따르면 도망한 노예는 재판이나 청문회 같은 법적 보호를 받을 수 없었다. 연방노예 '위원'은 노예한 사람의 송환을 명령할 경우 10달러를 받았으나 노예에게 자유를 부여할 경우에는 5달러밖에 받지 못했다.

재커리 테일러(Zachary Taylor, 1784~1850)가 1850년 7월 콜레라에 걸려 사망하는 바람에 부통령으로서 대통령직을 이어받은 제13대 대통령 밀러드 필모어(Millard Fillmore, 1800~1874)가 법안에 서명했다. 테일러는 7월 4일 워싱턴기념탑 광장의 축하행사에 참석해 긴 연설을 하는 등 타는 듯한 태양 아래에서 몇 시간을 보내면서 지쳐버렸다. 백악관에 돌아온 뒤 그 노인은 씻지 않은 과일로 저녁식사를 하고 얼음 같은 우유를 마셨는데, 이게 탈이 나 며칠 뒤 콜레라로 사망하고 말았다. 역사학자들 사이에서는 테일러가 독살되었을지도 모른다는 의문이

제기되었는데, 그가 죽은 지 141년이 지난 1991년 시체를 파내 검사한 결과 독살은 아닌 것으로 밝혀졌다.

"하나님이 이 책을 썼다"

도망노예법으로 인해 북부도시들에서 수년간 신분을 안전하게 보장받은 것으로 여겼던 대부분의 자유민노예들이 체포돼 압송될 위기에 처했다. 몇몇 도시에서는 성난 군중들이 법령에 반대하여 격렬한 시위를 벌였다. 1851년 뉴욕주 시라큐스에서는 흑백이 뒤섞인 대규모 군중이 교도소로 난입하여 제리(Jerry)라는 이름의 탈출노예를 빼내 도주시키기도 했다.

그러나 우려했던 만큼 도망노예들이 많이 송환되진 않았다. 데이비스(Davis 2004)에 따르면, "도망노예법이 실시되긴 했지만 붙잡혀서 남부로 보내진 흑인노예 수는 그리 많지 않아 300명 정도에 불과했다. 하지만 이 법령으로 의도하지 않은 또다른 결과가 초래됐다. 어떤 젊은 여성이 도망노예법을 '끔찍한 악몽'이라 말하며 소설을 쓰기로 작정하고 미국과 전 세계의 양심을 뒤흔든 작품을 내놓은 것이다."

어떤 소설인가? 해리엇 비처 스토(Harriet Beecher Stowe, 1811~1896)의 그 유명한 『톰 아저씨의 오두막(Uncle Tom's Cabin; or, Life Among the Lowly)』(1852)이다. 스토는 프로테스탄트 성직자의 딸이었고 누이였으며 아내였다. 집안이 온통 성직자 일색이었던 것이다. 아버지 리만 비처(Lyman Beecher) 목사는 칼뱅주의 성직자로 가족과 함께 신시내티에 정착하여 그곳 신학교의 교장이 되었다. 해리엇이 성서문학 교수였던 캘빈 스토(Calvin Ellis Stowe)를 만나 결혼한 곳도 거기였다. 그 학교는 노예제 폐지 정서가 아주 강했다. 1850년 해리엇의 남편은 메인주의 보도인대학에 교수로 채용되었다. 그곳에서 스토 부인은 가족의 권유로 밤에 아이들을 재운 뒤 사악한 노예제에 대한 글을 쓰기 시작했다.

스토 부인이 참고한 주요자료 중엔 찰스턴의 부유한 백인 대농장지주의 딸로 태어난 안젤리나 그림케(Angelina Grimké, 1805~1879)와 세라 무어 그림케(Sarah Moore Grimké, 1791~1873) 자매가 출간한 『미국 노예제도 현황: 1000명 목격자들의 증언(American Slavery as It Is: Testimony of a Thousand Witnesses)』(1839)이라는 책이 있었다. 이 책은 자매가 남부 신문들에 실린 기사를 모아 편집한 것이다. 안젤리나는 1836년 『남부 크리스챤 여성에게 보내는 호소(An Appeal to the Christian Women of the South)』라는 소책자를 출판하고, 세라는 같은 해 「남부 성직자들에게 바치는 서한(Epistle to the Clergy of the Southern States)」이라는 글을 썼다. 노예제 폐지에 관심 있는 백인 여성들의 모임을 구성하는 등 맹활약한 이 자매는 남부 여성이었기 때문에 북부 출신 노예 폐지론자들보다 훨씬 더 심한 비난을 감수해야 했다.

스토 부인의 글은 노예제 폐지론자 잡지인 『내셔널 에러(National Era)』에 연재되었는데, 이를 1852년 보스턴의 한 출판사가 책으로 출간했다. 반응은 폭발적이었다. 1년 동안 30만 부가 팔려나갔다. 유럽에서 번역판이 나오자 판매량은 전 세계적으로 150만 부에 이르렀다. 스토 부인은 "하나님이 이 책을 썼다"고 단호하게 선언했다. 예수는 나중에 선 자가 처음이 될 것이라고 예언했던 바, 스토 부인은 대담하게도 이러한 예언을 흑인에게 적용시키면서 천년왕국이 아프리카에서 수립될 것이라고 예언했다.

이 작품은 연극과 악극으로도 공연되었다. 〈톰 쇼(Tom Shows)〉라는 악극에선 이야기가 변질되곤 했다. 소설 속의 톰은 친절하고 인간적이고 용감하지만 악극 속의 톰은 비굴하고 우유부단해 결국 주인의 명령에 복종하는 인물로 묘사됐다. 백인 관중을 의식한 상업주의였던 셈이다. '엉클 톰'이 백인에게 굽실대는 흑인을 다른 흑인이 경멸조로 부르는 말로 굳어진 것은 바로 이 악극 때문이다.

남부에서는 스토 부인의 책에 대한 분노가 하늘을 찔렀지만 그곳에서도 책은 잘 팔려 나갔다. 이대로 두면 안되겠다고 생각했던 건지 노예의 행복을 역설하는 소설들이 남부에서도 출간되었다. 그런 소설이 잘 팔려나갈 리는 만무했다. 그저 스토 부인이 괘씸할 따름이었다. 언젠가 한번은 복종을 거부한 노예의 잘린 귀가 스토 부인에게 익명의 소포로 배달되기도 했다. 스토 부인은 자신의 작품을 사기라고 비난하는 사람들을 겨냥해 『톰 아저씨의 오두막에 대한 열쇠(A Key to Uncle Tom's Cabin)』(1853)를 써서 그 책에 소개된 사건들은 모두 실화임을 입증하는 자료를 제시했다. 1862년 링컨(Abraham Lincoln, 1809~1865)은 스토 부인을 만나 "이렇게 자그마한 여인이 그토록 큰 전쟁이 일어나게 한 책을 썼다는 거요"라고 말한 것으로 전해진다. 데이비스(Davis 2004)는 이 작품의 역사적 의미에 대해 다음과 같이 말한다.

"이 작품은, 노예제가 '주권(州權)' '국민주권설' 등의 법률용어로나 논의되던 시대에 노예제 폐지를 다룬 허다한 문헌과 의회논쟁으로도 해결하지 못한 노예문제의 개인화에 성공했다. 미국 역사상 최초로 수많은 백인들이 노예가 겪는 인간적 고통을 다소나마 느낄 수 있게 되었다. …… 토머스 페인의 『상식』이 아메리카대륙에 독립에 대한 열정을 불러일으킨 이래 『톰 아저씨의 오두막』만큼 정치적으로 커다란 파장을 불러일으킨 작품은 일찍이 없었다 해도 과언이 아니다."

흑인 노예 세뇌교육

『톰 아저씨의 오두막』이 정치적으로 커다란 파장을 불러일으키긴 했지만, 당장 달라진 건 아무것도 없었다. 『리치먼드 인콰이어러(Richmond Inquirer)』지 1853년 5월 8일자 광고에 따르면, "흑인! 흑인! 본인은 흑인들을 사기 위해 피터즈버그의 볼링브룩 호텔에 투숙하고 있습니다. 읍내 또는 근처 타군에서 노예를 파실 의향이 있으신 분은 연락 바랍니다. 12세에서 30세까지의 남녀-특히 기술사, 가사(家事)직 노예를 우대하겠습니다. 연락하시는 분께 신속히 통지하겠습니다."

1854년 매사추세츠주에서 도망노예 토머스 심스(Thomas Simms)의 남부송환 문제가 논란이 되었다. 매사추세츠주 대법원이 송환판결을 내리자, 1854년 7월 4일 노예폐지론자의 집회에서 '매사추세츠주의 노예제'라는 제목으로 연설한 헨리 데이비드 소로(Henry David Thoreau, 1817~1862)는 그 판결을 맹렬히 비난했으며, 같은 집회에서 윌리엄 로이드 개리슨(William Loyld Garrison)은 합중국 헌법을 불태웠다.

나중에 에이브러햄 링컨은 이 도망노예 송환법에 지지를 표명해 두고두고 논란이 되었다. 1858년 일리노이주 상원의원 선거 때다. 링컨의 상대는 민주당의 거물 스티븐 A. 더글러스(Stephen A. Douglas, 1813~1861)였는데, 더글러스와의 토론에서 링컨은 다음과 같이 말했다. "그들이 자신들의 법적 권리(노예소유권)를 내세울 때 나는 그것을 억지로가 아니라 진심으로 승인합니다. 나는 그들에게 도망친 노예들

1864년 애틀랜타 화이트홀(Whitehall) 스트리트의 흑인노예 판매소.

을 잡아들일 어떠한 입법조치라도 해줄 것입니다." (DiLorenzo 2003) 링컨의 강점은 유머였다. 더글러스가 링컨을 가리켜 '두 얼굴의 사나이'라고 비난하자, 링컨은 이런 유머로 되받아쳤다. "만약 제게 또다른 얼굴이 있다면 지금 이 얼굴을 하고 있을 거라고 생각하십니까?"

불법적인 밀수를 제외한다면 1808년에 외국으로부터의 노예수입이 중단되었지만 노예매매는 1850년대 내내 계속되었다. 남부 백인은 노예제를 '독특한 제도(peculiar institution)'라고 불렀다. 이상한 것이 아니라 특수한 것이라는 점을 강조하기 위해서였다. 가난한 남부인들은 노예제로 위안을 받으며 결속을 다지곤 했다. 1850년대 남부사회를 기록한 북부인 프레더릭 로 옴스테드(Frederick Law Olmsted)는 "유년시절부터 백인대중에게 삶을 가치 있게 해준 것은 그들의 생활조건 가운데 한 가지, 즉 자신들보다 깜둥이가 열등하다는 인식이었다"고 썼다.

노예들에겐 반란의 위험을 원초적으로 제거하기 위한 세뇌교육이 실시되었다. 열등감 배양에 초점을 맞춘 세뇌교육엔 교회까지 가세했다. 1850년대에 버지니아 성공회의 미드(William Meade) 주교는 흑인 노예들에게 설교하는 백인목사들에게 권장하는 설교문들을 책으로 썼다. 예컨대, 흑인노예들에게 다음과 같이 겁을 주라는 것이었다.

"여러분들이 여러분의 주인님들 또는 주인마님들께 잘못을 범하는 것은, 천상에서 그분들을 여러분 위에 높이 두신 하나님께 잘못을 범하는 것과 다름없다는 것을 여러분은 모르십니까? 하나님께서는 여러분이 하나님을 섬기듯 그분들을 섬기기를 바라십니다. 여러분의 주인님들께서는 하나님의 감독자이시며, 만일 여러분이 그분들께 잘못을 범한다면, 하나님께서는 다음 세상에서 그 잘못에 대해 여러분을 엄하게 벌하실 것입니다."

이런 열등감 조성은 전 인류사에 걸쳐 지배자가 피지배자를 대상으로 시도하는 공식과도 같은 것이다. 인종과 민족을 기준으로 '그들'에겐 열등감을 주입하고, '우리'에겐 자부심을 고취시키는 게임이 치열하게 전개된다. 유유상종(類類相從)인가? 제2단계가 남아 있다. 처음에는 서로 비슷한 사람들과 한패가 되었을망정, 한패가 되고 나서 비슷하다고 판단하는 경향이 농후해진다. 유유면 상종이 아니라 상종이면 유유해짐으로써 '그들'과 '우리' 사이의 소통은 갈수록 어려워진다.

참고문헌 Berreby 2007, Brinkley 1998, Davis 2004, DiLorenzo 2003, Dole 2007, Felder 1998, Folkerts & Teeter 1998, Huberman 2001, Persons 1999, Shenkman 2003, Steiner 2008, Taranto & Leo 2008, Watkins 1995, 사루야 가나메 2007, 신문수 1995, 임종업 2007, 최웅·김봉중 1997

아시아를 향한 '명백한 운명'
페리의 흑선과 이양선의 출몰

1852년 대선-프랭클린 피어스

1852년 대통령 선거에선 북부 민주당의원 출신 프랭클린 피어스(Franklin Pierce, 1804~1869)와 휘그당의 후보인 전쟁영웅 윈필드 스콧(Winfield Scott, 1786~1866)이 맞붙었다. 휘그당은 피어스를 '도우페이스(doughface)'라고 비난했는데, 이는 남부의 원리를 추종하는 소신 없는 북부인이란 뜻이다. 피어스의 약점은 술을 너무 좋아한다는 것이었다. 반대파 신문들은 피어스의 음주벽을 신나게 거론했으며, 휘그당은 피어스의 음주로 인한 탈선행위를 언급하면서 피어스를 '술병과 너무나 잘 싸우는 영웅'이라고 조롱했다. 반면 민주당은 피어스를 전설적인 앤드루 잭슨과 비교하면서 그를 '그래닛힐즈의 영 히커리(Young Hickory on the Granite Hills)'로 선전했다.

선거결과 피어스가 제14대 대통령으로 선출되었지만, 그는 두고두고 조롱의 대상이 된다. 피어스는 무명인사였는데, 오히려 그게 승리엔 유리했다. 그의 최대강점은 그가 뛰어난 미남이라는 점인 반면, 최대약점은 머리가 비었다는 점이었기 때문이다. 피어스가 대통령 후보로 지명되었다는 소식을 들은 그의 아내는 기절했으며, 그가 대통령에 당선되자 뉴햄프셔주 사람들은 기절은 하지 않았지만 크게 놀랐다고 한다.

훗날 일부 논평가들은 "피어스 이후, 이 나라는 외모는 멋지지만 머리가 텅 빈 사람들에게는 안전한 나라가 되었다"고 꼬집었다. 해리 트루먼(Harry S. Truman, 1884~1972)은 "피어스는 바보였다. 그의 초상화는 백악관에서 가장 멋지다. 하지만 대통령이 되는 것은 단지 잘생기기 대회에서 우승하는 것보다는 조금 더한 그 무엇인가가 있다"고 주장했다.

대통령 당선 이후 피어스의 삶은 불운의 연속이었다. 대통령 취임식 직전 기차여행에서 탈선사고로 11세 아들이 사망했다. 그는 3명의 자녀가 모두 다 12세 이전에 사망하는 불운으로 넋을 잃었고, 그런 개인적 불행을 백악관까지 가지고 들어가 내내 우울하게 지냈다. 침울함을 달래기 위해 많은 시간 동안 술에 의존했다. 게다가 퇴임 후 고향 주민들로부터 귀향 환영식조차 거부당할 정도로 배척당했으며, 역사적으론 무능한 대통령의 대표로 꼽히고 있으니 대통령을 하지 않는 게 훨씬 나았을 것이라는 생각이 든다.

피어스 때문에 망신을 당한 문인도 있는데, 그는 바로 단편 「큰바위얼굴(The Great Stone Face)」(1850)과 장편 『주홍글씨(The Scarlet Letter)』(1850)의 작가인 너새니얼 호손(Nathaniel Hawthorne, 1804~1864)이다. 그는 친구인 피어스의 대통령 당선을 위해 피어스의 '애국심, 고결함, 용기'등을 격찬한 『프랭클린 피어스전(Life of Franklin Pierce)』(1852)을 집 필했다. 휘그당은 그가 "천재적인 재능을 정치에 팔았다"고 비난했다.

1858년 미일수호통상조약

그러나 피어스는 아시아의 입장에선 무시할 수 없는 대통령이다. 그의 재임시에 미국이 일본의 문을 두드렸기 때문이다. 당시 조선은 여전히 밖에 널리 알려지지 않은 '은둔의 왕국'이었다. 조선이 처음 외신에 등장한 것은 1824년 5월 미국 오하이오주의 한 일간지에 실린 '인어(人魚)' 기사였다. 한국 연안에서 빗과 거울을 든 인어가 산 채로 잡혀 미국 버지니아주 리치먼드에서 전시되고 있다는 황당한 내용이었다.

1840년 중국에선 이른바 아편전쟁(1839~1841)이 일어났다. 표면적으론 인도산 아편의 무차별 중국유입에 대한 청의 강력한 반발의 결과였지만, 실제론 서양 제국주의에 대한 동양의 저항이었다. 이 전쟁은 영국의 승리로 끝났다. 청은 1842년 8월 굴욕적인 난징(南京)조약을 맺음으로써 '잠자는 사자'가 아니라 '종이호랑이'임을 입증했다.

청은 쇄국의 빗장을 열어야 했으며, 향나무를 실어내던 향기로운 섬 홍콩(香港)을 영국의 식민지로 넘겨줘야 했다. 난징조약은 홍콩 할양 외에도 청이 5개 항구를 개방하는 동시에 영사재판권, 최혜국 대우, 협정관세 등을 보장하는 불평등조약이었다. 새로 개방된 상하이(上海)를 중심으로 아편 유입량이 증가해 1850년대에는 5만~7만 상자에 육박했다.

프랑스도 1844년 청국과 황푸(黃埔)조약을 체결하여 영국과 동등한 통상 권리를 획득했으며, 미국도 같은 해 청국과 왕샤(望廈)조약을 체결하여 중국 진출의 기반을 만들었다. 이어 미국은 1846년 제임스 비들(James Biddle, 1873~1848) 제독을 일본으로 보내 일본의 개항을 요구했지만, 비들 일행은 강제로 추방당하고 말았다. 그로부터 7년 만인 1853년 7월 8일 미국의 동인도함대 사령관 페리(Matthew C. Perry, 1794~1858) 제독이 다시 일본 에도만(江戶湾, 도쿄만의 옛이름)을 찾았다.

비들 제독이 당한 모욕을 잘 알고 있는 데다 나름대로 일본을 깊이 연구한 페리는 군함 4척을 이끌고 에도만에서 무력시위를 벌여 일본을 충격에 빠트렸다. 이를 본 에도 시민들이 짐을 싸들고 피난길에 나서는 등 일대소동이 벌어졌다. 페리의 4척 군함 중 2척은 검은 연기를 뿜어내는 증기선이었는데, 이를 처음 본 일본인들은 불타는 화산이 바다에 떠 있는 것으로 생각했다. 일본인들은 이를 흑선(黑船)이라 불렀다. 일본 배는 가장 큰 것이라고 해봐야 200톤급이었는데, 흑선은 2400톤이었으니 일본인들이 충격을 받은 건 당연한 일이었다.

이미 18세기부터 네덜란드에 창구를 열어 난학(蘭學, 네덜란드어로 된 책들을 통해서 서양을 연구하는 학문)에 의해 서양의 학술을 연구해온 일본으로선 도무지 이해할 수 없는 일이었다. 페르난데스아메스토(Fernandez-Armesto 1997)의 설명에 따르면, "네덜란드는 부실한 서양의 창구임이 드러났다. 그것은 뿌연 유리를 끼운, 게다가 일부는 닫혀 있는 창문이었다. 일본 정부는 1808년까지 미국 독립에 대해 몰랐고, 네덜란드 정보제공자들만 믿다가 프랑스혁명이 성공한 것에 대해서도 전혀 모르고 있었다."

7월 14일 페리는 무장한 250여 명의 해군과 해병과 군악대를 거느

일본 화가가 그린 매튜 페리(1854년). 북아메리카 인물 페리 초상화라고 쓰여 있다.

리고 일본 관리들을 만나 피어스 대통령의 서한을 건네주었다. 피어스는 서한에서 "우리 증기선은 캘리포니아에서 일본까지 18일밖에 걸리지 않는다"고 미국의 힘을 과시하며, "우리 두 나라가 양국에 도움이 될 무역을 서로 할 수 있기를 희망한다"고 말했다. 그러나 일본은 여전히 개항할 뜻이 없다고 답했고, 이에 페리는 다음 해에 다시 오겠다는 말을 남기고 일본을 떠났다.

페리는 그로부터 8개월 만인 1854년 3월 8일 250문의 대포로 무장한 8척의 군함을 이끌고 일본을 다시 찾아왔다. 이전보다 더 웅장하고 화려한 무력시위를 벌였고, 이번엔 일본인들도 깨달은 바가 있었다. 3월 14일 가나가와(神奈川)에서 일본은 페리 제독과 미일화친조약을 체결했으며, 1858년엔 미일수호통상조약을 체결했다. 이어 일본은 네덜란드, 러시아, 영국, 프랑스와 조약을 체결했다.

　이른바 '포함외교(Gunboat Diplomacy)'다. 일본은 배움이 빠른 나라였다. 페리의 출현에 충격을 받은 교토(京都) 황궁에서는 몇 세기 동안의 침묵을 깨고 사찰의 종을 녹여서 총을 만들라고 요구했다. 훗날 일본에선 "한 발의 포성은 200년의 긴 꿈에서 일본인을 깨어나게 했다"는 말까지 나왔다. 그도 그럴 것이 대미수교 직후 수구파와 개화파 간의 대격돌이 벌어져 일본 전체가 내란의 소용돌이에 휘말려든 가운데 개화파가 승리함으로써 200년 이상 계속된 막부(幕府)정치가 종식되고 입헌왕정이 시작되는 이른바 '메이지유신(明治維新, 1868년 1월 4일)'을 이루었기 때문이다. 미국도 아시아에 새롭게 눈을 떴다. 데이비스(Davis 2004)에 따르면, "일본과의 통상조약으로 미국은 명백한 운명의 분위기를 캘리포니아 연안 너머 해외로까지 확장시킬 수 있게 되었다."

이양선은 충격과 공포의 대상

세계정세가 그러했던 만큼, 1850년대부터는 조선에도 이양선의 출몰이 없는 해가 없을 정도가 되었다. 이양선(異樣船)은 '이상한 모습을 한 배'라는 뜻이다. 서양인들의 배는 조선 선박과는 전혀 다르게 생겼는데, 조선인들이 보기에 선체는 마치 태산과 같았고, 범죽은 하늘 높이 치솟았으며, 빠르기가 마치 나는 새와 같았다.

　한국 연해에 출현한 최초의 서양 열강의 선박은 부솔호(La Boussole) 등 2척의 프랑스 군함으로 추정되는데, 이들은 1787년(정조 11년) 5월 제주·울릉도 해역을 조사 측량했다. 본토 연안에 출현하여 최초로 조선 관원의 문정(問情)까지 받은 서양 선박은 1797년 9월 동래 용당포까지 온 영국 탐험선 프로비던스호(Providence)였다. 이 배는 동아시아 일대의 해도를 작성하다가 식량과 식수를 얻기 위해 온 것으로, 이게 조선과 영국의 최초의 만남이었다.

프로비던스호의 출몰 이후 수많은 선박이 출몰했다. 1832년 영국 동인도회사 소속의 로드 앰허스트호(Lord Amherst)가 황해도 장산곶과 충청도 고대도에 나타나 조선 정부에 통상을 요구하다가 돌아갔는데, 통상요구로는 이것이 첫 번째 사건으로 기록되고 있다. 1845년에는 6월 25일부터 7월 말까지 영국 군함 사마랑(Samarang)호가 제주도와 전라도 해안을 탐사하고 갔다. 군인들이 제주도의 우도에 상륙해 가축을 약탈하고 달아나자 제주도민들이 놀라 피난을 가는 등 큰 소요가 발생하기도 했다. 이들은 7월 6일 여수 앞바다에 있는 거문도에 도착하여 4일간 측량을 했는데, 이 섬을 자기들 멋대로 영국 해군성 차관의 이름을 따서 '해밀턴항(Port Hamilton)'이라고 명명했다. 영국은 이때의 측량과 그간 축적된 서양인들의 관찰을 종합하여 1849년 조선에 관한 가장 정확한 지도를 발간했다. 훗날(1885) 거문도 점령을 위한 사전 준비작업인 셈이었다. 1846년 7월엔 세실(Jean-Baptiste Cécille, 1787~1873) 함장이 이끄는 프랑스 함대가 충청도 외연도에 나타나 1839년 기해박해 때 있었던 프랑스 신부 3명의 처형을 항의하는 서한을 조선 정부에 전달하고 돌아갔다.

이양선들 중엔 탐험, 연안 측량에만 머무르지 않고, 재물을 약탈하거나 사람을 죽이는 등 난폭한 행동을 하는 경우들도 나타났다. 그래서 많은 경우 이양선의 출현은 당시 조선인들에게 충격과 공포의 대상이었다. 신기한 서양물건마저 조선인들을 공포에 떨게 만들었다. 1847년 여름, 세실 서한의 회답을 요구하기 위해 온 프랑스 군함 2척이 전라도 앞바다에서 암초에 걸려 만경과 부안의 경계인 신치도라는 섬에 닿았을 때 주민들이 겪은 '공포' 해프닝이다.

"이 배에서 건져낸 물건은 거의 대포나 총이었는데, 관리들은 이것들을 재빨리 창고로 옮겨놓고 문을 굳게 잠가버렸다. 창고문을 잠근 뒤 마을 사람들은 한시름 놓을 수 있었다. 그런데 창고 안에서 똑딱똑딱 하는 야릇한 소리가 새어나오는 바람에 섬은 다시 공포에 사로잡히고 말았다. 그 무기들 속에 시계가 들어 있었던 것을 사람들은 알 턱이 없었다. 일주일이나 계속해서 똑딱 소리가 들려오자 마을 사람들은 회의를 열었다. '서양 귀신이 우리 섬을 해치기 위해 일부러 도깨비를 떨어뜨려 놓고 간 게 틀림없다!' '당장 굿판을 벌여 서양 도깨비를 몰아내자!' 뭍에서 불러온 용하다는 무당이 한바탕 굿을 한 뒤 얼마 지나지 않아 우연의 일치로 똑딱 소리가 뚝 그쳤다. 감겼던 시계의 태엽이 다 풀어져 소리가 멈추었던 것이다."

이처럼 1840년대의 이양선은 주로 영국이나 프랑스 선박이었지만, 미국은 1834년 동남아시찰단을 보내 조선과의 수교 가능성을 전망하는 등 일찍부터 관심을 나타냈다. 1848년 캘리포니아를 먹은 뒤 미국의 관심은 태평양 건너를 향했으며, 1850년대부터 조선 해안에 미국 선박이 나타나거나 표류하기 시작했다. 조선은 전통적으로 멀리서 오는 사람에 대해 되도록 너그럽게 대한다는 이른바 유원지의(柔遠之義) 정책을 쓰고 있었다. 미국의 포경선 투브라더스호(Two Brothers, 철종 3년)와 상선 '서프라이스호(Surprise, 고종 3년)'가 잇따라 표류됐지만 모두 무사히 송환된 것도 바로 그런 정책 때문이었다.

미국은 남북전쟁(1861~1865)이 끝난 다음부터 조선에 대해 보다 적극적인 관심을 가지게 되는데, 흑선이 조선을 먼저 찾았더라면 어떤 일이 벌어졌을까? 하나 마나 한 어리석은 가정이긴 하지만, 20여 년 후 일본이 미국에게 배운 수법을 고스란히 조선의 개항을 강요하는 데에 써먹게 되니 새삼 '운명의 선착순'에 대해 생각해보지 않을 수 없다.

참고문헌 Davis 2004, Dole 2007, Fernandez-Armesto 1997, Miller 2002, Ridings & McIver 2000, Taranto & Leo 2008, 강재언 1998, 김정기 1992, 문일평 1996, 박천홍 2003, 배항섭 1994, 백성현·이한우 1999, 사루야 가나메 2007, 송병기 2005, 유종선 1995, 이광린 1997, 이기환 2001, 장병길 1995, 차상철 외 1999, 최인진 1999, 한국기독교역사연구소 1989, 한상일 2002, 허원 1997

"나는 아무것도 모릅니다"
이민의 물결과 토착주의 운동

캔자스네브래스카법과 공화당의 탄생

미남이지만 무기력한 피어스 대통령이 정쟁의 조정자 역할을 하지 못하는 무능을 드러냄에 따라 휘그당과 민주당은 노예제를 비롯한 지역적인 문제들로 싸우느라 모두 혼란상태에 빠져들었다. 휘그당은 두 거인 클레이와 웹스터가 더이상 힘을 쓰지 못하자 낭패감에 빠졌고, 민주당에서는 남부 주의원 수가 북부 주의원 수를 급속히 앞지르며 북부 주의원이 당에서 점점 밀리는 추세를 보이고 있었다.

이때의 주요 정치적 전선은 노예주와 자유주의 남북대결이었지만, 명분보다는 누가 더 지배력을 행사하느냐 하는 탐욕이 지배하고 있었다. 이 문제로 1850년과 1854년 타협을 이끌어냈던 일리노이주 민주당 상원의원 스티븐 더글러스는 서부의 새로운 영토를 조직하려고 나섰다. 장차 캔자스주와 네브래스카주가 될 곳이었다. 그는 일리노이 중앙철도회사의 간부이자 땅투기꾼으로서 새로운 영토가 시카고를 종착역으로 하는 새로운 철도개발의 가능성을 열어줄 것을 기대했다.

그런데 캔자스는 노예주 경계선 위에 놓이게 될 것이기 때문에 미주리협정에 따라 자유주가 되어야 하는 문제가 있었다. 이는 남부의 민주당 의원들이 반대할 것이 분명했다. 더글러스는 자신이 1856년에 대선후보가 될 가능성과 그렇게 될 경우 남부의 지지가 필요하다는 생각에서 나름의 해결책을 제시하고 나섰다. 대륙횡단철도를 북부선으로 결정하기 위해서도 남부인의 지지가 필요하다는 계산을 했다. 이렇듯 남부인들의 표를 얻을 심산으로 34년 동안 정식주가 되기 전의 준주들을 관리해온 미주리협정을 폐지하기로 남부인들과 합의를 본 것이다. 그렇게 해서 1854년 5월 캔자스네브래스카법이 제정되어 미주리협정이 철회되었다.

캔자스와 네브래스카는 1820년의 미주리타협에서 정한 북위 36도 30분선 북쪽에 있으므로 당연히 노예제가 금지되어야 했지만, 이 새로운 법에 따르면 캔자스와 네브래스카 영토가 장차 자유주가 될 것인지, 아니면 노예주가 될 것인지는 전적으로 그 지역주민들의 의사에 따른다는 것이다. 당연히 북부의 노예제 폐지론자들이 들고일어났다.

이러한 대혼란 속에 새로운 연합이 모색되었다. 위스콘신주 리폰(Ripon)에서 열린 첫 모임을 시작으로 일련의 회합이 이루어진 결과 공화당이라는 새로운 정당이 탄생했다. 1854년 5월 9일 30명으로 구성된 의원모임은 공화당을 정식당명으로 채택했다. 공화당은 노예제 폐지를 주장하여 이전의 자유토지당 의원들과 노예제에 반대하는 단체들을 끌어들이는 데에 성공했다.

미주리협정의 효력정지로 북부의 민주당은 전멸할 위기에 처한 반

1854년 미국 정치지도. 자유주와 노예주 지역을 구분해놓았다.

면 공화당은 캔자스네브래스카법의 반대를 당의 기본이념으로 삼아 급속히 팽창하기 시작했다. 공화당은 미국의 서부를 백인 자유노동자에게 반드시 개방해야 한다는 것을 당의 기본원칙으로 삼음으로써 백인 자유노동자들에게 어필했다. 1854년 선거에서 공화당은 북부의 하원의석을 석권했고 민주당은 거의 반 정도의 의석을 상실했다. 상실된 의석은 거의 북부였기 때문에 이제 민주당의 기반은 거의 남부에 국한되어 이후 정치판도는 남부의 민주당과 북부의 공화당 양 세력으로 갈라졌다.

'영원한 성조기 결사단'과 '용광로'

또다른 신당도 더글러스와 남부가 흥정한 덕을 보았다. 이 신당은 미국으로 이민자가 쇄도해오는 것을 결사적으로 반대하는 과정에서 탄생했기 때문에 토착미국당(Native American party)이라는 이름을 가지게 되었다. 토착미국당의 탄생 배경을 살펴볼 필요가 있다.

1807년부터 노예수입이 법으로 금지되었지만 그건 있으나 마나 한 법이었다. 1790년 인구조사에서 70만 명이던 노예수가 1860년에는 350만 명으로 증가했다. 외국이민자도 급증했다. 외국이민자 수는 1830년대엔 50만, 1840년대엔 150만, 1850년대엔 250만 명에 이르렀다. 1860년에는 3200만 미국인 중 8분의 1이 이민자였는데, 이민자들의 압도적 다수는 빈곤과 정치적 격변 속에서 탈출한 아일랜드인과 독일인이었다. 1860년대에 150만 명이 넘는 아일랜드 태생의 이민자와 100만 명에 육박하는 독일 태생의 이민자가 미국으로 건너왔다.

1789년 미국에서 가톨릭교도의 인구비율은 1퍼센트가량이었고, 유대교도들의 비율은 그것의 10퍼센트가량이었지만, 아일랜드와 독일에서 오는 이민의 가속화로 미국의 개신교도 특성은 완화되기 시작했다. 아일랜드인의 90퍼센트와 독일인의 상당수는 가톨릭교도였기 때문이다.

이렇듯 이민자가 급속히 늘면서 외국인의 위협에 대처하기 위한 비밀결사 조직들이 많이 만들어졌다. 전신부호를 만든 새뮤얼 모스(Samuel Morse, 1791~1872)는 1834년 『미국 자유에 대항하는 외국의 음모(Foreign Conspiracy Against the Liberties of the United States)』라는 책자를 출간했다. 각 개신교 교단은 이 책자를 주일학교의 교재로 사용하면서 수백만 명의 미국인이 그 내용에 따른 교육을 받았다.

공립학교에서는 제임스 왕 번역판 영문성서를 읽는데 아일랜드계 가톨릭교도들의 자녀들이 거부하자, 주류 프로테스탄트 미국인들은 미국을 전복시키려는 교황의 음모가 실제로 벌어지고 있다고 믿으면서, 교황을 '로마의 늑대'로 교황과의 싸움을 '교황 전제(Popish Despotism)에 대항한 자유의 싸움'으로 불렀다.

1844년엔 필라델피아에서 아일랜드계 가톨릭교도에 반대하는 격렬한 시위가 일어났다. 시위자들은 "거친 아일랜드인과 그 비슷한 사람들에게 무차별적으로 참정권을 주는 데 대해서 어떤 조치가 이루어지지 않는다면, 자유와 재산은 곧 끝장이 나고 말 것이다"라고 주장했다.

이런 사회적 분위기에 힘입어 결성된 첫 번째 조직은 1837년 토착미국협회(Native American Association)였으며, 이 협회는 1845년에 토착미국당으로 전환했다. 1850년엔 '영원한 성조기 결사단(Supreme Order of the Star-Spangled Banner)'이 조직되었다. 이들은 가톨릭교인이나 외국인에게 공직보유를 허용하지 않고 더욱 제한적인 이민법을 제정해야 하며 참정권 행사를 위해 문맹검사를 실시해야 한다고 요구했다. 이 단체는 엄격한 비밀결사 계율을 채택했는데, 그 계율에는 전국적으로 집회할 때 사용하는 비밀암호가 포함되었다. 그 비밀암호는 "나는 아무것도 모릅니다(I know nothing)"였고, 여기서 결국 이 운동의 구성원들에게 '부지주의 당원' 또는 '모르쇠(Know-Nothing) 당원'이라는 이름이 붙여졌다.

Know-Nothing이라는 이름에 대한 다른 설명도 있다. 애초에 이들은 백인 청교도주의를 내세우는 비밀단체로 출발했으므로 자신들의 당에 대한 질문을 받을 때마다 철저히 '모른다'로 일관했기 때문에 '모르쇠당(Know-Nothings Party)'으로도 불렸다는 해석이다.

1854년 부지주의 당원들은 새로운 정치조직을 창설하고 미국당(American Party)이라고 명명했다. 이 당은 1854년 선거전에서 놀라운 성공을 거뒀는데, 특히 펜실베이니아주와 뉴욕주에서 강력한 세력을 과시했으며 메사추세츠 주정부의 권력을 장악했다. 미국당은 1854년 이후 쇠퇴했지만 이후 미국 정치에 영속적인 영향을 남겼다.

랠프 왈도 에머슨(Ralph Waldo Emerson, 1803~1882)은 1855년 모르쇠당으로 몰려든 인종차별주의자와 반가톨릭주의자들에 대한 혐오감을 자신의 일기에 드러냈는데, 바로 여기서 '용광로(melting pot)' 개념이 탄생했다. 에머슨은 다음과 같이 썼다.

"코린트 사원의 옛 가마에서는 금은과 다른 금속을 녹여 혼합함으로써 코린트 황동이라는 어떤 것보다 값진 새로운 합금을 만들어내었다. 마찬가지로 모든 민족의 피난처인 이 대륙에서도 아일랜드인, 독일인, 스웨덴인, 폴란드인, 코사크인 등 모든 유럽 종족의 에너지와 아프리카인과 폴리네시아인 등 모든 인종의 에너지는 새로운 인종, 새로운 종교, 새로운 국가, 새로운 문학을 건설할 것이며, 이것은 중세 암흑시대의 용광로로부터 나온 새로운 유럽만큼이나 활기찬 것이 될 것이다."

용광로 은유는 유대인 출신의 영국 작가 이스라엘 쟁윌(Israel Zangwill, 1864~1926)이 1908년 발표한 희곡 『멜팅포트(The Melting Pot)』를 통해 세계적으로 유명해졌다. 각기 다른 피부, 언어, 종교, 문화를 가진 사람들이 미국이라는 국가에 하나로 용해된다는 뜻이다. 이후 이를 '원조'로 삼아 수많은 유사표현들이 등장한다.

아일랜드의 대기근

19세기 중반 민족별로 가장 많은 이민자층을 형성한 아일랜드계는 이후 미국 사회에 큰 영향을 미치게 된다. 수적으로도 미국 전체 인구의 13.5퍼센트(1990년 인구조사)를 점하게 되거니와 종교가 가톨릭이라 늘 논란의 대상이 되며, 처음엔 차별을 받아 궂은일을 도맡아 하다가 강한 결속력으로 미국 사회 전 분야에 걸쳐 뚜렷한 족적을 남기게 된다. 그들이 어떤 사람들인지 확실하게 이해하고 넘어가는 것이 좋겠다.

감자는 아일랜드의 축복이자 저주였다. 감자에만 의존하여 1754년 320만 명이던 아일랜드의 인구는 1845년 거의 820만 명으로 늘어났다. 그동안 이민으로 아일랜드를 빠져나간 사람들도 175만 명이나 되었다. 그런데 1840년대에 감자 노균병이 번져 감자에만 의존하던 아일랜드는 최악의 기근을 겪게 된다. 축복이 재앙으로 변한 경우라고나 할까.

아일랜드에 감자잎마름병과 기근이 덮친 1845년부터 1849년 사이에 8백만 인구 중에서 거의 100만이 죽었고 다른 100만은 아일랜드를 떠났다. 이후로도 아일랜드 탈출의 물결은 끊이지 않고 계속되었으며, 이는 미국에도 큰 영향을 미쳤다. 1845년부터 수십 년 동안 미국에는 150만 명 이상의 아일랜드인들이 몰려들었기 때문이다.

센(Sen 2001)은 1840년대의 기근이 결정적인 방향으로 아일랜드의 속성을 바꾸어 놓았다고 말한다. 그것은 세계 어느 곳에서도 거의 찾아볼 수 없는 대규모 이민을 야기했으며, 이러한 이민행렬은 심지어

1846~1851년에 일어난 아일랜드 대기근은 근대 아일랜드의 형성에 큰 영향을 미쳤다.

최악의 항해조건 속에서도 끊이지 않았다는 것이다. 1840년대의 기근과 관련하여 놀라운 사실은 당시 아일랜드 안으로 식량수입이 일어나기는커녕 정반대로 아일랜드로부터 부유한 영국으로의 식량수출 현상이 일어났다는 사실이다. 아일랜드에선 돈이 없으니까 식량이 있어도 살 수가 없었던 것이다. 센은 기근이 심한 시기에 아일랜드에서 영국으로의 식량수출은 아일랜드에는 상당히 큰 고통을 주었고, 오늘날까지 영국과 아일랜드 사이의 복잡한 불신을 지속시키는 데 영향을 주었다고 지적하면서 다음과 같이 말한다.

"아일랜드 기근 동안에 영국 재무성의 장관이었던 찰스 에드워드 트리벨리언은 아일랜드에 대한 영국의 경제정책이 잘못되지 않았다고 생각했으며, 기근확대의 부분적 원인으로 아일랜드인의 습관을 지적했다. 그런 원인들 중에서 가장 중요한 것은 오직 감자만 먹는 아일랜드인들의 습관이었는데, 이런 습관은 한 가지 작물에만 의존하게 만들었다는 것이다. 아일랜드 기근의 원인에 대한 트리벨리언의 견해는 아일랜드인의 요리에 대한 분석도 결부되었다. '아일랜드 서부의 농민계급 여성들 중에서 감자를 삶는 것 외의 요리 기술을 지닌 여성은 거의 없다.' …… 가난한 아일랜드인들의 단조로운 식단에 대해 비난한 것은 피해자들에게 책임을 전가시키는 좋은 예를 보여준다."

아일랜드인들의 종교는 가톨릭인데다 신앙심도 매우 강했다. 종교 때문에 빚어진 영국과 아일랜드의 악연은 16세기로 거슬러 올라간다. 영국은 16세기부터 아일랜드를 강력하게 통치하면서 신교도의 나라로 만들려고 했는데, 이 때문에 여러 차례의 폭동이 발생했다. "아일랜드인은 유럽의 흑인이다"라는 말이 있다. 그만큼 대접을 못 받았다는 뜻이다. 한국엔 싸잡아 영국 문인으로 알려졌지만 강렬한 독설·풍자·창의로 이름을 떨친 문인들은 대부분 아일랜드 출신이다. 조너선 스위프트(Jonathan Swift 1667~1745), 에드먼드 버크(Edmund Burke, 1729~1797), 오스카 와일드(Oscar Fingal O'Flahertie Wills Wilde, 1854~1900), 조지 버나드 쇼(George Bernard Shaw, 1856~1950), 윌리엄 버틀러 예이츠(William Butler Yeats, 1865~1939), 사뮈엘 베케트(Samuel Beckett, 1906~1989), 제임스 조이스(James Augustine Aloysius Joyce, 1882~1941) 등이 바로 그들이다. 그러나 이들 대부분은 영국계 아일랜드인이라 아일랜드와 영국 사이에서 이중적 정체성 문제로 고심했으며, 아일랜드 민족주의 성향을 강하게 드러낸 예이츠는 이를 가리켜 '영국계 아일랜드인의 고독'이라고 불렀다.

한국인은 '아시아의 아일랜드인'

아일랜드 더블린 태생의 극작가 오스카 와일드는 언젠가 아일랜드가 존재하지 않았다면 잉글랜드는 아마도 아일랜드를 만들어냈을 것이라고 말한 적이 있다. 박지향(2002)은 이 말은 잉글랜드성(Englishness)의 형성에서 타자(他者)의 역할이 무척 중요했고, 잉글랜드에게 가장 쉽게 상정될 수 있는 타자는 아일랜드였다는 뜻으로 해석될 수 있다고 말한다.

한국인은 '아시아의 아일랜드인'으로 묘사되곤 한다. 식민지의 한(恨), 강렬한 민족정신, 음주가무를 즐기는 민족성, 노인을 공경하는 대가족 전통과 자녀교육열 등이 유사하다는 이유 때문이다. 시끄러울 정도로 크게 떠드는 것이나 말싸움을 즐기는 것도 비슷하다. 아일랜드인들은 "자기 목소리를 듣기 위해 말을 한다"는 비난까지 들을 정도다. 박지향은 두 나라의 공통점에 대해 다음과 같이 말한다.

"자기 민족이야말로 가장 순수하고 순결하며 뛰어나다고 믿는 맹목적 애국심, 자신들의 역사가 이 세상에서 가장 비참하고 비극적이라고 생각하는 경향, 그리고 실제로 강대국 곁에서 겪은 수난의 역사 등 두 나라 간에는 역사적으로나 정서적으로 닮은 구석이 많다. …… 무엇보다도 두 민족에게는 한(恨)이라고 부를 수 있는 정서가 공통적으로 흐르고 있다. 그래서 2차 세계대전 후 동경대학 총장을 지낸 야나이하라 타다오가 '한국은 우리의 아일랜드'라고 말했던가보다."

일제는 효율적인 식민통치를 위해 의도적으로 조선인들에게 열등의식을 심어주기 위해 발버둥쳤다. 백인들은 '인종주의'로 그런 효과를 얻었지만, 일본의 경우엔 그 방법을 쓸 수 없었다. 조선인과 일본인은 얼핏 보면 구분할 수 없을 정도로 외양이 비슷했기 때문이다. 바로 이 점에서도 한국과 아일랜드는 비슷한 역사를 가졌다. 박지향(2000)은 다음과 같이 말한다.

"따라서 외양상의 유사함을 넘어서는 차이를 발견해야 했다. 영국인들이 '하얀 검둥이' '하얀 침팬지'의 이미지로서의 아일랜드인을 만들어내었듯이 일본인도 '좀더 자세히 들여다보면 멍청해 보이고, 입은 열려 있고 눈에는 총기가 없으며 무언가 모자라는 것처럼 보이는' 조선인의 이미지를 만들어내었다. 일본인들은 조선인을 '옷을 잘 입은 아이누' '두 발로 서서 걷는 원숭이'라고 비하해서 불렀으며, '더럽고, 게으르고, 무지하고, 비위생적이고, 냄새 나고, 심한 육체노동에는 적합하지만 복잡한 과제를 행할 능력은 없으며, 복종적이고, 따라서 어린애로 다루어져야 하는' 열등인간으로 간주했다. 역사적으로 조선인은 '글러먹은 민족'이고 '놀기 좋아하고, 게으름이 습속이 되어 있고, 혐오스런 풍속습관을 가진 민족'으로 진단되었다."

결국은 이 모든 게 '힘의 장난'이 아닌가 싶다. 아일랜드계가 미국에서 성공하고 아일랜드가 세계적으로 눈부신 발전을 과시하듯이, 조선도 비슷한 길을 걷게 된다. 멸시당하지 않기 위해서라도 성공해야 한다는, 사회진화론적 국제관계만큼은 세월의 변화에 아랑곳하지 않고 오늘날까지도 기승을 부리고 있다.

참고문헌 Altschull 2003, Brinkley 1998, Crosby 2006, Davis 2004, Gelfert 2003, Huntington 2004, Leamer 1995, Sen 2001, 김봉중 2001, 박지향 2000·2002, 오치 미치오 외 1993, 이구한 2006, 이주영 1999, 최웅·김봉중 1997

남북전쟁의 신호탄인가?
'포타와토미 학살' 과 '드래드 스콧 사건'

포타와토미 학살

캔자스네브래스카법이 제정되자 캔자스에는 북부와 남부 양쪽 모두로부터 이주민들이 몰려들었다. 노예제 확대를 반대하는 북부인들은 캔자스가 노예주가 되지 못하도록 반대표를 던지게 할 생각으로 노예제 폐지론자들을 캔자스로 이주시켰다. 노예제 찬성론자들도 그런 정치적 목적으로 이주를 했다.

불법과 부정으로 얼룩진 선거는 노예제 찬성론자들의 승리로 끝났지만, 노예제 폐지론자들은 이 결과에 승복하지 않고 토피카(Topeka)에 자유주 임시정부를 수립했다. 피어스 대통령은 임시정부를 비난했다. 이런 비난에 고무받아 1856년 5월 노예제 찬성론자 군대가 노예제 폐지론자들의 본거지인 로렌스 부락을 약탈하는 과정에서 노예제 폐지론자 5명이 사망했다.

사흘 동안 계속된 이 공격이 끝나자 존 브라운(John Brown, 1800~

1859)이라는 노예 폐지론자가 야밤에 포타와토미(Pottawatomie)강가에 위치한 한 노예제 찬성파 부락을 공격하여 똑같이 이주민 5명을 살해하는 보복을 저질렀다. 그는 다른 노예제 지지자들이 캔자스에 들어오는 것을 막기 위해 살해한 사람들의 절단된 몸을 남겨 두었다. 이른바 '포타와토미 학살'로 알려진 사건이다. 이 공격으로 캔자스는 아수라장이 되었다. 뉴잉글랜드의 일부 노예제 폐지론자들은 브라운에게 자금과 무기를 대주었다. 1856년 10월이 되자 이런 싸움으로 죽어간 사람은 200여 명에 이르렀다. 남북전쟁의 사실상 첫 싸움이 시작된 셈이다.

　캔자스네브래스카법과 포타와토미 학살사건은 의회에서의 구타사건을 유발하기도 했다. 1856년 5월 북부 출신 상원의원 찰스 섬너(Charles Sumner, 1811~1874)는 "의회가 캔자스네브래스카법을 통과시킨 것은 캔자스에 대한 범죄행위를 저지른 것이다"라고 말하면서, 포타와토미 학살사건의 책임을 물어 사우스캐롤라이나 출신의 앤드루 버틀러(Andrew Butler)를 "매춘부 노예제를 선택한 노예제의 돈키호테"라고 비난했다. 이에 버틀러의 조카인 프레스턴 브룩스(Preston Brooks) 하원의원이 섬너 의원을 지팡이로 폭행해 빈사상태에 빠트려 2년간 병상에 눕게 해 평생 불구자로 만들었다. 북부 신문들은 "남부인들은 노예제도가 낳은 야만인이다! 또한 섬너는 우리의 고귀한 순교자다"라고 주장한 반면, 남부 신문들은 "브룩스를 영웅으로 찬양한다. 북부인들은 미친 놈들이다"라고 주장했다. 브룩스에겐 지팡이 선물이 쏟아졌다. 이렇듯 북부에서는 섬너를 순교자로 추앙한 반면, 남부에서는 브룩스를 영웅으로 받드는 분위기가 조성되었다.

1856년 대선-제임스 뷰캐넌

'포타와토미 학살' 사건에 대한 어설픈 대처로 피어스는 지지기반을 상실하고 말았다. 민주당은 무능한 피어스를 버리고 골수 민주당원인 펜실베이니아의 제임스 뷰캐넌(James Buchanan, 1791~1868)을 선택했다. 캔자스 유혈사태로 대중의 지지를 얻게 된 공화당은 유명한 서부 탐험가이자 '명백한 운명'의 주창자이기도 한 개척자 존 C. 프리몬트(John C. Fremont, 1813~1890)를 대통령 후보로 선택했다. 프리몬트의 선거 슬로건은 "자유로운 토지, 자유로운 발언, 자유로운 인간 프리몬트"로 간단했지만, 가톨릭교도로 몰리면서 이를 부인하느라 진땀을 빼야 했다. 공화당과 함께 캔자스 유혈사태의 덕을 본 미국당(토착당)은 전임 대통령 밀러드 필모어를 후보로 내세웠다.

남부의 민주당 계열 사람들은 만일 공화당의 프리몬트가 대통령으로 당선되면 연방이 분리될 것이라고 경고하면서 연방보존을 선거의 핵심전략으로 삼았다. 이게 효과를 발휘해 뷰캐넌이 45퍼센트의 일반득표율로 간신히 승리했다. 나머지 55퍼센트는 프리몬트 33퍼센트, 필모어 22퍼센트로 분산되었다.

뷰캐넌은 대선에서 프리몬트를 열렬히 지지하고 자신을 열렬히 반대한 제임스 고든 베넷(James Gordon Bennett, Sr., 1795~1872)의 『뉴욕 헤럴드(New York Herald)』에 분노했다. "내가 왜 이 악명 높은 악당으로부터 모욕과 학대를 당해야 합니까? 뉴욕에 가서 그가 응당 받아야 할 벌을 집행해줄 친구가 내게 없을까요? 그 사람은 공공도로에서 귀가 떨어져나가야 합니다."

제15대 대통령 뷰캐넌은 당시 65세로 18세기에 태어난 마지막 대통령이었고 윌리엄 헨리 해리슨(William Henry Harrison, 1773~1841)을 제외하곤 그때까지 최고령 대통령이었다. 그는 미국 유일의 독신 대통령이기도 했다. 젊었을 때 비련으로 끝난 첫사랑을 못 잊어 그렇다는 해석은 점잖은 편에 속했다. 호모라는 등 백악관 안주인 노릇을 한 20대의 조카 헤리엇 레인(Harriet Lane)과의 관계가 이상하다는 등 백악관 건너편에 살았던 유명한 과부 로즈 오닐 그린하우(Rose O'Neal Greenhow, 1817~1864)와 관계가 있다는 등 온갖 소문이 무성했다. "앤드루 잭슨의 마지막 민

1856년 대통령 후보 필모어와 부통령 후보 도넬슨(Andrew Jackson Donelson)의 선거 포스터.

주당 후계자인 뷰캐넌은 독립전쟁 이전의 대통령까지를 통틀어서 가장 허약하고 가장 무능한 대통령"이라는 평가도 있다.

드래드 스콧 사건

1857년 3월 4일 거행된 대통령 취임식에서 뷰캐넌은 노예제 문제에 대해 "미국 대법원이 해결할 문제이고, 그곳에 지금 계류돼 있으므로

신속하고 완전하게 해결될 것으로 믿고 있습니다"라고 말했다. 그러나 이 발언은 곧 재앙임이 밝혀지게 된다. 이와 관련, 데이비스(Davis 2004)는 다음과 같이 말한다.

"뷰캐넌은 낙관적 생각을 버리지 못하는 불치병을 앓고 있었거나 심한 망상에 시달리고 있었던 것이 분명하다. 그 이틀 뒤에 대법원은 노예제문제와 나라의 장래까지도 뒤바꿔놓았던 것이다. 대법원 판결은 문제를 해결하기는커녕 꺼져가는 불에 기름을 들어붓는 격이었다. 드래드 스콧 판결로 노예제에 대한 사법적, 입법적 해결 가능성은 완전히 사라졌다."

1857년 3월 6일에 나온 연방대법원의 드래드 스콧 사건 최종판결을 두고 한 말이다. 이 사건은 20여 년 전인 1834년 존 에머슨(John Emerson) 박사가 군의관으로 입대하면서 시작된다. 에머슨은 일리노이, 위스콘신, 미주리 등을 전전하며 군복무를 했는데, 그의 옆에는 늘 몸종인 노예 드래드 스콧(Dread Scott, 1795~1858)이 있었다. 에머슨은 1846년에 사망했다. 이에 스콧은 동정심 많은 어떤 변호사의 도움을 받아 노예제가 불법인 지역들에서 살았던 점을 근거로 하여 자유를 찾기 위한 소송을 제기했다.

이 사건은 우여곡절 끝에 연방대법원까지 가게 되었는데, 재판장 로저 B. 토니(Roger B. Taney, 1777~1864)는 여든 살의 고령으로 노예소유주였고 주권옹호론자였다. 당시 대법원은 지역과 당파에 따라 분열되어 있었으며, 다수결 결정은 토니의 판결에 좌우되었다. 토니의 판결은 자유민, 노예에 관계없이 흑인은 시민의 자격이 없다는 것이었다. 그는 검둥이들은 "너무 열등하여 백인의 존중을 받을 권리가 없다"고 했다. 따라서 스콧은 법정에 설 자격이 없다는 것이다. 노예는 재산이고, 재산은 권리장전의 수정헌법 5조로 보호되기 때문에 의회는 미국 어디에서도 시민의 재산을 빼앗을 권리가 없다는 논리였다.

데이비스(Davis 2004)의 총평에 따르면, "토니는 단 한 번의 전격적인 판결로 1787년의 북서조례로부터 1820년의 미주리협정 그리고 1850년의 타협에 이르기까지 노예제에 제동을 걸어준 그동안의 모든 입법적 타협의 역사를 흔적도 없이 지워버렸다."

이 판결에 환호한 남부인들은 한 걸음 더 나아가 노예매매 자체를 금지한 1807년 법률과 노예제를 위법으로 정하고 있는 모든 법률의 합헌성 여부를 물으려 했다. 반면 북부인들은 대법원이 노예제 정책을 각 주가 자체적으로 결정할 수 있게 해준 것으로 파악했다. 데이비스(Davis 2004)는 "하지만 그 판결은 노예제를 부활시키고 공화당을 파멸시키는 대신 전혀 예상하지 못했던 두 개의 결과를 가져왔다"며 다음과 같이 말한다.

"민주당이 북부와 남부로 더욱 틈이 벌어진 것과는 달리 공화당은 정치, 도덕적으로 입지가 더욱 강화된 것이다. 공화당은 노예제 확대에 반대하는 당의 입장에 타격을 받기는커녕 이전보다 더욱 도전적이 되었다. 북부와 남부 경계주에 살면서 노예제를 관망하고 있던 많은 사람들이 공화당 캠프로 몰려들었다. 사태는 공화당의 주요의원들이 뷰캐넌 대통령은 대법원의 판결을 사전에 알고 있었고, 뷰캐넌과 토니가 노예제 확대음모를 꾸민 것이라고 주장하면서 더욱 험악해졌다. 이 음모설로 북부인들의 민심을 얻게 된 공화당의 대의는 한층 탄력을 받게 되었다. 나중에 이 음모설은 전부 사실로 밝혀졌다."

판결 하나가 역사를 바꾼다. 불의는 힘의 논리에 따라 세상을 지배하곤 하지만 감당할 만한 수준을 넘어서게 되면 반드시 폭발하는 법이다. 노예제의 부활이 아니라 전면폐지를 향한 소용돌이가 곧 미국 사회를 휩쓸게 된다.

참고문헌 Brinkley 1998, Davis 2004, Desbiens 2007, Dole 2007, Miller 2002, 양재열 2005, 이구한 2006, 한국미국사학회 2006

75마리의 낙타와 메이시
철도의 질주, 백화점의 탄생

금괴 21톤과 75마리의 낙타

드래드 스콧 사건 이후 미국은 '분열된 집안'이 되어 점점 남북전쟁의 길로 나아가게 된다. 잠시 쉬어가자. 이 시기의 미국이 전쟁준비만 하고 살았던 건 아닌 만큼 좀 부드러운 이야기도 곁들이는 게 좋지 않겠는가.

1857년 9월 12일 토요일, 캘리포니아에서 금을 잔뜩 싣고 승객 578명을 태운 센트럴아메리카 선박(Central America)이 미국 동부 뉴욕으로 향하다 허리케인으로 침몰했다. 이 시절에 미국 서부에서 동부로 가려면, 훗날(1914) 파나마운하가 개통될 때까지 남아메리카 대륙 남단을 돌아가야만 했다. 금괴 21톤이 바닷속에 가라앉았고 425명이 사망했다. 금괴는 130년이 지난 1988년에 인양되었는데, 10억 달러 상당의 가치였다.

이 침몰사건의 연쇄효과가 유럽까지 강타해 세계적인 주식공황 사태가 발생했다. 영국 런던에서 이런 광경을 목격한 마르크스(Karl Marx)는 구상중이던 『자본론(Das Kapital)』(1867)의 집필에 박차를 가했다. 자본주의 경제체제가 몰락하고 있다고 믿었기 때문이다.

그러나 괜한 착각이었다. 적어도 미국의 경우엔 자본주의가 몰락할 수 없는 안전장치가 너무도 많았다. 자연의 축복! 이걸 잘 말해주는 작은 에피소드가 바로 '75마리의 낙타' 사건이다. 1856년과 1857년 75마리의 낙타가 2척의 배에 실려 미군에 사용될 목적으로 텍사스에 도착했다.

왜 낙타를 들여왔을까? 미주리 출신 의원 베이츠(Edward Bates, 1793~1869)의 1828년 발언에서 그 답을 찾을 수 있다. 그는 "미주리와 태평양 사이의 땅은 폭 200~300마일 이하의 경작 가능한 초원지대를 제외하고는 모두 사하라 사막보다 별로 나을 것이 없는 쓸모없는 불모지대이며, 그곳을 통과하는 것은 사하라 사막만큼이나 위험이 따른다"고 말했다.

실제로 당시의 지도에는 미주리에서 로키산맥에 이르는 모든 지역을 '미국 대사막(the Great American Desert)'으로 표시했다. 스티븐 H. 롱(Stephen H. Long, 1784~1864) 소령의 1819~1820년 원정보고서에서 비롯된 것이었는데, 이런 이해가 30년 넘게 지속되었다. 물론 잘못된 생각이었다. 이후에 대체로 농경에는 부적당하나 목축에는 훌륭한 여건을 갖춘 곳으로 판명되었다. 사막인 줄 알았던 땅이, 그래서 낙타가 필요하다고 생각했던 땅이 전혀 그렇지 않은 것으로 드러났으니 미국은 정녕 복받은 나라였다.

세계 최고의 철도국이 된 미국

미국을 향해 쏟아지는 자연의 축복은 철도건설에서도 나타났다. 건설속도가 어찌나 빨랐던지 '75마리의 낙타' 에피소드가 시대착오적인 이야기처럼 들릴 정도였다. 영국의 철도와 비교해보면 미국이 누린 축복이 실감 날 것이다.

1845년 여름 런던의 신문광고 절반 이상을 철도주식 공모광고가 차지할 정도로 영국의 철도건설은 붐을 이뤘다. 그런 붐의 최절정은 1848년으로 이해에 동원 노동자만 20만 명이나 되었다. 1850년 영국의 철도 길이는 8000킬로미터에 이르렀는데, 이를 추진한 영국 철도의 아버지 조지 허드슨(George Hudson, 1800~1871)은 국민적 영웅이 되었다. 프랑스인 미셸 슈발리에(Michel Chevalier, 1806~1879)는 1852년에 쓴 『철도(Chemins de fer)』라는 책에서 다음과 같이 말했다.

"오늘날 문명국들이 철도건설에 쏟고 있는 열의와 열정은 몇 세기 전에 교회건설에서 보여준 열의와 열정에 비교할 수 있을 것이다. …… 사람들이 말하는 대로 종교라는 말이 'religare', 즉 '묶다'라는 말에서 유래한 것이 맞다면 철도는 사람들이 생각하는 것보다 훨씬 더 종교적인 정신과 깊은 관련을 갖고 있다. 각지에 흩어져 있는 사람들을 연결하기 위한 것으로 이보다 더 강력한 장치는 과거에는 결코 존재하지 않았기 때문이다."

시작은 영국이 빨랐지만 철도의 성장속도는 미국이 영국을 앞질렀다. 1840년에는 3000마일, 1850년에는 1만 마일, 1861년 남북전쟁 발발시엔 3만 마일에 이르렀다. 이는 영국 철도 길이의 3배에 해당하는 것이었다. 앤드루 잭슨이 1829년 대통령 취임식을 위해 한 달 동안 달

1886년 스프링필드 스트리트. 오른쪽 마지막 직전 건물에 링컨의 변호사 사무실이 있었다.

려야 했던 테네시 내시빌-워싱턴 구간을 1860년대엔 철도로 단 3일이면 완주할 수 있게 되었다. 전신도 철도와 손에 손을 잡고 같이 발달했다. 1860년 5만 마일의 전선이 미국 대부분의 지역을 연결했으며, 1861년에는 서부 해안도시인 샌프란시스코까지 확대되었다.

이렇듯 이미 19세기 중반에 미국은 세계에서 가장 긴 철로를 소유한 나라가 되었는데, 여기엔 신세계의 이점이 크게 작용했다. 부어스틴(Boorstin 1991)에 따르면, "영국에서 철도는 옛날의 도로와 힘겨운 경쟁을 벌이며 성장할 수밖에 없었다. 그러나 미국에서는 철도부설이 '아무 데서나 시작해서 아무 데서나 끝나는 것'을 보고 외국의 방문객들, 특히 영국인들은 그저 놀랄 뿐이었다." 그런 이점 덕분에 미국의 철도건설 비용은 영국의 10분의 1에 불과했다.

미국 철도건설 공로자 중의 한 명은 당시 최고의 철도 관련 변호사인 에이브러햄 링컨이었다. 그는 연방정부가 철도회사들에 토지를 양도하고 세금을 감면해주도록 하는 데에 앞장섰다. 국익을 생각하는 신념을 가지고 한 일이었겠지만 직업이 변호사인지라 공익과 사익 사이의 경계는 명확치 않다.

초기의 기관차는 운행 중에 연기를 너무 심하게 뿜어 뒤쪽 객차에 탄 승객들은 얼굴에 온통 검정을 뒤집어써야 했다. '가난한 지역이나 계층'의 의미로 사용되는 'wrong side of the tracks'이란 말은 형편없었던 초기 철도가 낳은 흔적이다. 어디 그뿐인가. 운행중 복도와 나무좌석이 들썩거려 승객들은 마치 곡예를 하듯 힘들게 균형을 잡아야 했으며, 겨울이면 나무를 때는 난로로 난방을 해서 항상 화재위험에 노출돼 있었다. 1853년 뉴욕주 엔지니어 보고서에 따르면, 20개 노선으로 운송한 800만 명의 승객 중에서 사망자 137명, 부상자 209명이 나왔다.

만국박람회와 백화점

자연의 축복과 더불어 미국인들을 계급의식으로부터 멀어지게 만든 데에 기여한 소비문화는 19세기 중반에 어떤 모습이 있었을까? 가장 현저한 소비주의 과시의 구경거리로 박람회와 백화점을 거론하지 않을 수 없다.

박람회는 제국주의의 위용을 과시하는 진열장이었다. 영국은 이미 1851년 5월부터 10월까지 141일간 세계 최초의 국제박람회인 런던 만국박람회를 통해 세계만방에 국력을 과시한 바 있었다. 빅토리아 여

크리스털팰리스는 1851년 런던 박람회 후 해체되어 시든엄(Sydenham)에 다시 세워졌는데, 1936년 화재로 소실되었다.

왕(Queen Victoria)과 앨버트 왕자(Prince Albert)의 적극적인 후원하에 하이드파크(Hyde Park)에서 열린 런던 박람회엔 34개국이 참가했으며, 총 입장객은 604만 명에 달했다. 이 박람회에선 '크리스털팰리스(Crystal Palace, 수정궁)', 싱어(Issac Merritt Singer, 1811~1875)가 만든 미싱, 콜트(Samuel Colt, 1814~1862)가 만든 피스톨이 각광을 받았다. 특히 30만 장의 유리가 사용된 '크리스털팰리스'는 건축학의 경이라는 평가를 받을 만큼 기하학의 첨단을 과시했다.

이에 자극받은 미국은 1853년 뉴욕 만국박람회를 개최했다. 5만 2600제곱미터 넓이의 전시장에서 열린 이 박람회엔 150만 명의 관람객이 몰려들어 대성황을 이뤘다. 오티스(Elisha Otis, 1811~1861)의 엘리베이터가 출품돼 가장 인기를 모은 뉴욕 박람회는 기술진보, 국제무역, 대중문화 진흥에 큰 구실을 했다. 뉴욕 박람회에 이어 열린 1855년 프랑스 파리 만국박람회에선 나폴레옹 3세가 마치 나폴레옹 1세가 환생한 것 같은 복장을 하고 나타났는데, 이는 파리 만국박람회가 영국을 경제적으로 추월하기 위한 야심에서 기획된 것임을 말해준다. 파리는 1900년까지 총 다섯 차례 박람회를 개최하면서 현대적인 도시로 탈바꿈했다.

그러나 '박람회 공화국'이라고 해도 좋을 정도로 박람회에 재미를 붙인 나라는 프랑스나 영국보다는 단연 미국이었다. 1876년 필라델피아에서 열린 독립 100주년 만국박람회의 규모는 당시로선 타의 추종을 불허했다. 95만5000제곱미터의 면적에 모두 167동의 건물이 들어서고 벨(Alexander Graham Bell, 1847~1922)의 전화기, 숄즈(Christopher L. Sholes, 1819~1890)의 타자기, 싱어의 최신 재봉틀, 풀먼(Pullman Company)의 침대차가 등장해 관람객을 매료시키는 동시에 국력을 과시했다. 그러나 여기서도 인디언은 예외였다. 백인들은 인디언의 원시성과 야만성을 강조함으로써 백인문화의 우월성을 과시하고자 개화된 인디언 부족들의 박람회 참가를 의도적으로 저지했다. 미국은 만국박람회의 성과에 재미를 붙여 시카고의 콜럼버스박람회(1893), 샌프란시스코의 캘리포니아 동계박람회(1894), 애틀랜타의 면화박람회(1895), 오마하의 트랜스미시시피박람회(1898), 버펄로의 팬아메리칸박람회(1901)를 잇달아 개최한다.

박람회와 뗄 수 없는 게 바로 백화점이다. 백화점은 사실상 상설화된 작은 박람회였다. 세계 최초의 백화점은 1852년 프랑스 파리에 부시코(Aristide Boucicaut)가 세운 봉마르셰(Le Bon Marché)다. 이전의 상점과 비교하여 '최초'라는 의미를 부여할 만한 무슨 차별성이 있었는가? 당시는 나폴레옹 3세가 다스리던 시대로 봉건주의 경제체제에서 자본주의 경제체제로 이행하던 시기였다는 점에 주목할 필요가 있겠다. 이때까지만 해도 상인에 대한 평판은 좋지 않았다. '교활'이나 '사기' 같은 이미지가 강했다. 이런 이미지는 주로 흥정과정에서 발생했는데, 봉마르셰가 정찰제를 들고 나왔다는 것 자체가 혁명이었다. 여기에 강매가 없었고 교환과 반품을 보장해주었다는 것도 놀라운 발전으로 여겨졌다.

각국에서 무엇을 백화점의 시초로 보느냐에 따라 이견이 있긴 하지만, 명실상부한 백화점은 각기 6년여의 시차를 두고 미국, 영국, 독일로 전파되었다. 1858년 미국 뉴욕 맨해튼 번화가에 롤런드 H. 메이시(Rowland H. Macy)가 세운 메이시(Macy's)가 들어섰고, 이어 1863년 영국 런던, 1870년 독일에도 백화점이 등장했다. 1858년의 메이시는 아직 백화점이라고는 할 수 없었고, 장갑·손수건·리본 등을 파는 수수한 상점이었다. 메이시는 현금구입, 정가판매, 저렴한 가격, 적극적인 선전 등 4대 원칙을 실시하면서 급성장을 이룩했다. 1872년 상점이 11채의 건물로 늘어나면서 백화점다운 구색을 갖추게 되었다. 미국에선 메이시에 뒤이어 로드앤테일러(Lord & Taylor), 헨리 벤델(Henri Bendel), 버그도프 굿맨(Bergdorf Goodman) 등과 같은 대형백화점들이 들어섰다. 이제 곧 소비주의가 새로운 이데올로기로 등장하는 시대의 전조(前兆)라고나 할까?

참고문헌 Ambrose 2003, Beatty 2002, Boorstin 1991, Brinkley 1998, Currid 2009, Gordon 2002, Huberman 2001, Schivelbusch 1999, Weil 2003, 강준만 2006, 김용관 2009, 김인호 2006, 박진빈 2006, 요시미 순야 2004, 임용순 2001

제2장
링컨의 남북전쟁

'분열된 집안'
에이브러햄 링컨과 존 브라운

링컨의 '분열된 집안' 연설

1858년 6월 17일 스프링필드에서 열린 일리노이주 공화당 전당대회에서 한 정치인이 수락연설을 하여 일리노이주 공화당원들의 만장일치 찬성으로 상원의원 후보로 선출된 것에 답했다. 이 연설은 "분열된 집은 바로 설 수 없다(A divided house cannot stand)"는 신약성서의 마가복음 제3장 25절을 인용했기에, '분열된 집안' 연설이라고 불린다.

"집안이 스스로 분열하면 그 집이 설 수 없다고 했습니다. 나는 이 정부가 절반은 노예, 절반은 자유인 상태를 영원히 지속하리라고 보지 않습니다. 연방이 와해되리라고 보지도 않습니다. 나라가 무너져 내리는 것을 바라지 않기 때문이지요. 하지만 분열의 종식은 기다리고 있습니다. 결과는 완전한 이쪽 아니면 완전한 저쪽이 될 것입니다. 노예제든 아니든 둘 중의 하나로 결정될 것이라는 말이지요. 노예제 반대론자들은 궁극적으로 소멸되리라는 믿음으로 노예제 확대를 막으면서 노예제문제를 민심의 결정에 맡길 것입니다. 노예제 옹호론자들은 자신들의 주장을 굽히지 않고 북부주이든 남부주이든 기존주이든 신설주이든 미국의 모든 주에서 노예제가 합법이 될 때까지 끝까지 밀어붙이겠지요."

이 '분열된 집안' 연설의 주인공은 바로 에이브러햄 링컨이었다. 1809년 켄터키에서 무지하고 가난한 개척자 농부의 아들로 태어난 링컨은 일곱 살 되던 해에 가족과 함께 인디애나로 옮겨갔고, 1830년엔 남부 일리노이로 이주했다. 그는 1834년 25세에 변호사시험 준비를 하던 중 일리노이주 하원의원이 되었고, 1836년에 변호사가 되었다. 1846년에는 휘그당 소속으로 연방 하원의원을 지냈다. 단임으로 끝난 그의 의정활동에서 두드러진 일은 포크(James Nox Polk, 1795~1849)가 일으킨 멕시코전쟁을 반대한 것이었다. 링컨은 하원의원직을 잃고 스프링필드로 돌아와 변호사일을 재개했다. 1856년에는 공화당으로 소속을 옮겨 첫 전당대회에서 110표를 얻어 부통령 후보에 선출될 만큼 상당한 지명도를 얻었다.

링컨 신화

오늘날 미국에서 링컨 평가에 결정적인 남북전쟁 관련 책은 5만여 권이나 나와 있다. 역사가 데이비드 도널드(David Donald)는 "남북전쟁에 직접 참가하여 싸운 장군들의 수보다 그 전쟁을 연구하는 역사가들의 수가 더 많다. 그런데 장군과 역사가 중에서 후자가 더 호전적이다"고 말한다. 솅크먼(Shenkman 2003)은 "남북전쟁은 수많은 신화의 원천이다. 정말 골치 아픈 문제는 그 어떤 역사가도 남북전쟁 신화 중 어떤 것이 진실인지 의견일치를 보지 못한다는 것이다"고 말한다.

링컨에 관한 책도 1만6000권이나 나와 있다. 왜 이렇게 많은 걸까? 김동길(1987)에 따르면, "미국 전체에 링컨 팬이 한 200만 명은 된다고 그래요. 200만 명이 링컨의 초상이 있는 거라면 모두 다 수집하는 거죠. 동전도 좋고, 링컨과 관계있는 것이라면 무엇이라도 수집하는 사람들의 수가 그렇게 많답니다. 그래서 링컨에 대한 책이 나오게 되면 일단은 상당 부수가 팔리게 되는가 봅니다. 그래서 별별 책들이 다 나와요. '링컨의 개는 어떻게 되었는가?' 이런 책도 있어요." 링컨에 관한 책의 상당 부분은 링컨을 영웅시하는 '링컨 신화'로 가득 차 있다. 앞으로 '링컨 신화'를 둘러싼 역사가들의 공방을 자세히 소개하겠지만, 여기선 그가 가난하지 않았다는 뜻밖의 주장을 소개하고 넘어가는 게 좋겠다.

셍크먼(Shenkman 2003)은 링컨의 아버지가 지역사회에서 납세자 순위 15퍼센트 안에 드는 부자였으며, 날조된 신화들은 미국 정치의 전통에 따라 대통령의 출신배경을 무조건 가난뱅이로 몰아가는 게 유리해 링컨의 가난을 강조한다고 주장한다. 별로 믿기지 않는 주장이지만, 링컨의 가난이 부풀려졌을 가능성은 높다 하겠다. 혹 아버지가 부자였는데, 링컨을 혹사시킨 건가? 아버지 토머스(Thomas)가 죽기 직전, 배다른 형제가 그에게 아버지를 만나러 오라고 부탁했으나 링컨은 "아버지에게 전해주시오. 우리가 만나면 고통보다 즐거움이 클지 확신할 수 없다고"라며 아버지 장례식에도 가지 않았다니 말이다.

또 일반적인 링컨 신화는 변호사 시절의 링컨을 정의와 양심의 화신처럼 묘사하지만, 결코 그렇지 않았다는 주장도 있다. 딜로렌조

(DiLorenzo 2003)는 링컨이 1837년부터 1860년까지 수천 건의 사건을 처리해 1850년대 연평균소득이 당시 일리노이 주지사의 3배에 이를 만큼 주로 돈 되는 사건만 맡았고, 23년간의 변호사 생활에서 노예소유주를 변호한 적은 있지만 도망친 노예를 변호한 적은 한 번도 없었다고 말한다. 링컨의 의뢰인 중에는 나중에 세계 최대의 철도회사로 성장한 일리노이 센트럴 철도회사도 있었는데, 그가 노련한 일류 변호사였던 것은 분명하다.

'링컨-더글러스 논쟁'

1858년 일리노이주 상원의원 선거에서 링컨의 상대는 민주당의 거물 스티븐 더글러스였다. 키가 작아 '리틀 자이언트'라는 별명을 얻은 더글러스는 1852년과 1856년의 민주당 대통령 후보경선에서 낙방하고서도 여전히 1860년 대선에 미련을 두고 있었다. 그는 그 야망을 위해 우선 자신의 상원의원 자리부터 지켜야 했다. 두 사람은 신체부터 대조적이었다. 더글러스는 키가 작고 다부진 체격인 반면, 링컨은 193센티미터의 구부정한 체격이었다.

    링컨의 '분열된 집안' 연설은 격렬한 논란을 불러일으켰는데, 이에 링컨이 더글러스에게 유권자들 앞에서 이 문제에 대한 공개적인 토론회를 가지자고 제안했다. '거물 대 애송이'의 토론은 거물로선 영 내키지 않는 일이지만, 그렇다고 마냥 피할 수만은 없는 일이었다. 더글러스는 링컨과 7번의 공개토론을 갖기로 합의했다. 8월 28일부터 10월 15일까지 열린 이 토론은 '링컨-더글러스 논쟁'으로 유명해져 미국 민주주의의 역사적 사건으로 기억된다.

스티븐 더글러스. 노예제도 가부를 주민에게 위임하는 캔자스네브래스카 법안을 의회에 제출했다.

더글러스는 링컨을 광적인 노예 폐지론자로 몰아가는 전략을 썼고, 더 나아가 인종혼합을 우호적으로 생각하는 급진주의자로 몰았다. 이에 링컨은 보수적으로 방어하느라 자신이 전에 말한 것과 상충되는 발언을 많이 했다. 링컨은 노예제는 반대하지만 기존 노예주들에게 권리를 포기하도록 강권하지는 않을 것이라고 했고, 노예제는 시간이 가면서 점진적으로 사라지겠지만 강압적인 방법을 쓰면 사라지는 데 100년의 세월이 걸릴 수도 있다고 말했다. 그는 "모든 인간은 평등하게 태어났다"고 주장하면서도 흑인들에게 선거권, 배심원 자격, 흑백결혼, 심지어 시민권을 주는 문제에서는 확답을 못하고 머뭇거렸다.

"나는 현재도 그렇거니와 과거에도 백인과 흑인의 사회·정치적 평등에 찬성한다는 의견을 어떤 식으로든 말한 적이 없습니다. 니그로에게 배심원 자격이나 선거권을 주는 것도 찬성하지 않으며 찬성해본 적도 없습니다. 그들에게 공직권을 주거나 백인과의 혼인권을 부여해주자고 말한 적도 없습니다. 덧붙여 말하자면, 두 인종은 신체적으로 엄연히 다르기 때문에 앞으로 사회·정치적으로 두 인종이 평등하게 사는 일은 영원히 없을 것입니다. …… 노예를 해방시켜 우리와 정치적·사회적으로 동등하게 만든다구요? 내 안의 감정은 그것을 허

제2장 링컨의 남북전쟁 59

락하지 않습니다. …… 우리는 그들과 동등해질 수 없습니다."

링컨의 반격은 역설이었다. 오히려 링컨이 더 인종차별주의자 같은 결과가 초래됐다. 그는 더글러스에게 "주로 승격되기 전 준주의 주민들은 그 지역이 노예주가 되는 것을 사전에 막을 수도 있는가?"라는 질문을 던졌다. 더글러스는 주민들에게는 노예제를 받아들이거나 배격할 권리가 있다고 대답했다. 더글러스는 미처 생각하지 못했겠지만, 이 말은 드래드 스콧 판결을 에둘러 비난한 셈이 되었다. 이와 관련, 데이비스(Davis 2004)는 다음과 같이 말한다.

"그는 길게 보면 실언을 한 것이었다. 남부의 민주당 의원들은 드래드 스콧 사건에 어정쩡한 태도를 보인 사람을 결코 대통령 후보로 내보내지 않을 것이었기 때문이다. 링컨은 선거에서 졌지만 손해를 본 것은 없었다. 오히려 나라 일을 바라보는 안목이 더욱 넓어졌을 뿐이다. 민주당이 갈수록 북부파와 남부파로 갈라지자 공화당은 1860년 대통령 선거전에서는 승산이 있다는 자신감을 갖기 시작했다. 그리고 에이브러햄 링컨이라면 백악관 진입이 가능할 것도 같았다."

존 브라운의 연방 무기고 습격사건

1856년 캔자스에서 노예제 옹호론자 5명을 잔인하게 살해해 악명을 떨친 존 브라운은 그 사건 이후 잠적했다. 그에겐 미치광이, 사이코, 열광자, 몽상가, 순교자라는 갖가지 호칭이 따라붙었다. 뉴잉글랜드의 노예제 폐지론자 가정에서 태어난 그의 가족 중 일부는 거의 광적으로 노예제 반대운동에 몰두했다. 그는 계획한 일들이 대부분 실패로 돌아가자 22명가량 되는 자식들을 데리고 캔자스로 옮겨가 운동을 하다가 살인을 저지르고 잠적한 것이다.

그런데 브라운에겐 그의 폭력적 방식을 지지하는 부유한 뉴잉글랜드의 친구들이 있었다. '비밀6인위원회(Secret Six)'로 알려진 이 단체는 브라운이 품고 있는 계획에 필요한 자금을 마련하기 위해 결성되었다. 그들은 남부로 내려가 브라운의 십자군에 모여들 노예들을 무장시켜 애팔래치아산맥(Appalachian Mountains)에 흑인공화국을 세운 뒤 남부 노예주들을 상대로 전쟁을 벌인다는 웅대한 계획을 세웠다.

뷰캐넌 정부가 자신의 머리에 250달러의 현상금을 걸자 브라운은 뷰캐넌의 머리에 20달러 50센트의 현상금을 거는 '유머'로 맞받아쳤다. 브라운은 자신의 구상에 프레더릭 더글러스(Frederick Douglass, 1818~1895)가 노예들을 끌어들일 것으로 생각하고 그를 신뢰했다. 하지만 더글러스는 그에게 계획을 단념하도록 권고했다. 무엇보다도 연방 무기고를 공격한다는 브라운의 계획이 자살행위로 보였기 때문이다. 그래서 브라운의 병력소집 요청에 응한 사람은 극소수에 불과했다.

1859년 10월 16일 브라운은 아들 셋과 흑인, 백인이 뒤섞인 추종자 15명을 거느리고 수도 워싱턴에서 그리 멀지 않은 포토맥(Potomack) 강변의 버지니아주 하퍼스페리(Harpers Ferry)에 있는 연방 무기고를 공격했다. 브라운 일행은 직원 몇 명을 인질로 잡고 무기고를 점령했지만, 그들과 합세하려고 나서는 노예는 아무도 없었다. 이들은 민병대에 의해 봉쇄되었으며, 공격 끝에 일부는 사살당하고 브라운을 포함한 9명은 생포되었다. 브라운을 돕던 뉴잉글랜드의 '비밀 6인위원회'는 반역음모죄로 고발되었다.

브라운에 대한 기소, 재판, 유죄판결, 교수형은 6주간 일사천리로

존 브라운과 동료들이 민병대와 싸운 창고.

진행되었다. 1857년부터 브라운을 만나 잘 알고 지내온 헨리 데이비드 소로는 콩코드에서 '존 브라운을 위한 탄원'이라는 연설을 하는 등 구명운동을 벌였지만, 브라운은 12월 2일 교수형을 당했다. 브라운은 재판기간 중 모종의 심적 변화를 일으켜 노예제 철폐운동의 강력하고 설득력 있는 대변자가 되었다. 그 결과 북부의 많은 사람들은 그의 폭력성을 비난하면서도 그를 정의로운 운동의 순교자로 생각했다. 노예제 폐지론자들은 브라운을 찬양했다.

랠프 왈도 에머슨은 브라운의 처형으로 "그 교수대는 십자가 못지않은 영광을 누리게 될 것"이라고 했고, 헨리 데이비드 소로는 브라운을 그리스도에 비유했다. 브라운의 교수형에 충격을 받은 소로는 『리버레이터(The Liberator)』지에 발표된 「존 브라운의 마지막 며칠(The

Last Days of John Brown)」이라는 글을 쓰고 사흘 후에 죽었는데, 그가 남긴 메시지는 다음과 같았다. "시민이 단 한순간이라도, 그리고 조금이라도 자신의 양심을 입법자에게 내맡길 수 있을까? 대체 인간은 왜 양심을 가지고 있는가?"

'치욕의 보존, 영광의 살해'

노예제 폐지론자의 브라운 찬양은 남부의 강한 반발을 불러일으켰다. 데이비스(Davis 2004)의 주장에 따르면, "남부인들은 존 브라운을 자신들의 삶의 방식에 심하게 간섭하는 양키의 대변자로 보았다. 유화적인 태도를 가졌던 사람도 브라운이 미화되는 것을 보고는 격분을 참지 못했다. 북부인들이 그가 싸운 방법은 거부하면서도 브라운을 미화한 것은 남과 북 사이에 패인 골을 더욱 깊게 만드는 요인이 되었다."

양키(Yankee)는 초기의 뉴잉글랜드 이주자들을 가리키는 말이다. 원래는 17세기 후반 북아메리카에 '캡틴 양키(Captain Yankee)'라는 유럽에서 온 국적불명의 해적선 선장 이름이었는데, 당시 영국인이 뉴잉글랜드 사람들을 촌뜨기 취급하여 사용한 말이다. 당시엔 '양키 두들(Doodle, 멍청이)'이라고 불렀다. 남부인들도 이 말을 촌뜨기나 저질 등의 뉘앙스를 담아 뉴잉글랜드인을 가리키는 데 사용했다. 특히 남북전쟁때 남군은 북군을 양키라며 경멸했다. 외국인들은 미국인이면 다 양키인 줄 알지만 남부인들이 양키라는 말을 들으면 황당해한다.

브라운의 사형은 국제적인 화제가 되었다. 프랑스의 빅토르 위고(Victor Hugo)는 "유럽의 시선은 이 순간 미국에 머물렀다"고 쓰면서, 브라운을 교수형한 것은 "궁극적으로 연방을 분리시킬 잠재적인 틈

이 벌어질 것이다"라고 예언했다. "브라운의 처형으로 버지니아에서 노예제도는 견고해졌을지 모르지만, 미국의 민주주의는 붕괴될 것이다. 당신들은 치욕을 보존했고, 영광은 죽였다."

브라운이라는 이름은 남북전쟁시에도 계속 수많은 사람들의 입에 오르내렸으며, 북군의 군가에까지 등장했다. 그의 투쟁과 죽음을 묘사한 '존 브라운의 주검(John Brown's Body)'이란 노래는 북군이 가장 즐겨 부른 군가였다. 앞서 보았듯이 브라운을 예수와 동일시하는 주장도 대두되었다. 그러나 남부에서는 반대로 그만큼 브라운과 그의 찬양에 대한 반감이 커져만 갔다.

먼 훗날 베트남의 독립 영웅인 호찌민(Ho Chi Minh, 1890~1969)이 죽은 날, 하노이의 그의 책상 위에는 존 브라운의 자서전이 놓여 있었다고 한다. 오늘날에도 그에 대한 평가는 극과 극으로 나뉜다. 유종선(1995)에 따르면, "그를 마틴 루터 킹에 버금가는 위대한 흑인 해방론자로 보는 사람들이 있는가 하면 광신적 미치광이로 보는 사람들도 있다. 당시 많은 사람들은 그의 눈에서 번뜩이는 광기를 보았다고 했고, 그의 가문에 정신병자들이 많다는 주장도 있었다. 그는 두 번 결혼하여 무려 21명의 자녀를 두었다고 하는데, 이를 두고 보더라도 그는 평범한 사람은 아니었던 것 같다."

링컨은 "절반은 노예, 절반은 자유인 상태"는 영원히 지속될 수 없다고 했다. 그런 당위의 실현을 위해 브라운은 능동적으로 극단까지 치닫고자 했던 걸까? 그러나 훗날 브라운의 꿈이 실현된 후에도 새로운 의문을 제기하는 사람들이 나온다. 월러스틴(Wallerstein 1996)은 링컨이 말한 '노예'와 '자유'의 의미를 탐색하고 '계급'이라는 새로운 신분제를 지적하면서 다음과 같은 질문을 던진다.

"(조잡하게 정의된) 노예제도는 단지 우리의 역사적 운명이 극복해야 할 시대착오였는가, 아니면 미국의 꿈의 구조적 토대였고 핵심적 부수물이었는가? 미국의 딜레마는 현명함과 합리성을 통해서 극복될 수 있는 자기모순인가 아니면 우리 체제의 구성요소인가?"

참고문헌 Davis 2004, DiLorenzo 2003, Korth 2009, Loewen 2001, Shenkman 2003, Steiner 2008, Thoreau 1999a, Vardaman 2004, Vidal 1999, Wallerstein 1996, Wills 1999, Zinn 1986, 김동길 1987, 박보균 2005, 신정선 2009, 유종선 1995

"인간은 원숭이에서 진화했다"
찰스 다윈의 『종의 기원』

미국에서 진화론이 수용된 이유

존 브라운이 사형을 당하기 일주일 전인 1859년 11월 25일 영국에선 찰스 다윈(Charles Darwin, 1809~1882)의 『종의 기원(Origin of Species)』(1859)이 출간되었다. 1838년 토머스 로버트 맬서스(Thomas Robert Malthus, 1766~1834)의 『인구론(The Principle of Population)』을 읽고 '경쟁을 통한 자연선택'이라고 하는 결정적 단서를 얻은 다윈은 인간의 종(種)은 '자연도태'의 과정을 거쳐 생명 초기형태로부터 진화해온 것이라는 '진화론(Darwinism)'을 주장했다. 다윈이 진화가 작동할 수 있는 기제로 지목한 자연선택(natural selection)은 자원이 제한돼 있고 살아가는 환경이 이미 주어져 있을 때 그 환경에 적응을 더 잘하는 형질을 가진 유전자가 경쟁에서 살아남게 된다는 뜻이다.

다윈의 주장을 단순하고 쉽게 표현하자면, "인간은 원숭이에서 진화했다"는 것이다. 이는 전통적인 종교적 신앙의 모든 신조에 대한 도

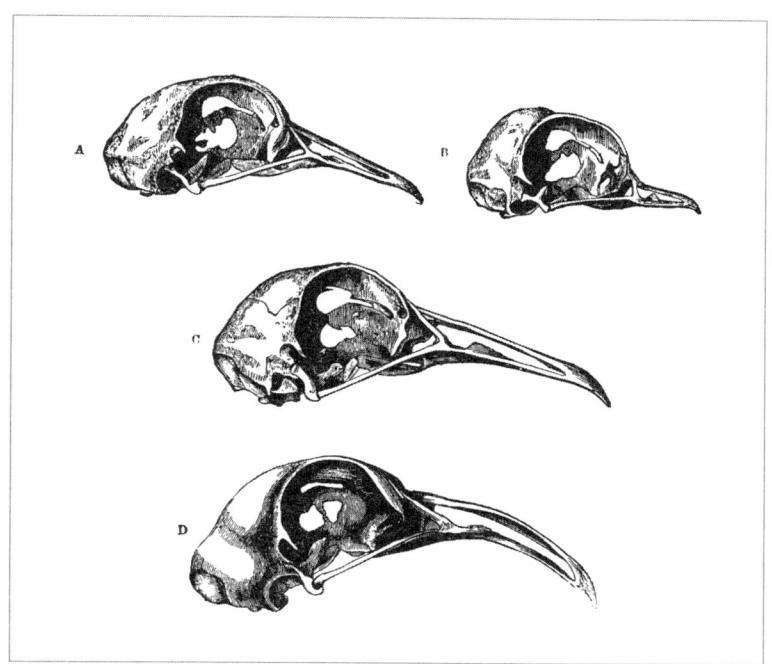

다윈은 『사육(飼育)에 의한 동식물의 변이(The Variation of Animals and Plants under Domestication)』(1868)에서 비둘기의 다양한 변이에 대해 조사했다.

전이었기에 책이 출판되자마자 큰 소동이 발생했다. 감탄과 분노의 소동이었다. 초판은 나온 지 하루 만에 다 팔렸으며, 재판 역시 금방 팔려나갔다.

진화론은 백인들이 흑인을 노예로 부리는 논리적 근거에도 영향을 미쳤다. 박영배(1999)는 "청교도 후예였던 그들은 같은 인간을 노예로 부릴 합당한 논리적 근거가 필요했다. 다시 말해 흑인을 짐승 취급하며 때리고 일을 시킨다 해도, 교회에서 예배드릴 때 종교적으로나 양심에 비추어 가책을 받지 않을 논리적, 정신적 무장이 필요했다"며 다음과 같이 말한다.

"이를 위해 그들이-대부분 종교지도자였다-만든 논리가 분리창조론이었다. '하나님이 인간을 만드실 때 백인을 먼저 만드시고 흑인은 나중에 따로 만드셨다. 그런데 흑인은 두뇌용량이 작아 하나님이 백인들로 하여금 그들을 돌보도록 하셨다.' 그후 다윈의 진화론이 대두되면서 또다른 주장을 폈다. '하나님은 백인만을 창조하셨고 흑인들은 아마 아프리카 원숭이나 오랑우탄이 진화해 만들어진 존재일지 모른다. 그런 이유로 그들은 어린아이처럼 난폭한 구석이 있어 백인들이 항상 통제해야 한다.'"

진화론은 창조설과 충돌했지만, 그렇다고 해서 백인들이 진화론을 거부하진 않았다. 진화론은 처음엔 강한 저항을 받았으나 19세기 말 도시의 전문가 계급과 식자층의 대다수 구성원들에 의해 수용되었다. 왜 그랬을까? 도널드 플레밍(Donald Fleming)에 따르면, "비록 다위니즘이 신학을 위협한 것은 사실이지만, 다위니즘은 프로테스탄트 국가인 미국의 지배적 윤리풍토를 강화했기 때문에 미국 내에서 순탄하게 수용되었다."

다만 개신교 진영은 양분되었다. 자유주의자들은 "진화는 사실이지만 이를 주관하는 것은 신"이라는 '유신론적 진화론'을 받아들인 반면, 복음주의자들은 진화론을 거부하는 대신 창조이야기를 객관적 사실로 보는 전통적 창조론을 고수했다. 1910년대엔 다윈과의 전쟁을 선포한 근본주의가 등장하게 된다.

마르크스는 좀 다른 이유로 『종의 기원』을 반겼다. 그에게 다윈이 말하는 생존경쟁이란 모든 과거 인류사의 계급투쟁을 자연사로 번역해놓은 것처럼 보였다. 역사 속에서의 계급투쟁에 대한 자연과학의 기반이라는 것이다. 마르크스는 다윈의 저서야말로 '역사적 계급투쟁의 자연과학적 증거'라며 흥분한 나머지 『자본론』을 다윈에게 헌정하겠다고 요청했지만 다윈한테 정중하게 거절당하고 말았다. 다윈은 『자본론』과의 관계에 의해서 자기 저작의 신용이 떨어질까 우려했다.

마르크스와는 달리 엥겔스는 냉정했다. 엥겔스(Friedrich Engels, 1820~1895)가 1875년 친구에게 보낸 편지에 따르면, "생존경쟁에 관한 다윈의 도그마(진화론)는 홉스의 주장을 자연에 도입하고, 거기다 경쟁이라는 부르주아 경제의 원리와 맬서스의 인구론을 첨가한 것에 불과하다고 나는 생각한다. 그리고 다윈이라는 마술사가 트릭을 행하면 사람들은 그것을 다시 한 번 이번에는 생물로부터 역사로 옮겨가서 인간사회의 영구적인 법칙의 정당성이 증명되었다고 떠들어대고 있는 것뿐이다."

진화론과 사회진화론

2009년 2월 12일, 흥미롭게도 같은 해 같은 날에 태어난 링컨과 다윈의 탄생 200주년 행사가 세계 각국에서 치러졌다. 두 사람에 얽힌 여러 흥미로운 이야기가 나왔지만, 로마 교황청이 다윈의 진화론과 기독교 신앙이 공존할 수 있다는 견해를 보였다는 게 가장 흥미롭다. 교황청 문화평의회를 이끌고 있는 잔프랑코 라바시(Arcivescovo Gianfranco Ravasi) 대주교는 "교회가 진화론에 적대적이었던 점은 사실이지만 진화론을 공식적으로 비판한 적은 없다"며 "1950년 교황 비오 12세가 진화론을 인간의 발전에 대한 유용한 과학적 접근이라고 언급하면서 다윈의 복권은 시작됐다"고 말했다.

한국에선 이화여대 최재천 교수와 다윈을 연구하는 젊은 학자들이 2005년부터 꾸려온 '다윈포럼'이 다윈 탄생 200주년과 『종의 기원』 출간 150주년을 맞아 다윈이 현대사회에 미친 영향을 집중 조명하는 공개강좌를 열었다. 연사로 나선 엄정식 서강대 명예교수는 다윈의 진화론이 니체(Friedrich Nietzsche, 1844~1900)의 초인주의와 마르크스의 변증법적 유물론, 베르그송(Henri-Louis Bergson, 1859~1941)의 창조적 진화, 듀이(John Dewey, 1859~1952)의 실용주의 탄생에 영향을 미쳤다고 설명했다. 그는 "인간은 이성을 가진 존재로 다른 생물과는 구별된다는 것이 철학을 하는 기초였는데 다윈은 인간과 동물의 차이가 정도의 차이에 불과하다는 것을 보여주면서 철학의 기본개념을 뒤흔들었다"고 말했다.

진화론은 미국에서 곧장 다른 새로운 지적 조류를 낳았는데, 그건 바로 사회진화론(Social Darwinism)이다. 이제 곧 미국 사회에 엄청난 영향을 미치게 될 사회진화론은 사회과학이 다윈의 진화론으로부터 영향을 받은 결과라고 널리 알려져 있는데, 그게 아니라는 주장도 있다. '진화'라는 개념을 널리 보급시키고 '적자생존(適者生存, survival of the fittest)'이라는 말을 처음 사용한 사람은 영국의 철학자이며 사회학자인 허버트 스펜서(Herbert Spencer, 1820~1903)였으며, 1859년 다윈의 『종의 기원』이 나오기 전부터 이미 사회진화론적인 주장들이 제기되었다는 것이다.(스펜서가 '적자생존'을 처음 거론한 건 1864년 『생물학 원리Principles of Biology』라는 책에서였다.) 다윈은 스펜서를 가리켜 "나보다 몇 배나 나은 '선배'"라고 칭찬했다. 과학사학자 패트릭 토르(Patrick Tort)는 『종의 기원』에 가려진 다윈의 또다른 저서인 『인간의 계보(The Descent of Man, and Selection in Relation to Sex)』(1871)는 문명화가 진척된 상황에서는 자연선택의 원리가 작동하지 않는다는 점을 분명히 밝히고 있다는 점을 지적하면서 사회진화론은 다윈과는 무관하다고 주장한다.

부자들이 반긴 사회진화론

비록 『종의 기원』에 가리긴 했지만, 1859년 영국에서 출판된 또하나의 중요한 책은 존 스튜어트 밀(John Stuart Mill)의 『자유론(On Liberty)』이다. '민주주의 진화론'이라고나 할까. 밀은 이 책에서 자신이 격찬한 알렉시스 드 토크빌(Alexis de Tocqueville, 1805~1859)의 책에서도 언급된 '다수의 폭정' 개념을 심도 있게 다루었다. 그는 "만일 한 사람을 제외한 모든 인류가 하나의 의견을 갖고 있으며, 단 한 사람만이 반대되는 의견을 갖고 있는 경우 그 한 사람이 만일 권력을 갖고 있어서 인류를 침묵시키려고 하는 행위를 정당화할 수 없는 것처럼, 인류는 그 한 사람을 정당하게 침묵시킬 수도 없다"고 썼다.

밀과 토머스 칼라일(Thomas Carlyle, 1795~1881) 사이에 벌어진 흥미로운 일화가 하나 있다. 칼라일은 하나님은 흑인을 게으름뱅이로 창조했고 따라서 흑인은 노예상태에 있을 때에만 생산적일 수 있다는 논리하에 영국의 노예제도 복귀를 주장한 적이 있었다. 이때에 밀은 대노하여 칼라일의 글을 "진짜 악마의 작품"이라고 공격했다. 둘은 친구였다가 이 사건을 계기로 다시는 만나지 않았다.

밀의 분노는 아름답지만, '계급에 의한 노예화'는 어떻게 볼 것인가 하는 문제는 여전히 남는다. 실제로 1860년대 이후 사회진화론은 우월한 인종이 열등한 인종을 지배하는 것을 자연의 법칙으로 주장함으로써 제국주의의 정당화에 기여했을 뿐 아니라 한 사회 내의 빈부격차도 정당화해주는 기능을 수행하게 되니 말이다. 스펜서의 저서는 1860년부터 1903년까지 미국 내에서 약 37만 부가 팔려나가는 등 엄청난 인기를 끌게 되는데, 스펜서의 '적자생존' 개념을 가장 반긴 사람들은 단연 부자들이었다. 그 이전까지 부자들에 대한 시선은 결코 곱지 않았기 때문이다.

부자들의 가벼운 고민거리는 가난한 사람들이 너무 많다는 것이었다. 부자들 가운데도 예민한 양심의 소유자는 있기 마련이어서 그런 사람들은 그 문제로 괴로워했다. 그런데 스펜서가 그 문제를 말끔하게 해결해주었다. 스펜서는 빈부격차의 심화는 사회진화과정에서 불가피하며, 기업의 활동을 규제하는 것은 종(種)의 자연적 진화를 막는 것과 같다고 주장했기 때문이다.

스펜서는 가난한 사람들에게 사적으로든 공적으로든 도움을 준다는 것은 인류의 진보를 심하게 방해하는 것이라고 주장했다. 발전정도가 가장 뒤떨어진 자를 배제하는 것은 다른 한편으로는 살아남은 자에게 끊임없이 시련을 가하는 것으로, 자연은 생존조건을 이해하고 또 그것에 따라 행동할 수 있는 인간의 진보를 확실하게 한다는 이유 때문이었다. 스펜서는 무지와 그것의 결과 사이에 개입해서 이 시련을 약간이나마 중단시킨다면 그와 같은 정도로 진보를 중단시킨다는 것은 불가피하며, 만약 무지하다는 것과 현명하다는 것이 똑같이 안전하다면 아무도 현명하게 되기를 원하지 않을 것이라고 주장했다.

사회진화론이 단지 부자들의 방패역할만 한 건 아니다. 그건 동시에 산업발전과 자본주의 발달을 합리화시켜주는 이론적 근거를 제공해주기도 했다. 스펜서가 미국 사회에 미친 영향은 그가 미국을 방문해 환대를 받는 1880년대에 가서 자세히 이야기하기로 하자.

참고문헌 Altschull 2003, Boorstin 1983 · 1986, Brinkley 1998, Coser 1978, Galbraith 1995, Grimoult 2004, Hart 1993, Korth 2009, Mill 2005, Rifkin 1984, Watkins 1990, 고종석 2000, 권용립 2003, 김기철 2009, 김윤성 2003, 박영배 1999, 이경원 2003, 최웅 · 김봉중 1997, 쿠로타 신이치로오 1987, 하태원 외 2009

"우리는 적이 아니고 친구입니다"
제16대 대통령 에이브러햄 링컨

링컨의 별명은 '일리노이 원숭이'

1790~1860년 사이 남부의 면화 생산량은 연간 1000톤에서 100만 톤으로 증가했으며, 그 기간 동안 노예들의 수도 50만에서 400만으로 증가했다. 노예문제는 이제 더이상 피해가기 어려운 상황에 처하게 되었고, 이를 둘러싼 논쟁은 1860년 대통령 선거를 통해 분출되었다.

공화당 대통령 후보경선에선 10년 넘게 미국 상원의원을 지냈고 뉴욕 주지사를 두 차례나 지낸 윌리엄 헨리 슈어드(William Henry Seward, 1801~1872)의 승리가 확실시되었다. 경쟁자인 에이브러햄 링컨은 전국 수준의 정치경험이라곤 한 차례 하원의원에 당선된 것이 전부였고 상원의원 선거에선 두 번이나 낙선한 보잘것없는 인물이었다. 그래서 전당대회 당일 그의 고향 오번에서는 축포를 쏘기 위해 병기고에 있던 커다란 대포를 공원으로 옮겼으며, 슈어드 역시 전당대회 전 이미 상원고별사를 작성해뒀다. 후보가 되면 바로 의원직에서 물러나야 했기 때문이다.

그렇지만 도무지 알 수 없는 게 선거였다. 전당대회 1차 투표에선 슈어드가 1위에 올랐지만 2위를 차지한 링컨이 3차 투표에서 승리를 가로채 갈 줄 어이 알았으랴. 슈어드가 열렬한 노예제 폐지론자였기 때문에 남부의 지지를 염두에 둔 공화당이 노예제 폐지론자도 아닌데다 이 문제에 융통성을 보인 링컨을 선택한 것이다. 슈어드는 비록 링컨을 지지한다는 공개서한을 내긴 했지만 링컨의 대선승리 가능성을 의심했다. 선거운동에 합류해달라는 요청이 거듭됐지만 계속 미루다 3개월 뒤에야 유세에 참여했다.

대선 때 링컨의 별명은 '일리노이 원숭이'였다. 도대체 어느 정도였기에 그런 심한 별명을 붙였단 말인가. 쿡(Cooke 1995)은 "성인(聖人)과 같은 그의 이미지와 그의 참모습 사이에는 사실 커다란 괴리가 있다. 그것을 그대로 방치하는 것은 링컨을 위해서나 정치적 권모술수를 이해하기 위해서나 전혀 도움이 되지 않는다"며 다음과 같이 말한다.

"개성이 강한 인간은 항상 그러하지만, 그도 대단히 미움을 받았다. 또한 해리 트루먼이나 린든 존슨 등 변경 출신으로서 대통령이 된 인물이 자칫하면 그러기가 쉬웠던 것처럼 그의 몰취미하고 촌스러운 행동은 여지없이 멸시받았다. (런던)『타임스』지는 그를 거칠고 지능이 낮은 인간의 대명사인 '색골'이라고 불렀을 정도였다. 링컨은 지나치게 키가 크고 비실비실한 걸음걸이로 사람들의 빈축을 살 만한 거칠고 상스러운 말들을 즐겨 했다. 게다가 자신이 박식하고 총명한 두뇌의 소유자라는 점을 과시하는 몹시 불유쾌한 버릇이 있었다."

링컨의 걸음걸이가 얼마나 어색했으면, 링컨의 외조부가 인디언이라는 말까지 나왔을까. 걸음걸이는 물론 얼굴 모습과 건장한 몸이 인디언을 닮은 데가 많다는 데에서 나온 소문이다. 이런 점을 들어 훗날 미국의 정치 이미지를 우려하는 사람들은 1860년 대선에서 승리한 링컨과 같은 인물이 1980년에 출마했다면 당선이 가능하겠느냐고 반문한다. 깡마르고 볼품없이 큰 키에 당시에도 옷을 허술하게 입었던 링컨 같은 사람은 선거를 통해서는 아예 공직사회에 발조차 들여놓지 못했을 것이라는 이야기다.

링컨의 대통령 당선

1860년 11월 대선에서 링컨의 경쟁상대는 일리노이주 상원의원 선거에서 맞붙었던 민주당의 거물 스티븐 더글러스였다. 우여곡절 끝에 링컨은 186만 표(더글러스 137만 표)와 선거인단 다수의 지지로 제16대 대통령에 당선되었다.

무엇이 그의 승리를 가능케 했던가? 탁월한 웅변가로서 펼친 담론의 승리이자 기술의 승리였다. 링컨이 가장 좋아했던 책은 셰익스피어(William Shakespeare)의 『맥베스(Macbeth)』였는데, 그는 주변사람들이 원할 때면 언제라도 셰익스피어의 극들에 나오는 대사들을 읊어주곤 했다. 예전과는 달리 링컨의 선거유세에선 대통령 후보들의 모든 발언과 동정이 전신을 통해 전국적인 뉴스거리가 되었다. 오죽하면 링컨이 "나의 생각에 대한 모든 것을 이미 신문에서 읽은 청중들 앞에서 아홉 차례나 더 연설을 하는 일은 정말 고역이었소"라고 말했겠는가.

그런데 좀 이상하다. '일리노이 원숭이'라는 말을 들었을 정도로

1860년 대통령 후보 링컨과 부통령 후보 햄린(Hannibal Hamlin)의 선거 플래카드.

촌스러웠다는 링컨이 탁월한 웅변가였다는 게 영 앞뒤가 맞지 않는 것 같다. 링컨에게 그 어떤 변화가 있었을까? 쿡(Cooke 1995)은 "링컨은 중년에 들어서면서부터 연설과 작문의 스타일을 완전히 바꿔버렸다. 이것은 두뇌에 뭔가 화학작용이 일어났다고밖에는 표현할 방법이 없는, 어떻게도 설명하기 어려운 사실이다"며 다음과 같이 말한다.

"젊었을 때의 그의 연설은 허풍스럽게 과장된 낱말들만 늘어놓는, 당시의 변경 출신 변호사 특유의 악취미의 대명사였다. 그가 셰익스피어의 미묘한 표현이나 성서의 문구에 나오는 유연한 흐름, 스코틀랜드의 시인 로버트 번즈의 엄숙한 휴머니티에 몹시 매료되어 있던 것은 잘 알려져 있는 사실이다. 그리고 여하튼 남북전쟁 중에는 오늘날 일반적으로 전해지고 있는 링컨상 그대로의 인간으로 탈바꿈해 있었다."

링컨은 승리했지만, 표가 분열된 유권자 투표의 5분의 2만을 획득했다. "한때 장작을 쪼개더니 이제 나라를 쪼갤 것인가?" 링컨에 비판적인 신문은 어린 시절 장작패기를 많이 했다는 링컨의 과거를 들어 그렇게 비아냥거렸다. 링컨이 대통령으로 당선된 지 얼마 지나지 않은 12월 20일 남부 분리주의의 온상이었던 사우스캐롤라이나 주의회는 투표를 실시하여 연방탈퇴를 결의했다. 이 또한 전신의 힘이었다. 휠러(Wheeler 2007)는 "전신을 통한 뉴스의 흐름이 결국 겨우 한 차례 연방하원의원을 역임했을 뿐인 벽지 출신을 전국적 거물로 만들어주었다"며 다음과 같이 말한다.

"선거전에서는 이 새로운 전자적 발명품으로 인하여 이 나라의 역사상 그 어느 때보다도 선거운동이 신속하게 보도될 수 있었고 대중은 그 쟁점을 더 쉽게 이해할 수 있었다. 워싱턴과 애덤스 등이 그토록 갈망하던 이 하부구조는 이제 현실이 된 것이다. 그러나 새로운 하부구조가 이 나라를 하나로 묶는 대신에 역설적으로 그동안 그들이 건설한 나라의 지속을 허용해온, 지리적 거리에서 비롯된 차별성을 위협하기 시작했다. 전신을 통한 뉴스 탓으로 남부는 쉽사리 화약고가 되었다. 전보가 링컨의 당선 뉴스를 전하자마자 불쏘시개에 금방 불이 붙었다. …… 전신은 그 연결망 건설의 심부름꾼 노릇을 한 철도와 함께 이 나라를 결속시키기도 했지만, 또한 산산조각 나게도 한 것이었다."

사우스캐롤라이나의 연방탈퇴에 대해 재선에 실패한 뷰캐넌은 의회에 보낸 마지막 교서에서 주에는 연방탈퇴 권리가 없다는 점을 강조했지만, 말만 그렇게 했을 뿐 아무런 조치도 취하지 않았다. 사우스캐롤라이나 지역 민병대가 찰스턴 항구에 있는 연방요새를 장악하기 시작하자, 뷰캐넌은 연방요새를 지키기 위한 원조물자를 보내려고 시도했지만 보급선은 항구에 닿지도 못하고 되돌아왔다.

남부연합의 결성

링컨은 대통령 당선후 대부분의 시간을 고향인 스프링필드에서 보내고 있었고, 그 사이 '집안의 분열'은 가속화되고 있었다. 링컨이 대통령 취임식을 갖기도 전에 6개 주가 또다시 연방을 탈퇴했다. 미시시피(1861년 1월 9일), 플로리다(1월 10일), 앨라배마(1월 11일), 조지아(1월 19일), 루이지애나(1월 26일), 텍사스(2월 1일) 등이었다. 1861년 2월 4일 7개 주는 앨라배마의 몽고메리(Montgomery)에 모여 남부연합(Confederate States of America)을 결성했다. USA에 대항하는 CSA는 2월 8일 노예제도를 인정하는 헌법을 제정해, 다음날 남부연합 대통령으로 한때 군 장군이자 육군장관을 지낸 미시시피주 상원의원 제퍼슨 데이비스(Jefferson Davis, 1808~1889)를 선출했다. 데이비스는 이렇게 외쳤다. "노예가 될 것인가, 자유인이 될 것인가? 귀하의 재산을 빼앗아 가는 것에 동의하는가?"

1861년 2월 11일 일리노이주 주도 스프링필드의 중앙역인 그레이트 웨스턴역에선 대통령 취임을 위해 워싱턴으로 떠나기 전, 플랫폼에 마련된 연단에 오른 링컨 대통령 당선자가 군중들의 환호에도 불구하고 자못 침통한 표정으로 무겁게 입을 열었다.

"친구 여러분, 내 입장에 있지 않은 여러분 어느 누구도 이 이별의 순간에 솟구쳐 오르는 나의 슬픈 감정을 이해할 수 없을 것입니다. 나는 4반세기를 이곳에서 살면서 모든 것을 빚진 채 지금 고향을 떠납니다. 이제 가면 언제 돌아올 것인지 혹은 다시는 돌아올 수 없을지도 모릅니다. 나에게는 워싱턴에 부여된 일보다도 더욱 무거운 일들이 앞에 놓여 있습니다."

링컨은 암살음모를 피해 워싱턴으로 몰래 들어와 취임식을 기다렸다. 실제로 나중에 암살음모가 발각되었다. 1861년 3월 4일 링컨의 대통령 취임식 선서를 맡은 사람은 그의 대통령 당선에 크게 기여한 드래드 스콧 판결의 장본인 로저 토니 대법원장이었으니, 역사의 아이러니였다. 링컨은 취임연설에서 다음과 같이 말했다.

"불만에 차 계실 친애하는 국민 여러분, 남북전쟁이라는 중요한 문제는 내 손이 아닌 여러분 손에 놓여 있습니다. 정부는 여러분을 공격하지 않습니다. 여러분이 침략하지 않는 한 전쟁은 일어나지 않습니다. 여러분은 하늘을 두고 정부를 파괴하겠다고 서약하지는 않을 것입니다. 하지만 나는 '정부를 보존하고, 지키고, 방어할' 것임을 가장 엄숙하게 선서하려고 합니다. 나는 끝내고 싶지 않습니다. 우리는 적이 아니고 친구입니다. 적이 되어서는 안됩니다. 울화가 치밀어 오르더라도 감정의 유대를 끊어서는 안됩니다. 모든 전장과 애국자의 무덤으로부터 살아 있는 모든 가슴과 이 광대한 땅에 널려 있는 조약돌에 이르기까지, 신비로운 기억의 현들은 다시 퉁기기만 하면 연방의 코러스로 힘차게 울려퍼질 것입니다. 보다 선한 우리의 본성으로 반드시 그렇게 만들 것입니다."

백악관을 떠나면서 뷰캐넌은 링컨에게 "친애하는 대통령 각하, 백악관으로 들어서는 각하의 마음이 휘틀랜드(뷰캐넌의 펜실베이니아 고향)로 돌아가는 본인만큼만 행복할 수 있다면 각하는 진정 복 받은 분입니다"라고 말했다고 한다.

남부의 연방탈퇴 이유

엄포용일 것이라고만 믿었던 남부의 연방탈퇴가 실제로 일어난 이유는 무엇일까? 데이비스(Davis 2004)는 세 가지 이유를 들었다. 첫째, 정치, 산업, 금융, 제조 면에서 북부에 압도당하고 있다고 생각한 남부인들의 광범위한 인식이다. 둘째, 북부 주도의 의회가 남부인들의 생활방식을 위협하고 있다는 생각이다. 셋째, 흑인들의 남부지배, 광범위한 흑백결혼, 백인여성들에 대한 겁탈이야기처럼 남부 문필가와 정치인들이 만들어낸 인종적 광란상태다.

실제로 광란상태는 심각했다. 남부에서 유행했던 말들 중엔 "어머니, 아내, 누이, 따님을 사랑하신다고요? 10년도 못 가 우리 아이들은 모두 니그로의 노예가 될 겁니다"라는 것도 있었다. 사우스캐롤라이나의 한 침례교회 목사는 심지어 이런 말을 하기도 했다. "성도들이 나약하게 무릎 꿇으면 가까운 장래에 노예 폐지론자 목사들은 성도의 따님과 흑인의 혼인 주례를 서게 될 것입니다. 우리 아내와 딸들이 니그로의 흉측한 욕망을 만족시켜주는 것과 죽음 중에서 하나를 선택하게 하소서. 복종보다는 차라리 1만 명의 죽음을."

데이비스(Davis 2004)는 "이 모든 이질적인 감정과 정치적 견해가 노예제문제 하나로 집중되었다. 남부인들에게는 연방탈퇴가 노예해방을 막을 수 있는 마지막 보루였다. 남부는 자신들의 정치력이 점점 약화되고 있는 의회에서 입법적 대결을 벌일 상황에 직면하자 운명을 걸고 연방탈퇴를 선언한 것이다"라며 다음과 같이 말한다.

"정치, 사회, 경제적인 이유 외에 남부가 연방탈퇴를 한 요인으로 무시할 수 없는 것은 인간의 본성과 역사의 필연성이다. 강자(이 경우에는 북부)는 힘이 강해질수록 힘 그 자체를 위해 약자를 더욱 짓누르려는 속성이 있다. 노예를 소유하지 않은 남부 백인들(이들이 남부 대부분을 차지했다)의 우려에는 공통점이 있었다. 바로 링컨, 공화당, 곡물가격을 결정하는 공장과 은행을 소유한 노예제 폐지론자 양키들이 자신들을 해방노예의 노예로 만들지도 모른다는 공포감이었다. 인간에게는 막다른 벽에 부딪치면 그것을 쳐부수거나 돌아가려는 본성이 있다. 왜 좀더 상황을 냉정하게 판단하여 이 문제를 해결하지 못했느냐고 묻는 것은 자부심 강하고, 독립적이고, 개인주의적이고, 땅에 충실하고, 기사도적이기까지 한 남부인들의 기질을 모르고 하는 말이다. 남부인들은 목에 칼이 들어와도 복종하지 않는 기질이 있었다."

이어 데이비스는 "남부는 노예제를 찬성하는 반연방주의이고 북부는 노예제 철폐를 찬성하는 친연방주의라는 식으로 양측의 견해를 이분법적으로 재단하는 것"은 "일종의 허구이며 문제를 너무 단순화시키는 것이다"고 주장한다. 그는 7개 주가 탈퇴한 뒤에도 남부의 8개 주는 여전히 연방에 남아 있었다는 점을 강조한다. 버지니아, 아칸소, 미주리주에서는 탈퇴문제를 결정하게 될 주대회 참가자로 뽑힌 사람들 대부분이 친연방주의자였으며, 노스캐롤라이나주와 테네시주 유권자들은 연방탈퇴 대회 자체를 거부했으며, 텍사스에서는 텍사스 독립의 영웅 샘 휴스턴(Sam Houston, 1793~1863) 주지사가 연방탈퇴를 반대하고 나설 정도였다는 것이다.(텍사스가 연방에서 탈퇴하자 휴스턴은 주지사직에서 물러났다.)

이 논지에 따르면, 대부분의 북부인들에게 연방보존은 단순히 경제적인 문제일 뿐이었다. 북부의 상공인들은 남부 상실은 경제적 재앙을 의미한다고 믿었고, 그들 밑에서 일하는 고용인들도 노예해방은 자신들의 임금삭감으로 이어질 것이라 믿었다. 요컨대, 그들은 노예제보다 남부주들의 연방탈퇴를 훨씬 더 두려워했다는 것이다.

'북부의 남부 착취'

딜로렌조(DiLorenzo 2003)는 관세문제 등 경제적 측면에 주목한다. 당시 연방수입의 주요 원천은 관세수입이었는데, 제조업의 기반이 약했던 남부는 공산품의 대부분을 북부나 유럽으로부터 수입했다. 이렇게 무역의존도가 높아 1860년 무렵 남부의 주들은 총 관세의 80퍼센트를 담당했지만, 관세수입의 대부분은 북부에 지출되었다. 남부인들은 자신들이 착취당하고 있다고 여겼는데, 링컨이 관세율 인상을 공약하면서 분노가 폭발했다는 설명이다.

또한 링컨의 집권 이전에 북부주들은 의회를 움직여 조선업의 법적 독점권을 따냈는데, 그로 인해 외국에서 생산된 선박을 미국으로 수입하는 것이 금지되었다. 이에 따라 무역의존도가 높은 남부의 해운 운송비는 더욱 늘어났다. 외국 해운업자가 미국 내 해운업자보다 더 낮은 가격을 제시하는 것은 법으로 금지되었다. 북부인들은 연방 덕택에 부를 증대할 수 있었으므로 그들이 연방을 소리 높여 찬양하는 것은 당연한 일이었다.

반면 남부의 신문 『빅스버그 데일리 휘그(Vicksburg Daily Whig)』는 1860년 1월 18일자에서 "북부는 남부를 희생시키면서 엄청나게 거대

1895년경 면화를 따는 흑인들을 말을 탄 백인 감독관이 감시하고 있다.

해지고 있다"며 "북부는 온갖 과세를 부담시켜 우리를 가급적 파멸시키지는 않으면서 최대한도로 착취하고 있다"고 비난했다. 그 돈의 대부분은 북부의 도시, 철도, 운하에 투입되었다는 것이다.

반면 북부의 신문들은 그 점을 인정하면서도 북부의 이익을 지켜야 한다고 역설했다. 『시카고 데일리 뉴스(Chicago Daily News)』 1860년 12월 10일자에 따르면, "남부는 전국 수출량의 4분의 3 가량을 차지하고 있다. 지난해 남부의 수출량은 총 수출량의 72퍼센트였다. …… 우리의 관세는 우리 제조업자들의 30~50퍼센트를 보호해주며, 남부 면화의 대부분을 소비할 수 있게 해주고, 국내 시장에서 유럽의 숙련노동자들과 경쟁할 수 있게 해준다. 그 결과 남부는 우리의 숙련노동자들에게 매년 수백만 달러씩 간접적인 보조금을 주는 셈이다."

이 신문은 이어 관세율을 낮추게 될 경우에 일어날 일을 경고했다.

"우리의 노동자들은 유럽 노동자들과 경쟁할 수 없다. …… 해운에서 우리가 거두는 이익은 대부분 남부인들의 손에 넘어가게 될 것이며, 파산과 파멸이 매우 광범위하게 일어날 것이다."

'도덕적 절대주의'와 '법률적 절대주의'

정치경제적인 이유 외에 양쪽 과격파들의 정열 또는 광신(狂信)도 전쟁을 불러일으킨 이유가 되었다. 칼훈은 남부의 비위를 조금만 건드려도 사우스캐롤라이나는 연방에서 탈퇴하겠다고 위협하곤 했었다. "링컨에게 반항하는 것이 곧 하나님의 뜻"이라며 링컨의 인형을 화형에 처한 사람들도 있었다. 노예제 폐지론자들도 마찬가지였다. 존 브라운은 "노예소유주나 노예제도 지지자들은 하나님의 이름으로 죽여야 한다"고 주장했었다. 노예제 폐지론자인 보스턴 변호사 웬델 필립스(Wendell Philips, 1811~1884)는 글 실력은 떨어졌지만 연설능력이 탁월해 연설로 계몽활동을 펴면서 윌리엄 로이드 개리슨과 보완관계를 형성했던 인물인데, 그는 "신(神)의 편에 선 사람은 하나일지라도 다수이다(One on God's side, is a majority)"라고 주장했다. 개리슨은 노예제도를 '아내가 강간을 당하고 있는 상황으로, 불길 속에 아이가 타죽는 위급상황'으로 비유했다.

박정기(2002)는 "바로 이런 부류의 사람들이 세상을 필요 이상으로 처절하게, 또 광적으로 이끌어 가는 것"이라며 "북의 도덕적 절대주의자(moralistic absolutism)들과 남의 법률적 절대주의자(legalistic absolutism)들이 남북의 갈등을 격화시켰던 것이다"고 말한다. 마치 이런 평가를 예상했다는 듯, 필립스가 다음과 같은 명언을 남겼다는 게 흥미롭다. "오늘의 광신은 내일 유행하는 신조가 되고, 일주일 후엔 구구단표처럼 진부해진다."

링컨의 '흑인열등론'

링컨은 평소 흑인열등론을 피력해온 인물이었다. 그거야 선거에서 당선되기 위해서 그렇게 한 것일 수도 있으니 이해할 수 있는 게 아닐까? 그렇게 보기엔 그 빈도가 너무 높다는 주장이 많다. 『에버니(Ebony)』 편집장 레론 베넷 2세(Lerone Bennett, Jr.)는 2000년에 출간한 『꾸며진 영광(Forced into Glory: Abraham Lincoln's White Dream)』에서 다음과 같이 말한다.

"1854년에서 1860년까지 적어도 열네 차례나 링컨은 흑인이 백인보다 열등하다는 자신의 견해를 분명하게 밝혔다. 게일즈버그에서는 '열등한 인종'이라는 표현을 직접 사용했다. 누가 '열등한 인종'인가? 이 물음에 대해 그는 아프리카계 미국인과 자신이 '잡종'이라고 부르는 멕시코인이라고 대답했는데, 아마도 유색인종 모두를 가리킨 듯하다."

헨리 클레이가 주도한 식민사업의 강력한 지지자였던 링컨은 대통령이 된 뒤 그 사업을 적극 지원하고 나섰다. 1862년 링컨은 사상 처음으로 백악관을 방문한 일단의 자유로운 흑인들에게 아프리카로 이주할 것을 종용하면서 흑인의 국외이주를 선도해달라고 부탁했다. 이에 노예제 폐지론자인 윌리엄 로이드 개리슨은 링컨이 이주를 통해 미국을 백인의 나라로 만들고자 한다면서 맹렬히 비난했다. 그는 링컨을 '아프리카 식민지의 대통령'이라고 부르면서 다음과 같이 말했다.

"링컨 대통령은 원한다면 차라리 그 자신이 이주해도 좋다. 그러나 그가 자기 못지않게 선량한 사람들을 제거하려는 행위는 정말 뻔뻔스러운 짓이다. …… 링컨의 핏줄 속에는 노예제를 반대하는 피가 한 방울도 흐르지 않는다."

이주가 인종문제에 대한 최선의 '해결책'이라는 링컨의 견해에 동의한 일리노이 출신의 상원의원이자 링컨의 친구인 라이먼 트럼불(Lyman Trumbull, 1813~1896)은 "우리 공화당은 백인의 당이다. 우리는 자유백인을 위해 일하며, 백인 노동자를 가치 있고 명예롭게 만들고자 한다. 그런데 흑인노예 노동자가 경쟁에 끼어들면 그것이 불가능해진다"고 주장했다.

바로 이런 생각 때문에 노예제를 지지하는 남부인들이 북부 공장에서 일하는 노동자가 남부의 노예에 비해 더 부당한 대우를 받고 있다고 주장할 수 있었던 건 아닐까. 사우스캐롤라이나의 윌리엄 그레이슨(William Grayson, 1736~1790)은 노예제도는 온정주의적이라며 북부의 종교적 아집을 비판하는 책을 내기도 했다. 그가 쓴 『노동자와 노예(The Hireling and the Slave)』(1854)에 나오는 궤변 한 대목을 감상해보자.

"주인의 가벼운 규칙은 엄격한 법보다 질서를 더 확실히 해준다. 선동적인 노동자 무리는 여기에 없다. 우리는 파업이나 불법적인 폭동도 걱정하지 않는다. 수녀들은 수녀원에서 나와 한밤에도 자유롭게 다니고 화염에 싸인 교회는 하늘에게 복수를 부탁한다. 피비린내 나는 반란계획은 수포로 끝난다. 목사가 격려하고 국회의원이 방어한다. 그러나 노예는 주인의 보호 아래 그와 같은 혼란으로부터 안전하며 열심히 단순노동을 하고 있다. 유용한 일로 시간을 보내며 범죄를 조장하는 유혹으로부터 멀리 떨어져 있다. 안심 속에 일을 하며 평화로운 삶을 영위한다. 자유는 굶주린 소란과 낭비적인 분쟁을 낳을 뿐이다. 선동의 욕구도 없고 슬퍼할 일도 없이 노예는 극빈자의 위험한 함정으로부터 안전하다."

당시 상황을 이해하는 데엔 토크빌(Tocqueville 1997)이 『미국의 민주주의』에서 "인종적 편견은 노예제가 계속 존재하는 주보다도 폐지된 주에서 더욱 강도가 심한 듯하다. 또한 가장 편견이 심한 곳은 노예제를 전혀 알지 못하는 주이다"라고 말했다는 것도 참고할 필요가 있겠다. 이는 조심스럽게 받아들여야 할 주장이지만, 북부의 흑인차별 역시 심했다는 것으로 받아들이면 무방할 것이다. 그는 흑인들이 사는 모든 지역에서 흑인을 차별하는 것은 법이 아니라 '일반대중의 편견'이라는 사실을 깨달았다.

북부에서 노예제 폐지론자들의 목소리는 컸지만 그들의 수는 극소수였다. 단체는 수백 개에 이르렀지만 모두 소규모로 북부의 2000만 인구 중 1퍼센트 정도인 20만 명에 불과했다. 링컨의 고향인 일리노이주를 포함한 몇몇 북부 주들은 법을 고쳐 흑인이 자기 주에 들어와 살지 못하도록 금지하기까지 했다. 이는 노예해방이 이루어진 뒤 흑인들을 대상으로 헌신적인 자선활동을 하는 상류층이 자신의 교회에 흑인이 들어오는 것은 반대하는 것과 비슷한 이치다.

흑인은 아예 상종하지 않겠다는 것과 상종하되 노예로 부리겠다는 것 중에서 어떤 게 더 심하거나 나쁜 차별일까? 난형난제(難兄難弟)인가? 아니 그 차이를 따져 우열을 가리는 게 무슨 소용이 있을까? 둘 다 몹쓸 짓이지만, 그럼에도 공식적인 노예제가 더 나쁜 짓이라는 게 우리 인간의 보편적인 정의감이다. 진정한 동기를 두고 이런저런 말이 많긴 하지만, 남북전쟁이 터지게 된 중요한 이유 중의 하나도 바로 여기에 있다.

참고문헌 Beatty 2002, Brinkley 1998, Cooke 1995, Davis 2004, Devin 1965, DiLorenzo 2003, Huntington 2004, Leff & Mohrmann 1974, Mark 2009, Means 2002, Mohrmann & Leff 1974, O'Neill 1921, Tocqueville 1997, Wheeler 2007, Wills 1999, Zinn & Stefoff 2008, 강준만 1992, 김봉중 2001, 나윤도 1997-1998, 박보균 2009, 박정기 2002, 사루야 가나메 2007, 손세호 2007, 오치 미치오 1999, 이철희 2008-2009, 임용순 1995

링컨의 '연방 구하기'
남북전쟁의 발발

남부연합의 섬터 요새 공격

1861년은 러시아에서 농노해방령이 이루어지고 이탈리아에 통일왕국이 건설되고 조선(철종 12년)에선 김정호(?~1866)의 『대동여지도(大東輿地圖)』가 간행된 해지만, 미국은 내전(內戰)의 소용돌이로 휘말려들고 있었다. 1861년 4월 12일 P. G. T. 보리가드(Pierre Gustave Toutant Beaure-gard, 1818~1893) 장군이 이끄는 사우스캐롤라이나 남부연합군 부대가 사우스캐롤라이나 찰스턴 항구의 외딴 언덕에 있는 연방군 섬터 요새(Fort Sumter)를 공격하면서 남북전쟁이 시작되었다. 1861년 4월부터 1865년 4월까지 4년여간 치러진 이 전쟁은 보통 'Civil War'라고 부르나, 남부 측 관점에선 'War between the States'이다. 분열(secession)을 강조해 'Secession War'라고도 부른다.

왜 남부연합은 섬터 요새를 공격했을까? "남부연합은 자신들의 영토 내에 연방군의 요새가 있는 것을 마치 식민지시대에 보스턴이나

1861년 섬터 요새. 미국 독립혁명 때 장군 토머스 섬터(Thomas Sumter)에서 따온 이름이다.

뉴욕 항구에 있는 영국군 요새를 용납하는 것과 같다고 여겼다"는 설이 유력하다. 링컨은 섬터 요새에 식량을 공급한다는 이유로 해군을 파견하면서 중무장한 전함들을 뒤따라 보냈는데, 일부 학자들은 링컨이 전쟁을 유도했다고 주장한다. 『남북전쟁(The Civil War)』(1986)의 저자인 셸비 푸트(Shelby Foote, 1916~2005)는 다음과 같이 말한다. "링컨은 책략을 써서 남부연합을 유화적인 상태로 만들거나, 아니면 전쟁의 첫 총성을 울리게 만들었다. 더 나쁜 것은 그 첫 총격이 굶주린 사람들에게 식량을 전달하는 선박에 가해지는 것으로 세계의 이목에 드러나게 했다는 점이다."

육군장관 사이먼 캐머런(Simon Cameron, 1799~1889)과 육군 총사령관 윈필드 스콧(Winfield Scott, 1786~1865)이 섬터 요새에 보급물자 지원을 반대하면서 철수를 주장했었다는 것도 그런 전쟁유도론의 증거로 거론된다. 코언(Cohen 2002)은 "링컨은 고위급 군 장성들의 충고를 뿌리치고 섬터에 보급물자를 공급해줄 것을 명령했다. 그는 이를 이용해 남부군을 전쟁에 끌어들일 미끼로 활용했다"며 다음과 같이 주장한다.

"이 조치는 링컨의 진면목을 여실히 보여주는 치밀한 행보였다. 이를 통해 불확실하고 우유부단하게만 보였던 링컨이 전쟁의 위험도 감수하겠다는 강철 같은 의지를 유감없이 보여주었기 때문이다. 링컨은 1860년 12월에 한 친구에게 보낸 서신에서 '싸움은 어차피 일어나게 되어 있고 지금이 최적기야'라고 적었다. 무엇보다도 그는 그 '싸움'이라는 것이 뭔지를 정확하게 이해하고 있었다. 그는 수적으로 열세에 있었던 수비대를 철수시키지도 병력을 증강하지도 않음으로써 무모한 군사적 행보를 취했지만, 이를 통해 좀더 큰 정치적 효과를 얻으려고 했다. 그 과정에서 링컨은 군사 자문관들의 충고를 거부했고 마지막까지도 자신의 의지대로 결정했다."

링컨의 전쟁유도론

당시 북부의 많은 신문들도 링컨의 전쟁유도론을 인정했는데, 그 논거는 이렇다. 남부연합은 36시간 동안 섬터 요새를 공격해서 초토화시켰지만, 사상자는 아무도 없었다. 북군 전함은 구경만 했다. 남군의 도발을 강조하기 위해서였다는 해석이다. 실제로 그런 의도가 있었는지는 알 수 없지만, 그 효과는 컸다. 이 포격은 중부주들의 탈퇴운동을 중단시켰고 북부 내의 탈퇴 지지세력을 약화시켰다.

어디 그뿐인가. 남부연합의 섬터 요새 공격 이후 북부엔 '광적인 애국주의 열풍'이 휘몰아쳤다. 북부 곳곳의 마을들에선 전쟁회의가 열렸으며 노예제 폐지론자들의 집회에는 열광적인 군중들이 몰려들었다. 프레더릭 더글러스 같은 연사들은 가는 곳마다 뜨거운 환영을 받았으며, 웬델 필립스의 글이 실린 신문들은 20만 부나 판매됐다. 보스턴의 한 노예제 폐지론자는 "북부 전체가 마치 일치단결한 군부대 같다. 남녀노소를 가리지 않고 모두 광적인 애국주의자가 됐다. …… 해방군이 남부연합 주들로 진군할 시기가 무르익고 있다"고 말했다.

1861년 4월 15일 링컨은 '반란'을 선포하고 7만5000명의 지원병을 모집했다. 4월 17일 가장 영향력이 컸던 버지니아주가 연방을 탈퇴한 뒤 남부연합 정부는 몽고메리에서 정부를 수용할 만큼 큰 남부 도시 중의 하나인 버지니아주 리치먼드로 옮겨갔다. 리치먼드는 수도 워싱턴에서 남쪽으로 160킬로미터 떨어진 곳이다.

4월 19일 링컨은 남부 항구들에 봉쇄령을 내렸다. 항구봉쇄로 남부연합은 면화의 유럽 수출이 어렵게 되고 탄약과 보급품 조달에 어려움을 겪게 된다. 아칸소(5월 6일), 노스캐롤라이나(5월 20일), 테네시(6월 8일) 등 3개 주가 추가탈퇴해 탈퇴주는 모두 11개가 됐다. 남은 4개의 노예주인 메릴랜드, 델라웨어, 켄터키, 미주리는 워싱턴으로부터 상당한 정치적 압력과 군사적 압력을 받고 그들의 운명을 연방쪽에 걸었다.

210만 명이 넘는 사람들이 전쟁 동안 북군병력으로 종사하게 되지만, 1861년 초에 미국의 정규군은 1만6000명에 불과했다. 1861년 7월

의회가 소집되었고, 통상적인 3개월간이 아니라 3년 기간 동안 복무할 50만 명을 징집할 것을 승인했다. 이제 '푸른 외투(북군) 대 회색 외투(남군)' 간의 본격적인 외투 전쟁이 벌어지게 된다.

'푸른 외투'와 '회색 외투'의 차이

전쟁조건은 남부가 절대적 열세였다. 다른 건 제쳐놓더라도 인구규모만으로도 큰 격차가 났다. 1860년의 인구조사에 따르면, 연방은 23개 주(7개의 준주 포함)로 인구 2200만 명인 반면, 남부연합은 11개주로 인구 900만 명이지만, 이 가운데 350만 명은 노예였다. 북부는 모든 전쟁 물자를 자체 제조할 수 있는 산업기반이 갖춰진 반면 남부는 수입에 의존해야 했다. 철도 등 수송체제도 북부가 훨씬 유리했다.

그러나 남부연합에 유리한 점도 있었다. 그간 연방군은 주로 남부인으로 구성돼 있었는데, 그 남부인들이 일이 터지자 즉각 연방군의 옷을 벗고 남부군에 가담한 것이다. 연방군은 거의 도시의 징집병들로 구성돼 있었고, 그들 중 많은 수가 영어를 모르거나 거의 못하는 이민자들이었다. 이들은 무기나 병법에 서툴렀고 연방보존과 노예제 확산방지라는 명분에 대한 공감이 없거나 약했다. 연방군의 병사들이 주로 경제적 이유로 마지못해 참전했느냐, 나름의 정치적 확신이 있었느냐 하는 건 오늘날까지도 역사가들 사이의 쟁점이지만, 남부군이 더 강한 전투의지를 갖고 있었다는 데엔 의문의 여지가 없다. 남군은 대령까지 모든 장교는 부대원들의 투표에 의해서 선출되었으며, 모두가 영웅적으로 투쟁한다는 이유로 특정 장교나 병사에게 훈장을 주는 걸 없애버렸다. 게다가 전투는 주로 남부에서 벌어질 예정이었으니 남부로선 홈그라운드의 이점이 있었다.

남부에는 홈그라운드의 이점보다 훨씬 더 믿는 구석이 있었으니, 그건 바로 영국의 참전 가능성이었다. 당시 남부의 면화는 영국 면화 수입량의 70퍼센트 이상을 차지하고 있었으며 방직사업에 종사하는 영국인의 수는 400만에서 500만 명에 이르렀기 때문에, 면화가 제대로 수입되지 않는다면 영국은 대량실업 사태를 맞을 게 분명했다. 그래서 남부인들은 면화를 이용하여 영국을 우군으로 끌어들일 수 있다고 확신하면서 면화를 "영국 빅토리아 여왕의 왕관에 박힌 보석들을 흔들 수 있는 왕"이라고까지 생각했다. 남부는 이런 자신감을 갖고 스스로 영국으로 가는 면화수출을 금지시키기까지 했는데, 그들이 믿은 '면화 왕(King Cotton)'의 실체는 영국의 재고과잉을 계산에 넣지 못한 채 과대평가된 것인 데다 링컨의 방해전술이 가해지면서 무력하다는 걸 곧 알게 된다. 게다가 영국에 흉년이 들어 영국에겐 남부의 면화보다 북부의 밀이 더 필요했다.

로버트 E. 리(Robert E. Lee, 1807~1870) 장군은 연방군 총사령관을 맡아달라는 링컨의 요청을 거절하고 남부연합군에 합류했다. 리는 연방을 지키자는 쪽이었지만 다음과 같은 이유로 마지못해 버지니아주를 위해 전쟁에 나섰다. "나는 연방의 가치를 무척 높이 사고 있으며, 연방을 지키기 위해서라면 어떠한 개인적 희생도 마다하지 않을 것이다. 다만 명예는 예외다." 리는 존경을 받던 인물이었던 바, 전투경험이 많은 남부 출신 장군들이 연방군을 떠나 속속 남부연합군에 가담했다.

리가 말한 명예의 문제는 남북전쟁의 복잡성을 말해준다. 일반적으로 널리 퍼져 있는 이미지나 고정관념과는 달리 남부에서 노예소유주는 소수였다. 1850년 남부 백인 인구는 618만4477명이었는데, 노예소유주는 34만7525명이었다. 노예소유주 중 500명 이상의 노예를 둔 백인은 11명, 200명 이상을 둔 백인은 254명, 50명 이상의 노예를 둔 백인은 8000명이었고, 대부분의 노예소유주는 극소수의 노예를 두고 있었다. 다수 남부 백인은 노예를 지키기 위해서라기보다는 노예제도에 기반을 둔 남부의 사회체제를 지키고자 했으며, 여기엔 평소 그들이 남부를 '착취' 해왔다고 여긴 북부에 대한 강한 반감과 더불어 백인 인구를 압도하는 흑인 노예의 해방이 가져올 파장에 대한 두려움이 자리잡고 있었다.

옳건 그르건 명예를 지키기 위해 나선 남부군의 강점은 헌신성이 뛰어나다는 것이었지만, 이보다 훨씬 더 중요한 게 있었으니 그건 바로 조직체계였다. 남부군의 최대 약점은 링컨의 중앙집권식 정부와 달리 저마다 주권을 유지했기 때문에 이런 문제가 군대통솔에서도 나타났다는 점이다. 남부 대통령 제퍼슨 데이비스는 남부연합에 속한 모든 주의 변경지대를 방어해야 한다는 방침을 세운 반면 리는 그런 병력분산으론 이길 수 없으며 선택과 집중이 필요하다는 주장을 폈다. 데이비스의 방침이 채택되었다. 게다가 리에겐 군 최고권이 없었으며 1865년 2월이 돼서야 남부군 총사령관에 임명되지만 그때는 이미 너무 늦은 때였다.

리의 약점도 있었는데, 그건 살육본능이 약했다는 점이다. 그는 전투에서 패배한 북군을 뒤쫓는 병사들을 보면서 슬프다는 듯 "전쟁이 너무 끔찍한 것이 천만다행이다. 안 그랬다면 전쟁을 너무 좋아하게 됐을 테니"라고 철학자 같은 말을 하곤 했다. 말다툼이나 개인 간 갈등도 싫어했고, 부하들에게도 직설적인 명령보다는 지침을 내리는 편이었다. 한 북군 포로가 자신의 모자를 남군 병사에게 빼앗겼다고 불평하자, 리는 포로에게 모자를 돌려주도록 처리한 일도 있었다.

제1차 불런전투

최초의 대규모 전투는 1861년 7월 17일 버지니아주의 머내서스(Manassas)에서 벌어졌다. 워싱턴으로부터 남서쪽으로 약 50킬로미터 떨어진 머내서스 철도 교차점 인근의 불런(Bull Run)이라고 불리는 여울(포토맥강의 지류) 옆에 있는 평원에서 벌어진 전투라 '불런전투'라고 한다. 나중에 이곳에서 또한번 격돌해 '제1차 불런전투'라고도 한다. 남북전쟁을 통틀어 전반적으로 북군은 전장 부근의 강 이름을 전투명으로 불렀고 남군은 전장에 가까운 도시 이름으로 불렀다. 그래서 이 전투도 북군에겐 '불런전투'인 반면, 남군에겐 '머내서스전투'로 불렸다.

불런전투는 북군이 승리를 낙관하고 성급하게 리치먼드로 진격하다가 벌어진 전투였다. 병력상으론 북군 3만3000명, 남군 2만2000명으로 북군이 우세했지만, 결과는 남군의 완전한 승리로 끝났다. 이 전투의 승리로 남부군 장군 토머스 조너선 잭슨(Thomas Jonathan Jackson, 1824~1863)은 '철벽(Stonewall)'이라는 별명을 얻었다. 잭슨은 전투현장에 온 남부 대통령 제퍼슨 데이비스에게 "병력 1만 명만 주시면 내일 당장 워싱턴을 접수하겠습니다!"라고 말했다. 그 요청을 거절한 데이비스는 훗날 평생토록 그 결정을 후회했다고 한다.

최초의 대규모 전투인 불런전투가 끝난 뒤 폐허가 된 집.

 당시 북부인들은 터무니없이 승리를 낙관했다. 불런전투가 벌어진 7월 17일은 일요일이었는데 구경꾼들이 워싱턴에서 머내서스로 가는 길에 피크닉 가듯이 몰려들었다는 게 그걸 말해준다. 군대가 행진하고 대포를 쏘는 신나는 장면을 보겠다며 즐거운 마음으로 나선 소풍이었다. 사교계의 여성들까지 화려한 옷차림으로 오페라를 볼 때 쓰는 쌍안경을 손에 들고 나타났다. 그러나 구경꾼들은 곧 불안과 공포에 휩싸여 도망치기 시작했다. 북군이 나타나기만 해도 남군이 도망갈 걸로 안이하게 생각했는데 그게 아니었던 것이다.

 링컨도 패전소식을 믿기 어려웠다. 기세등등하던 신문들도 풀이 죽었다. 열렬한 공화당 지지자로 유명한 『뉴욕 트리뷴(New York Tribune)』

발행인 호러스 그릴리(Horace Greeley, 1811~1872)는 링컨에게 이런 편지까지 보냈다. "모든 사람의 눈가에는 절망과 낭패가 감돌고 있습니다. 터무니없는 남부의 요구지만 나라와 세계를 위해 그들과 적당한 선에서 타협하는 게 지금은 최선의 길인지도 모릅니다."

그렇게 절망감에 사로잡혀 있던 북부가 전세를 역전시키기 시작한 건 1862년 봄부터였다. 1862년 4월 25일 뉴올리언스전투는 북군에게 있어 최초의 중요한 승리였으며 전쟁에서의 중요한 전환점이었다. 그때부터 미시시피강 입구를 통한 남부연합의 무역은 폐쇄되었다.

"정부의 힘은 계속 커지고 있다"

1862년 7월 1일 전쟁 중임에도 상원과 하원은 태평양철도법(The Pacific Railway Act)을 통과시켰다. 그전까지는 남부가 예정된 철도노선이 남부를 지나가지 않는다는 이유로 강력반대했던 것이었다. 이에 따라 의회는 정부가 보조금을 지급하고 통제하면서 진행은 유니언퍼시픽과 센트럴퍼시픽의 두 철도회사가 맡는 형식으로 대륙횡단철도를 건설하는 데 수백만 달러의 지출을 비준했다. 이 법에 따라 가설되는 철로 주변 200피트(약 60미터)의 땅이 철도회사에 무상으로 주어졌는데, 이렇게 해서 무상제공된 토지는 1억 에이커가 넘었다. 철도회사를 동시에 부동산회사로 만들어준 법이었다.

1862년 7월 1일 링컨은 소득세 법안에 서명했다. 1만 달러 이상의 소득에 대해 10퍼센트를 과세한다는 내용이었다. 이 법은 1872년에 폐지되었으나 선례로서 소득세가 뿌리를 내리는 데에 기여했다. 이 무렵에 재무부 내에 국세청이 창설되었다. 소득세 법안 통과에 반대한 어느 상원의원은 "정부는 모든 것이다. 이제 정부는 목적 자체이고, 국민의 재산, 노동, 노력, 소득은 정부가 계속 존재하기 위한 수단일 뿐이다. 더욱이 정부의 힘은 계속 커지고 있다"고 불평했다.

전쟁 중에 이루어진 법적 조치 가운데 가장 중요한 건 모든 농민들에게 각각 160에이커(약 19만6000평)의 공유지를 무상으로 불하하는 자작농법 또는 홈스테드법(Homestead Act, 1862년 5월 20일)이었다. 이 법 하나로 2억7000만 에이커(미국 전체 면적의 10퍼센트) 이상의 공유지가 이주농민들의 손에 넘어갔다. 이 법으로 사상 최대의 이주가 시작되었다. 모두가 서부개척지로 몰려들었다. 이주자들은 등록비 10달러, 토지권리증 발부수수료 6달러, 토지중개인에게 주는 커미션 2달러만 있으면 160에이커의 땅을 소유할 수 있었다. 조건은 5년 내에 집을 짓고 살면서 농토를 개간해야 한다는 것뿐이었다. 그 요구조건이 충족되면 그 땅의 권리증은 정부에서 개인으로 넘어갔다. 수백만 명의 미국인이 순식간에 부동산 소유자가 되었다.

링컨은 자신이 해밀턴(Alexander Hamilton, 1755?~1804)의 정치전통을 이어받았다고 자부했다. 정치체제를 더욱 중앙집권화하고, 보호관세의 재원으로 기업보조금을 지급하여 경제개발을 이루고, 중앙정부가 화폐를 발행하는 계획 등은 바로 그 전통에 따른 것이었다. 미국 탄생 후 70년간 못했던 일인데 이 모두가 링컨 집권 2년 동안에 집행되었다.

그릴리는『뉴욕 트리뷴』1862년 8월 20일자에 그 유명한「2000만의 기도(Prayer of Twenty Millions)」라는 사설을 게재했다. 노예문제에 대한 링컨의 단호한 조치를 요구하는 내용의 사설이었다. 이에 링컨은 그릴리에게 보낸 공식서한(1862년 8월 22일자)에서 노예해방 자체에는 별로 관심이 없고, 탈퇴론자들을 연방에 머물게 하는 게 자신의 주요목적이라고 말했다.

"이 전쟁에서 나의 가장 중요한 목적은 연방을 구하는 것이지 노예제를 구하거나 파괴하는 게 아니오. 노예를 해방하지 않고도 연방을 구할 수 있다면 나는 그렇게 할 거요. 또 노예를 해방하고 연방을 구할 수 있다면 역시 나는 그렇게 할 거요. 노예제나 유색인종을 처리하는 문제는 연방을 구하는 데 도움이 되느냐, 되지 않느냐에 따라서 결정되어야 하오."

만약 링컨이 연방보다는 노예제 폐지가 더 중요하다고 했다면 그는 지금과 같은 미국인들의 영웅이 될 수 있었을까? 아니 그 이전에 승리도 어려웠을 것이다. 링컨은 "정의가 힘을 만든다(Right makes might)"는 명언을 남겼지만, 실은 힘이 정의를 만든다는 걸 드라마틱하게 입증해 보인 셈이다.

참고문헌 Brinkley 1998, CCTV 2007, Cohen 2002, Davis 2004, Desbiens 2007, DiLorenzo 2003, Emery & Emery 1996, Englert 2006, Harman 2004, Johnson 2009, Rifkin 2005, Weigley 1997, Wheeler 2007, Zinn 2001a, 김준봉 2002, 박정기 2002, 박진빈 2006, 사루야 가나메 2007, 이주영 1995, 차상철 외 1999, 한국미국사학회 엮음 2006

"대의를 완전히 파괴하는 범죄" 인가?
노예해방선언

앤티텀전투와 맥클렐런 해임

1862년 9월 17일 메릴랜드의 샤프스버그(Sharpsburg) 마을 근처 앤티텀 강(Antietam Creek)의 전투는 남북전쟁 중 가장 피비린내 나는 전투였다.(앞서 소개한 작명법에 따라, 이 또한 북군에겐 '앤티텀전투' 남군에겐 '샤프스버그전투' 다.) 조지 B. 맥클렐런(George B. McClellan, 1826~1885) 장군의 8만7000명 군대와 리 장군의 5만 병력 사이에 벌어진 이 전투에서 모두 합해 6000명이 죽고 1만7000명이 부상을 당했다. 이 전투에서 승리한 북군은 남부연합 전선을 완전히 무너뜨릴 수 있었는데도 맥클렐런의 소극성으로 인해 리 장군은 버지니아로 후퇴하는 데에 성공했다.

1862년 11월 링컨은 맥클렐런의 지휘권을 영원히 박탈했다. 느리고 우유부단한데다 노예제 폐지를 반대하는 등 항명까지 했다는 이유에서였다. 그러나 원래 맥클렐런은 민주당원이자 노예제 지지자였고,

1862년 10월 3일 앤티텀 전투지 근처 장군 막사에서 링컨과 맥클렐런.

그걸 알고 있던 링컨이 그를 총사령관에 임명한 것은 제1차 불런 전투의 패배 직후 자신에 대한 비난이 빗발치는 상황에서 택한 정치적 고려의 결과였다. 그런데 이젠 전쟁상황이 달라진 데다 노예제 폐지론자들의 비난마저 빗발쳤다. 강경 노예 폐지론자 웬델 필립스는 대중연설에서 "맥클렐런은 리치먼드를 점령하지 못할 것이다. 전쟁이 합리적인 목표도 없이 이런 상태로 계속된다면, 아까운 피와 돈만 쓸데없이 날리게 될 것이다. 링컨은 최고로 무능력한 인간이다"고 아우성쳤다.

그런 배경에서 맥클렐런을 해임했지만, 이는 전쟁의 전환점이 되었다는 주장도 있다. 하먼(Harman 2004)의 주장에 따르면, "전쟁 초기의 1년 6개월을 좌우한 맥클렐런의 노선이 전쟁 말기에 그랜트와 셔먼의 노선으로 대체된 것은 프랑스에서 지롱드파의 방법이 자코뱅파의 방법으로 대체된 것만큼이나 중대한 전환점이었다."

그러나 맥클렐런, 그랜트(Ulysses S. Grant, 1822~1885), 셔먼(William Tecumseh Sherman, 1820~1891)의 노선보다 더 중요한 것은 링컨의 노선이었다. 링컨은 그간 열심히 공부해 이미 그 자신이 뛰어난 전쟁지휘관이 돼 있었다. 링컨은 전쟁기간 내내 백악관보다는 육군부 전신실에서 대부분의 시간을 보냈으며, 열한 차례나 워싱턴을 떠나 포토맥 부대에서 지냈다. 그는 자주 군대의 전략적 결정에 직접 개입하곤 했다.

"전쟁은 완전히 지옥이다"

연방을 위한다곤 했지만 북군의 민간인 약탈은 심각한 수준이었다. 링컨 행정부는 이를 사실상 방관했다. 맥클렐런은 1862년 6월 20일 링컨에게 편지를 보내 이의 시정을 촉구했었는데, 이 문제에 대한 견해 차이도 링컨과 맥클렐런의 불화를 초래한 이유 중의 하나였다. 링컨은 몰수법으로 대응했는데, 이는 남부의 재산을 마음대로 강탈해도 좋다는 신호로 받아들여졌다.

북군이 남군의 공격에 대한 앙갚음으로 주민들을 볼모로 삼고 그들에게 보복을 가하는 일도 많이 발생했다. 때론 민간인들을 죽이고 집을 불태우거나 마을 전체를 파괴하기도 했다. 전시중에 나온 일반명령(General Orders) 제252호가 말해주듯이, 이는 링컨의 전쟁전략이기도 했다. 제252호는 남부군이 처형한 북부군에 대한 보복을 위해 동수의 남부군 포로를 처형하는 걸 주요내용으로 하고 있다.

1862년 가을 윌리엄 테컴서 셔먼 장군은 테네시의 멤피스를 점령하고자 했으나 남군 저격수들 때문에 어려움을 겪자 테네시의 랜돌프 마을 전체를 불태우는 보복을 감행했다. 그는 핼럭(Henry Wagner Halleck, 1815~1872) 장군에게 보낸 편지에서 "이 일대 전체에 책임이 있습니다. 주민들 모두가 게릴라예요"라고 말했다.

서먼은 "전쟁은 완전히 지옥이다"고 말한 적이 있는데, 그것은 전쟁이 잔혹한 것이므로 피해야 한다는 뜻이 아니라 전쟁은 가능한 한 적군에게 참혹하고 값비싼 대가를 치르게 해야 한다는 것을 의미했다. 이런 전쟁관이 마을을 불태우는 것으로 나타났다. 게다가 서먼 부대엔 도시의 범죄자들과 유럽의 감옥에서 갓 나온 외국인들이 많았기 때문에 서먼의 부대는 가장 악명이 높았다.

당시 링컨 행정부는 범죄자들을 군대에 받아들였으며, 일반이주민들처럼 군복무의 대가로 토지를 주겠다고 약속했다. 이런 이유 때문이었는지 병사들의 강간행위가 많이 저질러졌고, 피해자는 주로 흑인 여성들이었다. 사우스캐롤라이나대학교 도서관에는 전쟁기와 재건기에 현지사람들이 자신의 경험을 기록한 편지와 일기들이 수천 편 남아 있는데, 그 가운데엔 서먼의 군대에 의해 강간을 당한 개인적 기록도 수백 편 있다. 미국 남부에 가서 링컨을 존경한다고 말하는 것도 조심해야지만 서먼에 대해선 특히 조심해야 한다. 그는 남부에서 볼 때엔 천하의 악당이었기 때문이다.

물론 서먼만 그랬던 건 아니다. 북군의 존 비티(John Beatty, 1828~1914) 대령은 앨라배마 페인트록의 주민들에게 이렇게 경고했다. "전신선이 하나 끊어질 때마다 우리는 집을 한 채씩 불태울 것이다. 열차 한 대가 불에 탈 때마다 우리는 한 사람씩 목을 매달 것이다. 모든 집이 불에 타고 모든 사람이 교수형에 처해질 때까지 우리는 계속 그렇게 할 것이다." 이런 방침에 따라 남부의 교회들도 수백 군데나 불에 타 무너졌으며, 성직자들도 링컨을 위해 기도하지 않았다는 이유로 투옥되었다. 전쟁의 비극이라고나 할까. 문제는 이런 방침이 전쟁수행엔 큰 도움이 됐다는 사실이다.

링컨의 노예해방선언

1863년 1월 1일 링컨은 노예해방선언(Emancipation Proclamation)을 단행했다. "우리 주 예수께서 오신 해로부터 1863년째 해 1월 1일을 기하여 미 연방에 대해 반란을 일으킨 주와 특정 지역의 노예는 영원히 자유의 몸이 되었음을 선언한다." 이 선언으로 전쟁의 성격과 진로가 바뀌게 되지만, 자세히 뜯어보면 이상한 게 있다.

이 선언은 이미 연방통제하에 있는 지역(테네시, 웨스트버지니아, 남루이지애나)은 제외했다. 모든 남부연합 지역의 노예만 영구히 해방하는 것을 선언한 것이다. 연방에서 탈퇴한 적이 없는 그래서 대통령의 전쟁권한이 행사될 수 없는 경계지역 노예주에는 적용되지 않았다.

즉각 북부 전역에서 그리고 국제적으로 정치적 속임수라는 비난이 쏟아졌다. 1860년에 창간된 『뉴욕 월드(New York World)』(1863년 1월 7일자 사설)는 "이 선언에서 말하는 자유란 현실적인 자유가 아니라 잠자고 있는 자유일 뿐"이라며 다음과 같이 말했다.

"대통령은 우리가 군사적으로 장악하고 노예들을 이용할 수 있는 지역에서는 선언이 효력을 발휘하지 못하도록 의도적으로 선언을 작성했다. 선언을 실제로 집행할 힘이 없는 지역만을 대상으로 해방선언을 한 것이다. 루이지애나, 테네시, 버지니아에서도 점령한 지역들이 선언에서 누락된 것은 선언이 전혀 실효성 없고 터무니없는 것임을 말해주는 사실이다."

『새터데이 리뷰(Saturday Review)』는 선언이 "링컨이 주창하는 대의를 완전히 파괴하는 범죄"라고 비난했다. 영국 『런던 스펙테이터(London Spectator)』지는 "선언의 원칙은 인간이 인간을 소유하는 것이 올바르지 않다는 데 있는 게 아니라 미국에 충성하지 않으면 인간을 소유할 수 없다는 데 있다"고 비꼬았다.

먼 훗날의 버락 오바마(Barack Obama)-힐러리 클린턴(Hillary Clinton)의 관계처럼 링컨의 대선경쟁자였다가 국무장관으로 발탁된 윌리엄 슈어드조차 "우리는 우리 손이 미치지 않는 곳에 있는 노예들을 해방시키고 정작 우리의 관할 아래에 있는 노예들은 묶어둠으로써 노예제에 관한 동정심만을 과시했을 따름이다"고 비웃었다.

노예해방선언을 이해하기 위해선 그 직전인 1862년 12월에 벌어진 프레더릭스버그전투를 살펴볼 필요가 있다. 이 전투는 그 시점까지 벌어진 전투 중에서 가장 대규모였고 가장 웅장한 전투였다. 넓은 평야에서 12만 명의 북군은 8만 명의 남군을 열세 차례나 공격했지만 실패로 돌아가고 말았다. 남군 사상자는 5309명, 북군 사상자는 1만2653명이었다. 북군의 기세가 최저점으로 추락했다. 북부인은 분노했고, 여기에 경제까지 악화되었다.

딜로렌조(DiLorenzo 2003)의 주장에 따르면, "해방선언이 발표된 시기는 바로 이러한 군사적 상황에서였다. 링컨은 군사적으로 한계에 봉착했음을 시인했고, 유럽 열강의 개입이 북부의 군사적 패배로 이어질 것을 두려워했다." 즉, 북부의 전쟁목적이 노예해방에 있다는 것을 세계에 선포하여 외국, 특히 영국의 남부에 대한 지원을 차단하자는 데 그 취지가 있었다는 것이다. 남부 흑인 교란의 목적도 있었다. 실제로 이 소식이 알려지자 북군진영으로 온 노예들이 많았다. 200만 정도 되는 연방군의 거의 10퍼센트에 이르는 18만6000명이 흑인이었으며 이들의 거의 반은 남부 출신이었다.

링컨의 탁월한 지능과 권모술수

제임스 맥퍼슨(James McPherson)은 『에이브러햄 링컨과 제2차 미국혁명(Abraham Lincoln and the Second American Revolution)』(1990)에서 "남북전쟁을 미국의 제2차 혁명으로 만든 근본적인 추진력은 링컨의 이념적 청사진이 아니라 전쟁 그 자체였다"고 말한다. 즉, 노예해방선언은 전쟁의 전개과정에 따른 전술적 조치였다는 뜻이다. 이와 관련, 코언(Cohen 2002)은 "프랑스와 함께 영국이 전쟁에 개입하는 것을 막기 위해서는 영국 국민들의 반노예제도 정서를 이용할 필요가 있었고, 이는 궁극적으로 노예해방으로 이어지도록 해야 했다"고 말한다.

실제로 영국은 물론 프랑스도 1862년 8월 제2차 불런전투에서 북부가 크게 패배하자 남부의 독립을 인정할 때가 왔다고 생각했었다. 그러다가 한 달 후인 9월 앤티텀전투에서 다시 남부가 크게 패배하자, 영국은 개입을 주춤거렸다. 영국이 좌고우면(左雇右眄)하던 그때에 링컨의 노예해방선언이 나온 것이다. 영국 내에서 이 선언의 힘은 컸다. 영국의 여론상 영국이 노예제를 유지하기 위해 싸우는 남부를 지지한다는 것은 사실상 불가능한 일이었다.

노예해방선언을 어떻게 평가하건 링컨이 지능과 권모술수가 뛰어난 인물이었다는 건 분명한 것 같다. '웨스트버지니아 사건'도 그 점을 말해준다. 링컨은 버지니아 서부가 버지니아주로부터 탈퇴하여, 워싱턴 D.C.에서 포토맥강 바로 건너편에 위치한 버지니아의 알렉산드리아에 웨스트버지니아라는 새로운 주의 정부를 수립하도록 계략을 꾸몄다. 그래서 웨스트버지니아가 1863년 6월 30일 미국의 35번째 주가 되었다. 그런데 이건 불법이었다. 연방에 편입되기 전에 주가 먼저 존재해야 하며 대통령도 의회도 주를 창건할 수 있는 헌법적 권한은 없었기 때문이다. 그래서 법무장관 에드워드 베이츠는 반대했지만, 링컨은 "민주주의를 구한다"는 명분으로 자신의 조치를 합리화시켰다. 링컨의 이런 특성과 관련, 『남북전쟁』의 저자인 셸비 푸트는 다음과 같이 말한다.

"내가 볼 때 링컨의 기묘한 점은 스스로를 객관화하는 점입니다. 즉 또하나의 자신이 자기 스스로를 보는 것입니다. 그것은 매우 기이하고 섬뜩하며 고도의 지능적인 현상입니다. 링컨에 관한 한 모두 그가 얼마나 지능적인 인물이었던가를 잊고 있습니다. 사실 그가 행한 모든 조치는 효과를 극대화하기 위해 계산된 것이었습니다. 그는 일을 하는 방법을 정확히 알고 있었습니다."

국가징집법 파동

1863년 6월 의회는 국가징집법을 통과시켰다. 이전의 체제는 지원병 체제로 전쟁열기가 높았던 처음 시기에만 필요한 병력을 창출할 수 있었다. 국가징집법으로 이제 사실상 모든 젊은 성인남자(25~45세)가 징집대상이 되었다. 그러나 본인 대신에 군대에 갈 사람(군 복무를 마친 사람)을 찾아 대체하거나 300달러를 정부에 지불하면 군대를 피할 수 있었다. 바로 이게 문제였다. 300달러는 비숙련 노동자의 1년 소득에 해당되는 액수였으니, 남부가 "이 전쟁은 가난한 이들이 싸우는 부자들의 전쟁이다"라고 비난한 것도 무리는 아니다. 그러나 남부에서도 군대에 갈 사람을 찾아 대체하거나 20명 이상의 노예를 바치는 농장주는 징병대상(18~45세)에서 면제되었으므로, 남북전쟁을 가리켜 "부자의 전쟁에 말려든 빈자의 싸움(a rich man's war and a poor man's fight)"이라는 말이 나오게 되었다.

북부에선 징병대상자의 50퍼센트, 남부에선 80퍼센트가 징병되었다. 물론 북부의 부자들은 모두 징집을 빠져나갔다. 예컨대, 론 처노(Ron Chernow)는 『모건가(The House of Morgan)』(1990)에서 미국 금융가의 아들 존 피어폰트 모건(John Pierpont Morgan, 1837~1913)에 대해 이렇게 말한다. "의심할 바 없는 사실은, 그는 남북전쟁을 봉사의 기회가 아닌 돈벌이의 기회로 삼았다는 것이다. …… 여느 유복한 집안 젊은이들과 다를 바 없이 피어폰트도 게티즈버그전투 이후 징집되었으나 300달러를 주고 자신의 대역을 고용했다. 불공정한 이 일상적 관행은 1863년 7월에 일어난 징집폭동의 원인이 되었다."

링컨의 징집정책에 대해 대규모 항의시위가 벌어졌으며 일부 지역에선 폭동이 발생했다. 뉴욕의 경우 징병대상자 중 상당수가 최근에 아일랜드와 독일에서 이민온 사람들로서 생존을 위해 애쓰고 있었을 뿐 누가 전쟁에서 이기든 전혀 관심이 없었다. 특히 가난한 아일랜드 이민자들은 300달러를 낼 수 없어 주요 징집대상이 되었고, 이들이 떠난 빈 일자리는 자유흑인으로 채워졌다. 이들은 흑인 노예를 위해 일으킨 전쟁에서 자기들은 일자리를 잃고 전쟁터에 끌려나가는 반면 흑인들은 일자리를 얻고 군대도 안 간다는 점에 분노했다.

1863년 7월 11일 토요일, 뉴욕시는 최초의 징병자 명단을 발표했다. 다음날 신문에는 게티즈버그전투의 전사자 명단과 나란히 최초의 징병자 명단이 다시 발표되었다. 월요일 아침, 징병자 명단이 추가로 발표되자 들끓기 시작한 징집 반대시위는 나흘 동안 약탈, 흑인처형, 방화로 발전했다. 시위자들은 경찰서를 쳐부수고 부자 공화당원과 흑인들을 공격했다. 비싼 마차를 타고 가는 신사들을 폭행하고, 고급저택에 불을 질렀다. 공화당 지지신문으로 링컨의 징집정책을 지지한 호러스 그릴리의 『뉴욕 트리뷴』을 불태웠으며, 두 남자를 그릴리로 오해해 무자비하게 폭행을 가했다. 특히 흑인은 남북전쟁을 일으킨 장본인들이라는 이유로 증오의 대상이 되었다.

『뉴욕 타임스(The New York Times)』(1863년 7월 15일)는 "모두가 300달러 조항에 격렬하게 저항했고, 부자들이 그들과 똑같이 총대를 메게 될 때 기꺼이 징병에 응하겠노라고 했다"고 보도했다. 링컨은 게티즈버그전투에서 활약한 5개 연대를 뉴욕시로 보내 폭동을 진압하게 했다. 이 폭동으로 인한 사상자수에 대해서는 확실한 기록이 없다보니 역사서마다 크게 다르다. 약 100명이라고 한 책이 있는가 하면 약 2000명이 죽었으며 1만 명이 부상했다는 주장도 있다.

이후 북군 내에서 탈영 도미노 현상이 일어났다. 총 20만 명의 북군 병사들이 탈영했고, 12만 명은 징병을 회피했다. 9만여 명의 북부인들이 징병을 피해 캐나다로 도망쳤다. 징병관의 힘이 미치지 못하는 펜실베이니아 중부의 산악지역으로 피해 달아난 사람도 수만 명에 이르렀다. 이에 유럽에서 이민을 장려한다는 구실을 내세워 당장 필요한 신병을 구했다. 이때에 독일 함부르크에서 신병을 모집중이던 북군 요원을 만나 미국으로 오게 된 사람들 중엔 훗날 신문왕이 되는 조지프 퓰리처(Joseph Pulitzer, 1847~1911)도 있었다.

기존 세상에 대해 불만이 가득 차 있는 가운데 목숨 걸고 성공을 꿈꾸는 퓰리처와 같은 사람들을 무더기로 미국 땅에 끌어들일 수 있었던 것이 미국을 부강하게 만든 축복이었다. 그렇게 이민자들을 끌어들일 수 있는 땅이 넓다는 것은 미국의 최고 재산이다. '국토결정론'이나 '자연결정론'이라 해도 좋을 정도다. 여기에 '국민의, 국민에 의한, 국민을 위한 정부'와 같은 멋진 이데올로기가 첨가되니, 이 어찌 미국의 축복이 아니랴.

참고문헌 Brian 2002, Brinkley 1998, Cohen 2002, Davis 2004, Desbiens 2007, DiLorenzo 2003, Emery & Emery 1996, Harman 2004, Means 2002, Rogers 2009, Swint 2007, Vidal 1999, Wills 1999, Zinn & Stefoff 2008, 김준봉 2002, 김형인 2003·2003b, 박보균 2005, 이경원 2003, 이보형 2005, 차상철 외 1999

제3장
남북전쟁의 정치학

'국민의, 국민에 의한, 국민을 위한 정부'
게티즈버그 연설

게티즈버그전투와 빅스버그전투

1863년 7월 1일 인구 2400명에 불과한 펜실베이니아주의 작은 마을 게티즈버그에서 말발굽을 찾아나선 남부연합군이 연방군의 기마대와 마주쳤다. 북군은 조지 미드(George Meade, 1815~1872) 장군이 이끄는 9만 명, 남군은 리 장군이 이끄는 7만5000명이었다. 이 전투를 상징하는 말인 '운명의 3일(Three Days of Destiny)' 동안 양쪽을 합해 550대의 대포가 동원된 가운데 569톤의 포탄이 작렬했다. 사망자는 양쪽을 합해 5만여 명에 이르렀다. 남부연합군은 병력의 3분의 1을 상실한 채 버지니아로 후퇴했다.

이 전투는 '머스킷 대 라이플'의 대결이었다. 남군은 총신 내에 나선형 강선이 없어서 탄도가 부정확한데다 1분에 3발을 발사하기도 어려운 옛 머스킷(musket) 소총을 사용한 반면, 북군은 사정거리와 정확성이 엄청나게 개선된 새로운 라이플(rifle) 소총을 사용했다. 전신과

게티즈버그전투에서 죽은 군인들. 남북전쟁에서 북군의 승리를 결정적으로 만든 전투였다.

철도의 이용에서도 인프라가 약한 남군은 북군의 수준에 훨씬 못 미쳤다. 남군의 로버트 리 장군은 북군의 이동에 대한 정보를 북부의 신문에서 얻었다고 하니, 더 말해 무엇하랴. 한마디로 모든 기술전에서 남군이 크게 밀린 것이다.

대량으로 보급되진 않았지만 북군에겐 라이플에 이어 카빈(carbine) 소총까지 지급되었으며, 전쟁이 끝나갈 무렵엔 스펜서 연발식 카빈(Spencer repeating carbine) 소총으로 무장한 기갑부대까지 만들어진다. 남부군의 병사들은 "망할 놈의 북군은 월요일에 탄알을 장전하면 일주일 내내 총을 쏠 수 있다"고 투덜거렸으며, 남부군의 한 장교는 "병사들은 7연발 소총에 대해 두려워하고 있었다. 그들은 공포에 떨었고 북부군이 다가오는 걸 보고는 마치 귀신에 홀린 듯 떨기 시작했다"고 말하기도 했다. 남북전쟁 동안 주로 북부군에서 이루어진 무기류 발전은 소총에 국한된 것이 아니라 지뢰, 원시 잠수정, 기관총, 소이탄, 개량된 포탄뇌관 등 다양한 무기류가 포함되었다.

게티즈버그전투가 북군의 승리로 끝난 바로 그 다음 날인 7월 4일 미시시피 강변의 작은 도시 빅스버그도 북군의 수중에 떨어졌다. 멤피스와 뉴올리언스 사이에 위치한 빅스버그는 전략적 요충지였다. 북군은 압도적인 해군력을 가졌지만 강변에 위치한 빅스버그에는 접근하지 못했다. 빅스버그는 도시 자체가 가파른 경사로 이뤄져 있고 외곽이 강과 늪지대로 둘러싸인 천혜의 요새였다. 율리시스 그랜트 장군은 1862년 겨울부터 빅스버그 공략에 골몰했지만, 3번에 걸친 대규모 정면공격에서 모두 실패를 맛봤다. 이후 장기전을 편 결과 1863년 7월 4일에서야 빅스버그를 장악할 수 있었다. 전쟁의 향방을 결정지은 전투에서 치욕적 패배를 당했기에 빅스버그시는 1944년까지 미국 독립기념일을 축하하지 않았다.

링컨의 게티즈버그 연설

1863년 11월 19일 게티즈버그의 전투지 일대를 국립묘지로 지정하는 봉헌식에 참석한 링컨이 그 유명한 '게티즈버그 연설'을 했다. 동부 출신의 유명한 연설가 에드워드 에버렛(Edward Everett, 1794~1865)이 2시간에 걸쳐 화려하지만 지루한 연설을 하는 바람에 청중은 이미 4시간 동안이나 서 있었다. 그걸 미리 예상했던 것일까? 링컨은 10개의 문장으로 된 2분짜리 연설문을 읽어 내려갔다. 너무 짧아 사진기자들이 연설하는 대통령의 모습을 찍지도 못했다.

모든 사람이 연설을 실패작으로 생각했다. 링컨도 의기소침하게 그걸 인정했다. 『시카고 타임스(Chicago Times)』는 "외국의 지성인들에게 미합중국의 대통령이라고 소개할 사람의 어리석고 밋밋하고 싱거운 연설로 그 자리에 있던 모든 미국인들의 뺨이 수치로 물들었다"고 썼다. 링컨에게 우호적인 신문들도 그의 연설을 거의 보도하지 않았다. 게티즈버그 연설이 역사상 가장 훌륭한 연설 중의 하나로 평가받기까지는 오랜 세월이 걸렸다. 연설의 전문은 다음과 같다.

"87년 전 우리의 선조들은 자유의 신념으로 이 대륙에 새로운 나라를 세웠고 모든 인간이 평등하게 태어났다는 믿음을 지키려고 노력했습니다. 지금 우리는 대규모 내전을 치르며 이 나라나 그만큼의 신념을 갖고 헌신한 다른 나라가 얼마나 오래 견뎌낼 수 있는지 시험하는 전쟁 가운데 있습니다. 우리는 전쟁터의 일부를 나라를 지키기 위해 자신의 목숨을 희생한 이들의 마지막 휴식장소로 만들고자 이 자리에 모였습니다. 이는 우리가 마땅히 해야 할 일입니다. 그러나 넓은 의미에서 우리는 이곳을 신성화할 수 없습니다. 죽기를 무릅쓰고 여기서 싸웠던 용사들이 이미 우리의 미약한 힘으로는 더하거나 뺄 수 없을 정도로 이곳을 신성화했기 때문입니다. 세상은 우리가 이 자리에서 하는 말을 그리 오래 기억하지 못하겠지만 그들이 이곳에서 한 일은 결코 잊지 못할 것입니다. 그들이 너무도 고귀하게 이루려다 못다 한 일에 전념해야 할 사람들은 바로 살아 있는 우리들입니다. 여기서 우리 앞에 남겨진 위대한 과제에 헌신해야 합니다. 그 과제란 그들의 명예로운 죽음을 통해 그들이 마지막 힘을 다한 명분에 더 크게 헌신하고, 그들의 희생을 결코 헛되이 하지 않겠다고 굳게 결의하고, 하나님의 가호 아래 이 나라가 새로운 자유를 잉태하게 하며, 국민의 국민에 의한 국민을 위한 정부를 이 세상에서 결코 사라지지 않게 하는 것입니다."

왜 게티즈버그 연설은 처음엔 정당한 평가를 받지 못했을까? 셸비 푸트가 링컨의 글에 대해 내린 다음과 같은 평가를 참고하는 게 좋겠다. "링컨은 문장력이 매우 뛰어난 사람이었습니다. 그의 문장력은 거의 믿을 수 없을 정도였습니다. 그의 문체를 처음으로 인정한 사람은 영국인이었습니다. 미국인들은 그의 문체를 창피하게 생각했습니다. 그는 미국어를 썼고 미국인들은 미국어가 언어로서는 괜찮으나 국가 문서로서는 부적합하다고 생각하고 있었습니다. 링컨이 쓴 글은 미국어였고 후일 마크 트웨인이 쓴 언어였습니다."

링컨은 이 연설에서 '국민의, 국민에 의한, 국민을 위한 정부'를 말했지만, 그가 최초로 한 말은 아니다. 그 이전에 두 번 이상 사용된 말이다. 유니테리언 목사이자 노예제도 폐지주의자인 시어도어 파커(Theodore Parker, 1810~1860)는 "정부는 점점 더 만인의, 만인에 의한, 만인을 위한 정부가 되고 있다"고 했고, 정치인 대니얼 웹스터는 "국민의 정부는 국민에 의해 국민을 위해 만들어지고 국민에게 책임을 지고 있다"고 했다.

'국민의, 국민에 의한, 국민을 위한 정부'라는 표현의 원조가 누구이건, 무엇이 옳고 그르건 당시 이게 적확한 표현이었는가 하는 데에 의문을 제기하는 이들도 있다. 훗날(1920) 메릴랜드 볼티모어 출신인 H. L. 멩켄(H. L. Mencken, 1880~1956)은 이 연설에 대해 다음과 같이 평가했다.

"그 연설은 논리가 아니라 시이며, 판단이 아니라 미학이다. 연설의 내용을 생각해보라. 그것을 일상적인 언어로 바꿔보라. 내용은 무척 간단하다. 게티즈버그에서 전사한 북군 병사들은 자결이라는 대의를 위해, 즉 국민의, 국민에 의한, 국민을 위한 정부가 세상에서 사라지지 않도록 하기 위해 목숨을 바쳤다는 것이다. 하지만 사실을 보면 북군 병사들은 자결의 반대를 위해 싸웠고, 자국민들의 자치권을 위해 싸운 것은 오히려 남군이었다. 남군 병사들은 자발적으로 전투에 참여했다. 그들은 자신들의 자유를 나라의 절반에 의해 예속당했기에 전장에 나왔다. 거의 20년 동안 그들은 정치적 의미에서 교도소에 갇힌 죄수들보다 나을 바 없는 처지였던 것이다."

1864년 대통령 선거

1863년 12월 링컨은 연방재건 구상을 발표했다. 이른바 '10퍼센트 계획'이다. 이는 1860년 선거 당시의 기준으로 유권자의 10퍼센트가 연방에 충성을 서약하고 노예해방을 비롯하여 연방의 전시입법을 수락한다면 남부는 어느 주든 주정부를 새로 조직하게 하고 연방에 복귀시킨다는 내용이었다. 이에 따라 1864년에는 이미 연방에 의해 점령된 테네시, 루이지애나, 아칸소 3개 주가 링컨의 재건안에 입각하여 새로운 주정부를 수립했다.

1864년 3월 10일 링컨은 율리시스 그랜트를 북군 총사령관으로 임명해 남북전쟁의 운명을 그에게 맡겼다. 그때까지 유일하게 조지 워싱턴(George Washington, 1732~1799) 초대 대통령에게만 주어졌던 중장(별 3개) 계급을 그랜트에게 수여했다. 그랜트는 웨스트포인트를 하위

권으로 겨우 졸업하고 음주로 물의를 일으켜 불명예 제대한 실패한 군인이었지만, 남북전쟁 발발 후 탁월한 지휘관으로서 명성을 얻었다. 1862년 그가 이끄는 북군이 헨리 요새(Fort Henry)와 도넬슨 요새(Fort Donelson)를 잇달아 함락하고 1만2000명을 포로로 붙잡는 대승을 거두었고, 이듬해 빅스버그와 채터누가(Chattanooga)전투에서 대승을 거두면서 그랜트는 국가적 영웅으로 부상했다.

1864년 5월 4일 그랜트는 10만 명의 병력으로 리 장군이 이끄는 남부연합의 버지니아군을 공격했다. 그랜트는 지속적인 무자비한 공격에 의존하는 스타일이었지만, 버지니아 전투는 장기간의 공방전으로 1865년 봄까지 계속된다. 점점 더 길어지는 전쟁으로 인해 초조해졌던 걸까? 1864년 늦여름 링컨은 그랜트에게 "불독같이 물고 늘어져서 이빨로 마구 뜯고 질식시키시오"라고 명령을 내리기도 했다. 몇 번의 대승을 거뒀다곤 하지만 이제 사람들은 전쟁에 대해 염증을 내기 시작했고, 이는 1864년 대선을 앞둔 링컨에겐 결코 유리할 수 없는 상황이었다.

반면 북부 민주당의 잔재로 살모사당(Copperheads)이라는 별명까지 얻은 평화민주당은 남부에 동정적이었다. 이 당은 전쟁중지를 요구하고 나섰다. 링컨은 뚜렷한 죄목이나 적법한 절차 없이도 수천 명을 구금할 수 있도록 인신보호영장제도의 시행을 중지했는데, 이걸 들어 평화민주당은 링컨을 독재자로 몰고 갔다.

1864년 내내 링컨은 저질만담가, 독재자, 거짓말쟁이, 도둑, 허풍꾼, 광대, 권력찬탈꾼, 괴물, 무식쟁이, 위증꾼, 사기꾼, 악마, 학살자 등으로 불렸다. 선거가 11월이 아닌 6월이나 7월에 치러졌다면 링컨은 낙선했을 것이다. 공화당원들은 링컨을 내쫓고 다른 후보자를 지명하려고 했으니 말이다. 공화당 지지자인 호러스 그릴리는 다음과 같이 썼다. "링컨은 이미 두들겨 맞을 대로 맞았다. 그가 당선되는 것은 불가능하다. 참혹한 패배를 피하기 위해서는 다른 길을 모색해야 한다."

민주당은 링컨이 직위 해제시킨 전(前) 북부군 장군 조지 맥클렐런을 후보로 지명한 후, 전쟁에 반대하고 정전을 주장하는 강령을 채택했다. 맥클렐런은 정전요구를 비난했지만, 민주당은 선거전에서 분명히 평화를 지지했다. 링컨 측은 맥클렐런을 매국노이자 겁쟁이라고 비난한 반면, 맥클렐런 측은 링컨을 독재자이자 폭군이라고 맞받아쳤다.

민주당의 승리가 확실해 보였다. 과거 30년 동안 재선에 성공한 대통령은 없었다. 4년 단임의 대통령 임기가 전통으로 굳어진 것처럼 보였고, 링컨 역시 이 전통에 기여할 것처럼 보였다. 링컨은 패배를 염두에 두고 새 대통령 당선자에 협력을 다짐하는 글을 넣어 봉인한 봉투에 전 각료의 서명을 받아 보관해둘 정도였다. 그런데 9월부터 대반전이 일어났다. 1864년 9월 2일 연방군 장군 윌리엄 테컴서 셔먼이 남부의 심장부라 할 애틀랜타를 점령한 것이다. 이후 대서양까지 진군해 나가면서 링컨의 지지도는 상승 기류를 타기 시작했다.

〈바람과 함께 사라지다〉

애틀랜타 전투는 처참했다. 전사자만 1만2000명(북군 4000명, 남군 8000명)이었다. 이게 끝이 아니었다. 셔먼은 사람들을 내쫓은 뒤 11월 14일 애틀랜타 전체에 불을 질러 도시의 90퍼센트 이상이 잿더미로 변하게 만들었다. 병사들은 약탈을 일삼았고, 심지어 공동묘지까지 파헤쳐

시신과 함께 매장된 보석이나 귀중품들을 꺼냈다. 셔먼은 초토화 작전의 신봉자였다. 그는 "전쟁은 참혹함 자체다"며 "나는 전쟁의 잔혹한 본질을 남부인들에게 분명히 보여줄 것이다. 조지아인들의 후회와 고통의 신음소리가 퍼지게 할 것"이라고 말했다.

그랜트는 술만 마시면 행패를 부리는 걸로 악명이 높은 반면, 셔먼은 성정이 포악하고 정신적으로 약간 불안정한 인물이었다. 그러나 전쟁에선 이런 특성들이 오히려 힘이 되었나 보다. 역사가인 셸비 푸트는 『남북전쟁』에서 "셔먼은 현대전의 개념을 가진 전략가였다. 민심은 전쟁을 끌어가는 원동력이다. 국민이 등을 돌리면 전쟁을 지속하기 어렵다는 점을 착안한 점은 탁월했다"고 평가했다. 셔먼은 그런 초토화작전으로 남부 주민들이 전쟁을 지긋지긋하게 만드는 데엔 성공했지만 지금까지도 남부인들의 증오의 대상이 되고 있다.

영화 〈바람과 함께 사라지다(Gone with the Wind)〉(1939년, 감독 빅터 플레밍)에서 레트 버틀러(Rhett Butler)와 스칼렛 오하라(Scarlett O'Hara)가 간신히 빠져나오는 불바다의 도시가 바로 애틀랜타다. 영화의 마지막에 스칼렛 오하라는 "내일은 내일의 태양이 뜬다"고 말하는데, 이는 남부인들의 한(恨) 맺힌 절규였다. 4시간이라는 긴 시간 동안 상영되는 영화 속에서 바람과 함께 사라진 것은 '남부의 문명'이었다. 먼 훗날 CNN의 정치논객 브루스 모턴(Bruce Morton)은 미국 역사상 가장 독선적인 대통령으로 노예해방을 단행한 링컨을 꼽았다. CNN의 탄생지이자 본부가 애틀랜타라는 걸 감안할 필요가 있겠다.

〈바람과 함께 사라지다〉의 원작은 마가렛 미첼(Margaret Mitchell, 1900~1949)이 1926년부터 10년간에 걸쳐 쓴 동명소설이다. 세계적으로

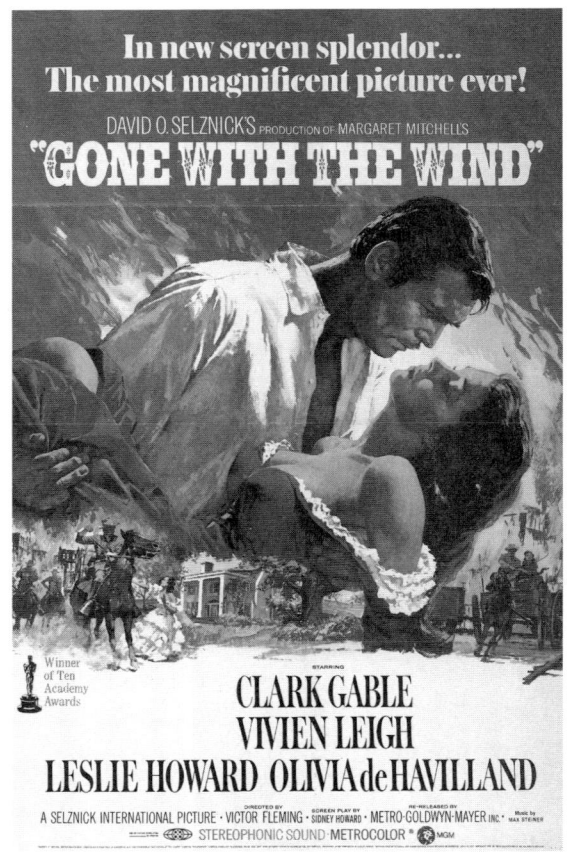

남북전쟁과 재건시대를 배경으로 한 영화 〈바람과 함께 사라지다〉의 포스터.

2800만 부가 팔린 이 소설은 1936년에 퓰리처상을 수상했고, 1939년 데이비드 O. 셀즈닉(David O. Selznick)에 의해 영화로 제작되었다. 빅터 플레밍(Victor Fleming) 감독, 비비안 리(Vivien Leigh)와 클라크 게이블(Clark Gable) 주연의 대작이다. 2007년 조사 시 미국에서 역대 최대의 수입을 올린 영화는 〈바람과 함께 사라지다〉인 것으로 나타났다. 〈바람과 함께 사라지다〉는 인플레이션을 감안한 미국 내 흥행수입 순

위에서 13억2900만 달러로 60여 년째 최대 흥행작의 자리를 지켰다.

〈바람과 함께 사라지다〉에 대한 남부인들의 애정은 여전하다. 1991년엔 미첼의 두 조카들이 알렉산드라 리플리(Alexander Ripley)라는 버지니아 여성작가를 고용해 속편인 『스칼렛(Scarlett)』을 쓰게 해 저작권을 경매를 통해 워너북에 494만 달러에 팔았다. 비평가들은 형편없는 소설이라고 혹평했지만, 이 책은 1500만 부나 팔린 베스트셀러가 되었다. 이 책이 베스트셀러가 되면서 드라마 원작료로 CBS는 900만 달러를 지불했다. 오하라 역 공모엔 '제2의 비비안 리'가 되겠다는 미녀들이 2만 명이나 몰려들었다. 미니시리즈 〈스칼렛(Scarlett)〉은 1994년에 방영됐는데, 비평가들의 혹평에도 불구하고 CBS는 이 작품을 전 세계 74개국에 판매하는 성공을 거두었다.

오늘날 애틀랜타도 많이 변했다. 박진빈(2003)에 따르면, "북부의 공격으로 불살라져 폐허로 남았던 남부의 심장이 이제 화려하게 뻗어 올라가는 고층건물이 즐비한 상업금융지구로 변신하여 옛 남부의 영화를 넘어섰으며, 뉴욕이나 시카고 같은 구도시의 위용과는 또다른 성격의 힘을 보여준다. 북부 구도시에서는 불가능한 수평적 공간에 대한 여유와 계획도시로서의 정돈감, 그리고 거의 무제한적 팽창 가능성이 섞인 자신감이 어우러져 있기 때문이다."

샌드크리크 학살사건

대선 직전 그랜트 장군은 버지니아 피터즈버그를, 패러것(David Glasgow Farragut) 장군은 모빌만(Mobile Bay)을 장악했다. 이 덕분에 1864년 11월 8일 링컨은 55퍼센트의 지지율로 재선에 성공했다. 선거인단 투표에서는 링컨이 212표를 얻어 21표를 얻은 맥클렐런에게 압승을 거두었다. 링컨의 선거구호는 시종일관 "강을 건너는 중에는 말을 갈아탈 수 없다(It is best not to swap horses while crossing the river)"였다. 정치사적으론 이 시기에 비로소 양당제도가 정착된 걸로 평가받는다. 브링클리(Brinkley 1998)는 "북부군이 그 시기에 전승을 올리지 못했다면, 그리고 링컨이 북부군의 투표를 허용하는 특별방안을 마련하지 못했다면 민주당이 승리했을 것이다"고 말한다.

1864년 11월 16일 셔먼 장군은 조지아의 애틀랜타에서 사바나(Savannah) 해안에 이르기까지 모든 것을 파괴하면서 진격해나갔다. 12월 21일 셔먼이 사바나를 함락시켰을 때 그의 평소전법과는 달리 대통령에게 드리는 크리스마스 선물이라며 도시를 파괴하지 않았다. 사바나는 지금도 미국에서 가장 유럽적인 외양을 한 곳으로 도심엔 19개나 되는 공원이 있고 공원에는 영웅상이 세워져 있으며 오래된 교회와 역사적인 집들이 공원 주위를 에워싸고 있다. 셔먼이 링컨에게 바친 크리스마스 선물 덕분이다.

바람과 함께 사라진 건 남부의 문명만은 아니었다. 전쟁이 거의 북부의 승리로 확정되면서 남아도는 힘은 인디언 소탕에 쓰였기 때문이다. 1864년 11월 29일에 일어난 샌드크리크 학살사건(Sand Creek Massacre)이 그 좋은 예다. 링컨은 역대 대통령들처럼 인디언에게 무자비한 정책을 쓴 대통령이었다.

1862년에 이런 일이 있었다. 미네소타의 샌티(Santee) 수족(Sioux) 인디언은 1851년 2400만 에이커의 땅을 141만 달러를 받고 연방정부에 팔았으나 정부의 부패가 워낙 심해 돈을 못 받았다. 1862년 8월 백인

수천 명이 이미 몰려와 살고 있는 데다 채무이행을 거절한 연방정부가 인디언과의 또다른 조약마저 파기하자 수족은 봉기를 일으켰다. 이 봉기는 10월에 진압되었고, 303명의 인디언이 사형선고를 받았다. 나중에 사형대상은 39명으로 줄었지만, 1862년 12월 26일 링컨은 그들에 대한 처형을 지시했다.(그러나 책에 따라선 링컨이 사형대상자를 크게 줄이는 자비를 베풀었다는 식으로 기록하고 있기도 하다.)

샌드크리크 학살사건도 링컨의 그런 성향과 무관치 않다는 게 일부 역사가들의 주장이다. 이 사건의 전말은 이렇다. 1864년 11월 29일 콜로라도 제3기병대의 존 시빙턴(John Chivington, 1821~1892) 대령 휘하의 군대는 그날 새벽 샌드크리크의 샤이엔(Cheyenne)족 마을로 돌격했다. 추장 블랙 케틀(Black Kettle)은 항복의 표시로 백기를 흔들었지만 원래 학살이 목적이었으므로 아무 소용이 없었다. 이날 200~500명의 인디언들이 학살당했다. 한 통역자는 사건 직후 열린 군사심리에서 다음과 같이 증언했다.

"그들은 머리가죽이 벗겨졌고 뇌가 빠져나왔다. 사내들은 칼을 사용하여 여자들을 갈기갈기 찢었을 뿐만 아니라, 어린아이들을 곤봉으로 때리고 개머리판으로 후려쳤으며 뇌를 끄집어내고 온몸을 토막내었다."

시빙턴은 군사심리에서 어린아이들에게까지 발포한 이유를 추궁당했을 때 "서캐가 결국 이가 된다"라고 주장했다. 후일 시빙턴은 덴버의 한 무대에 나타나 전쟁무용담으로 청중들을 즐겁게 해주었으며, 100개의 인디언 머리가죽을 손수 보여주었다. 거기에는 여성들의 음모(陰毛)도 포함되어 있었다. 미국 육군성은 1870년부터 인디언들의 양식인 평원의 버펄로를 제거함으로써 인디언 정책을 학살에서 굴복시키는 쪽으로 방향을 틀게 된다.

샌드크리크 학살사건은 훗날 랠프 넬슨(Ralph Nelson, 1916~1987) 감독에 의해 〈솔저 블루(Soldier Blue)〉(1970)라는 제목의 영화로 만들어지지만, 미국 역사책에서는 좀처럼 다뤄지지 않는다. 링컨의 영광을 지켜야 한다는 이유 때문일까? 이와 관련, 진·마세도(Zinn & Macedo 2008)는 다음과 같이 말한다.

"남북전쟁기간에 역사에 기록될 중요한 사실이 빠져 있습니다. 그 중 하나가 남북전쟁 기간에 미국 역사에서 그 어느 시기보다 많은 땅을 인디언들로부터 강탈했다는 사실입니다. 거의 모든 남북전쟁사가 북군이 남부에서 남부연방군과 싸우는 동안 다른 한편에서 또 한 무리의 북군이 서부로 진출해 인디언들로부터 땅을 빼앗았다는 사실은 외면합니다. 1864년 목사이기도 했던 시빙턴 대령은 군대를 이끌고 콜로라도의 샌드크리크로 진출하여 수백 명의 인디언을 학살했습니다. 이 같은 인디언 학살은 미국 역사에서 거듭 일어났습니다."

링컨의 게티즈버그 연설은 아름답지만, 인디언을 위한 '게티즈버그 연설'이 없는 건 물론이고 오히려 인디언에게 백인만의 영광을 위한 저주만 부과했다는 건 추하고 사악하다. 인디언은 노예해방선언의 진정성을 시험한 리트머스 시험지였다고 보아야 하지 않을까?

참고문헌 American Heritage Magazine 1985, Brinkley 1998, Bryson 2009·2009a, CCTV 2007, Cohen 2002, Davis 2004, DiLorenzo 2003, Frey 2004, Mark 2009, Rifkin 2002, Shenkman 2003, Stephens 1999, Swint 2007, Waters 1994, Wheeler 2007, Yates 2008, Zinn & Macedo 2008, 권태선 2009a, 김준봉 2002, 박보균 2005, 박정기 2002, 박진빈 2003, 사루야 가나메 2007, 손세호 2007, 유신모 2009, 유재현 2009, 유종선 1995, 이철희 2008-2009, 최승은·김정명 2008

전사자 62만 명
남북전쟁의 종전

애퍼매턱스 항복 서명식

1865년 1월 31일, 미국 하원회의장은 방청석과 의원석 모두 발 디딜 틈 없이 사람들로 가득 찼다. 회의장 안에 들어가지 못한 채 밖에서 서성이는 사람도 수백 명이나 됐다. 스카일러 콜팩스(Schuyler Colfax, 1823~1885) 하원의장이 떨리는 목소리로 입을 열었다. "헌법 수정안에 대해 찬성 119표, 반대 56표가 나왔습니다. 3분의 2가 찬성했습니다. 수정안이 통과됐습니다." 노예제 폐지를 담은 수정헌법 13조가 하원에서 통과되는 순간이었다.

다음날 밤, 링컨은 백악관에 모인 사람들에게 말했다. "이번 일은 온 나라와 온 세계가 축하할 만한 일입니다. 하지만 우리에겐 해야 할 일이 남아 있습니다. 이제 주의회의 비준으로 완성해야 합니다." 1865년이 지나기 전에 대부분의 주의회가 이를 비준함으로써 미국에서 노예제는 폐지됐다. 물론 아직 갈 길은 멀었지만 말이다.

남북전쟁 후 폐허가 된 버지니아 리치몬드.

1865년 2월 22일 남부연합의 마지막 자유항인 노스캐롤라이나주 윌밍턴이 연방군에 함락되었다. 3월 4일 링컨이 두 번째로 대통령에 취임했다. 그는 취임사에서 다음과 같이 말했다. "악의는 버리고 모든 사람을 관용하며, 하나님이 우리에게 주신 권리를 굳게 지키면서, 우리가 지금 하고 있는 과업을 마무리 짓는 일과 나라의 상처를 싸매는 일, 전장에서 희생된 사람들과 그들의 미망인·유자녀들을 보살피는 일, 그리고 우리들 안에서뿐 아니라 다른 모든 나라들과 더불어 정의로운 평화를 성취하고 그것을 영구히 보전하는 일, 이런 모든 일들을 위하여 우리 모두 분발합시다."

1864년 말 남부연합 내에선 신병공급이 부족하자 400만 명의 노예를 입대시키자는 의견을 놓고 논쟁이 벌어졌다. 이 제안에 충격을 받은 한 장군은 "만에 하나 흑인들이 좋은 병사가 된다고 칩시다. 그러면 노예제에 대한 우리의 이론은 모두 어긋나는 것입니다"라고 말했다. 그럼에도 남부연합 대통령 제퍼슨 데이비스는 로버트 리 장군의 요청에 따라 1865년 3월 흑인들을 남부군에 입대시킨다는 법안에 서명했다. 그러나 그 법안의 효력이 발생하기도 전에 전쟁은 끝나고 말았다.

1865년 4월 2일 리 장군은 남부연합의 제퍼슨 데이비스 대통령에게 수도 리치먼드를 떠나도록 권유했다. 하루 뒤, 북군이 리치먼드에 입성했다. 거의 1년간에 걸친 버지니아전투의 끝이었다. 4월 3일 링컨은 아들 테드(Tad)와 함께 리치먼드를 순시하며 데이비스 대통령의 의자에 앉아보았다. 리치먼드의 흑인들은 그를 '메시아' '우리의 아브라함'이라고 환호했다.

4월 8일 리 장군이 항복했다. 4월 9일 버지니아의 애퍼매턱스 법원(Appomattox Courthouse)에서 서명식을 가졌는데, 항복조건은 간단했다. "남군은 더이상 무기를 들지 않는다는 포로서약을 한 뒤 법을 어기지 않는 한 반역으로 처벌받지 않는다. 소총·대포·공공재산은 접수한다. 그러나 장교는 허리에 차는 개인 무기와 말을 소유할 수 있다. 병사들도 농사에 필요한 말이나 당나귀를 가질 수 있다. 이 조치에 따라 모든 장병은 귀가한다. 포로선서와 거주지역의 법을 준수하는 한 연방정부 관리들에 의해 어떤 방해도 받지 않는다."

데이비스는 텍사스에 가서 투쟁을 계속할 생각으로 남쪽으로 이동하다가 조지아에서 체포되었다. 생포되어 재판 없이 2년 동안 구금되어 있다가 나중에 풀려나 귀향한 뒤 고향에서 자신의 관점으로 남북전쟁사(『남부 연합정부의 흥망The Rise and Fall of the Confederate Government』, 1881)를 집필했다. 당시엔 데이비스가 체포되는 것을 피하기 위해 아내의 옷을 입고서 탈출을 시도하다 붙잡혔다는 이야기가 신문기사에까지 등장했지만, 이건 사실이 아니다. 데이비스는 '피도 눈물도 없는 냉혈한'으로 묘사되곤 하는데, 이에 대해 셸비 푸트는 다음과 같은 반론을 제기한다.

"링컨이 총살을 승인한 수에 비해서 데이비스가 승인한 수는 극히 소수였습니다. 그에 대한 이런 오해는 마치 누가 계획적으로 큰 음모를 꾸민 듯한 느낌을 줍니다. 그런데 사실 이런 오해의 일부 책임은 남부인에게 있습니다. 패전책임을 장군들에게 돌리기 싫어한 남부인들이 그 책임을 정치인들에게 돌렸으며, 데이비스는 대표적인 정치인이었던 것입니다. 북부인들보다 남부인들이 데이비스를 더 비방했습니다."

전쟁은 과연 불가피했던가?

1865년 4월 11일 링컨은 재건을 추진하는 과정에서 화해정신을 발휘할 것을 강조하는 연설을 했다. 4월 13일부터 연방군은 병력축소에 들어갔다. 전쟁중 연방군은 232만4516명의 병력을 동원하여 이중 약 36만 명을 잃었다. 남부연합군 병력은 약 100만 명이었고, 이중 26만 명 가량이 전사했다. 전사자 수는 당시 인구의 2퍼센트에 이르렀다. 민간인 사망자 수는 정확히 알 수 없으나 5만 명 이상으로 추정되며, 대부분 남부인이었다.

남북전쟁은 전쟁에 나간 4명 중 1명이 목숨을 잃은 참혹한 전쟁이었다. 남북을 합쳐 총 군인 전사자는 62만 명으로, 이는 훗날의 1차 세계대전 전사자 11만5000명이나 2차대전에서 죽은 31만8000명보다 훨씬 많은 수다. 베트남 전쟁을 포함하여 미국이 치른 모든 전쟁에서 죽은 수를 합한 것보다 많다. 인구 10만 명 당 거의 2000명이 사망한 꼴인데, 1차 세계대전에서는 그 비율이 109명이었고 2차 대전에서는 241명이었다. 왜 이렇게 전사자가 많았던 걸까? 가장 큰 이유는 신무기는 개발됐는데, 이에 대한 경험이나 대응 전략·전술이 없었기 때문이다. 전사자가 62만 명이면 부상자는 얼마나 많았겠는가. 부상자 수술에 관한 이야기는 거의 엽기괴담 수준이다. 특히 남부는 약품이 거의 없어 마취제 없이 톱으로 뼈를 자르는 절단수술을 해야 했다.

이런 끔찍한 전쟁은 과연 불가피했던가? 딜로렌조(DiLorenzo 2003)는 결코 그렇지 않았다고 주장한다. 그는 우선 노예문제에 관한 다른 나라들의 사례를 든다. 영국에선 1840년까지 모든 노예를 해방했다. 6년에 걸쳐 영국 정부는 노예소유주들에게 노예가격의 약 40퍼센트에 해당하는 금액을 보상했다. 다른 나라들도 노예해방을 평화롭게 이뤘다. 아르헨티나(1813), 콜롬비아(1814), 칠레(1823), 중앙아메리카(1824), 멕시코(1829), 볼리비아(1831), 우루과이(1842), 프랑스 및 덴마크령 식민지(1848), 에콰도르(1851), 페루(1854), 베네수엘라(1854) 등이 그런 나라들이다. 남북전쟁 기간과 그 이후에도 네덜란드 식민지(1863), 브라질(1871~1878), 푸에르토리코(1873), 쿠바(1886) 등지에서 노예해방이 이루어졌다. 딜로렌조는 "노예제는 얼마든지 평화롭게, 적은 희생과 땀으로 종식될 수 있었던 것"이었다며 다음과 같이 주장한다.

"막대한 전쟁 비용, 62만 명의 전사자, 수만 명의 남부 민간인 사망자, 수십만 명의 평생 장애인이 발생한 데다 국가경제의 거의 40퍼센트가 파괴되고 전쟁 자체의 직접적인 피해도 만만치 않았음을 감안한다면, 대다수 미국인들은 보상을 통한 해방을 선택했을 것이다. 그랬다면 전면전에 비해 훨씬 적은 희생으로도 노예제가 종식될 수 있었다. 그러나 링컨은 그렇게 할 수 있는 기회를 제대로 주지 않았다."

링컨을 옹호하는 입장에 서자면, 이런 주장은 결과론일 수 있다. 남북전쟁은 링컨을 포함하여 북부쪽에선 몇 주일, 길어도 몇 개월이면 끝나리라고 믿었던 전쟁이었다. 전쟁이 금방 끝날 줄 알았거니와 설마 전쟁의 그런 참혹한 결과를 예상했겠는가. 또 다른 나라들과는 달리 워낙 노예의존도가 높았던 미국의 특수성도 감안해야 할 것이다. 그럼에도 딜로렌조의 다음 말은 가슴에 와 닿는다.

"링컨은 왜 노예제가 존재하는 지구상의 다른 나라들이 19세기에 취한 것과 같은 해방의 경로를 걷지 않았을까? 그 대답은 그 자신의 말에 있다고 볼 수 있다. 다시 말해 그는 노예해방을 특별히 지지하지 않았던 것이다. 그는 해방을 단지 자신의 실질적인 목표를 달성하기 위한 도구로 여겼다. 그 목표란 국가권력의 공고화, 즉 많은 미국인들이 건국시기부터 걱정했던 바로 그것이었다."

즉, "링컨은 통합적이고 집중화된 국가, 즉 제국을 창설하기 위해 전쟁을 일으켰다"는 게 딜로렌조의 핵심 논지다. 동기와 과정이 어찌됐건 노예해방의 공적에 주목해야 한다는 견해도 많다. 터랜토·레오(Taranto & Leo 2008)의 주장에 따르면, "400만의 노예를 해방시키겠다고 60만이 넘는 양측 군인이 죽임을 당해야 했을까? 다른 정치적 목적이 있는 것은 아니었을까? 이에 대해 남부는 목화농업이 주된 산업이어서 노예제가 필요했고, 북부는 공업이 주된 산업이어서 해방된 노동자가 필요했다는 주장은 꽤 설득력 있어 보인다. 그러나 결과적으로 노예를 해방(?)시킨 것만은 부정할 수 없다."

링컨은 '위대한 독재자'

링컨 전문가인 데이비드 도널드는 『링컨(Lincoln)』(1995)에서 링컨을 '차갑고 계산적이며 냉정한 이성'을 갖춘 마키아벨리적 근대 정치가로 묘사한다. 배신한 자를 철저히 응징하고, 목표를 위해서는 핏발을 세우며 '쉴 줄 모르는 엔진'을 켜고 돌진하는 인물이었다는 것이다.(배병삼 1996) 요컨대, 링컨이 권모술수에 능했다는 이야기일 텐데, 이걸로는 만족하지 못하고 링컨을 반대파를 탄압한 독재자로 보는 이들도 많다. 이 주장도 검토해보자.

1830년부터 남북전쟁이 발발하기 전까지 미국에서 발행되는 신문과 잡지의 수는 6배 증가하여 발행종수가 5000종을 넘어섰다. 남북전쟁은 최초로 전쟁터에 사진기가 등장해 300명의 사진기자들이 활약한 전쟁이었지만(총 종군기자는 500명), 장교들은 언론취재에 익숙치 않아 기자들에 대한 불만이 팽배했다. 셔먼 장군은 전쟁을 취재하던 기자 3명이 사망했다는 보고를 받자 "잘됐다!"라고 고소해했다는 일화가 전해진다.

전쟁기간 내내 검열과 탄압 논란이 끊이질 않았다. 1861년 5월부터 전쟁에 반대하는 신문 100여 개의 우편배달이 거부되었다. 당시 거의 모든 신문배달은 우편으로 이루어졌으므로 이는 실질적인 보급차단이었다. 일부 신문들은 링컨 정부를 비판하지 않겠다고 서약하고 다시 신문을 발간할 수 있었다. 1862년 2월 2일부터 미국 내의 모든 전신

남북전쟁 때 전장의 『뉴욕 헤럴드 트리뷴』 왜건과 기자들.

내용이 검열되었다. 연방군 병사들은 수십 군데의 신문사를 폐쇄하고 인쇄기를 파괴했다. 영·제서(Young & Jesser 2005)는 당시의 언론통제에 대해 다음과 같이 말한다.

"육군장관 에드윈 M. 스탠턴은 하퍼스페리에서의 투항(1862)에 관한 뉴스를 고의적으로 유보하였으며, 피터즈버그에서 발생한 북군의 사상자(1864~1865) 수를 바꾸었다. 뿐만 아니라 그는 그랜트 장군이 입은 손실을 3분의 1 이하로 축소하였다. 그는 또한 정부의 입장을 지지하지 않는 경우 북부 신문들의 발간을 중지시켰으며, 편집장들을 체포하고, 신문사 사주를 군법회의에 회부하겠다고 협박하였다. 급보(急報) 내용을 자신에게 주지 않는다며, 그는 한 특파원을 사살하라고 명령하기조차 하였다."

링컨은 구속적부심제도를 잠정 중단시키고 여러 주에서 군사법정의 가동을 선포했는데, 전쟁기간에 투옥된 미국인들은 3만8000명에 이르렀다. 이들 중 상당수는 단지 자신의 견해를 표명했다는 이유 하나로 투옥되었다. 뉴욕 항구 앞바다의 라파예트 요새는 링컨 행정부 시절 많은 정치범들을 가두어 '미국의 바스티유'라고 불렸다.

이런 사실들을 들어 훗날(1962) 문학평론가인 에드먼드 윌슨(Edmund Wilson, 1895~1972)은 링컨을 러시아의 레닌(Vladimir Illich Lenin, 1870~1924), 독일의 오토 폰 비스마르크(Otto von Bismarck, 1815~1898)에 비유했다. 독재권력을 행사하면서 고도로 집중화된 체제를 구축했다는 이유에서다. 링컨을 존경해 그의 전기까지 쓴 노무현(2001)은 "링컨은 필요할 경우 매우 단호한 조치를 취하기도 했지만, 결코 독재자는 아니었다"고 말한다. 그러나 링컨을 옹호하는 미국 역사학자들도 링컨이 '독재자'였다는 건 인정한다. 다만 '선량한 독재자' '자비로운 독재자' '위대한 독재자'였다는 것이다. 링컨 숭배자인 제임스 포드 로즈(James Ford Rhodes, 1848~1927)는 "독재권력이 그보다 더 안전하고 고결한 사람의 손에 쥐어진 경우는 없었다"고 했다.

링컨을 어떻게 평가하건 그가 '국가'의 결속과 '제국'의 탄생에 결정적인 기여를 했다는 건 분명하다. 제임스 러셀 로웰(James Russell Lowell, 1819~1891)은 "남북전쟁은 국가를 만들기 위한 값비싼 전쟁이었다!"고 했다. 훗날 제28대 대통령 우드로 윌슨(Thomas Woodrow Wilson, 1856~1924)은 1915년의 현충일 기념사에서 "남북전쟁은 이 나라에서 전에는 결코 없었던 것-국가적 의식(意識)을 만들었다"고 말한다.

링컨에게 그 어떤 문제가 있었건, 그게 어찌 링컨만의 것일까? 동서

고금을 막론하고 모든 성공한 지도자들의 공통된 특성으로 보아야 하지 않을까? 겉으론 그 어떤 제스처를 취하건 마키아벨리즘은 성공적인 리더십의 정체, 아니 인간세계의 영원한 속성인지도 모르겠다.

참고문헌 Brinkley 1998, Davis 2004, DiLorenzo 2003, Folkerts & Teeter 1998, Huntington 2004, Means 2002, Rouillé 1993, Shenkman 2003, Stephens 1999, Taranto & Leo 2008, Time-Life 1988, Wolf 2008, Young & Jesser 2005, Zinn & Stefoff 2008, 김준봉 2002, 나윤도 1997-1998, 노무현 2001, 문정식 1999, 박보균 2005, 배병삼 1996, 이상철 1993, 이철희 2008-2009

"투기꾼들을 모두 총살해버렸으면 좋겠다"
남북전쟁 중의 사회

증권투기 붐

남북전쟁기간 동안, 내내 전쟁만 한 건 아니다. 남부는 전쟁 이외에 다른 일에 신경쓸 겨를이 없었지만 한결 여유가 있었던 북부는 그렇지 않았다. 전쟁중에 자작농법과 태평양철도법이 통과되었고, MIT나 바사 같은 대학들이 설립되었으며, 만년필이 발명되었다. 1864년 봄, 하버드대학과 예일대학의 조정경기도 실시되었다. 부잣집 아들들이었던 양팀 선수들은 모두 군복무를 하지 않았다. 그렇게 여유를 부리다 보니, 전선에선 군인들이 죽어가고 있었지만 후방에선 투기가 극성을 부렸다.

1790년 필라델피아에 미국 최초의 주식시장이 문을 열었는데, 1790년대 미국 금융의 중심지는 필라델피아였다. 그런데 전신이 필라델피아의 운명을 바꿔놓고 말았다. 고든(Gordon 2002)은 "모스가 1820년대에 완벽한 전신 시스템을 완성했다면, 아마도 필라델피아가 이를 활용해 뉴욕의 지위를 차지했을 것이다"고 말한다. 그러나 전신 시스템은 1840년대에 등장했으므로, 1817년 3월 8일에서야 창설된 뉴욕증권거래소(New York Stock Exchange and Board)로의 권력이동이 일어난 것이다. 1830년대와 1840년대에 많은 주에서 주식회사법이 통과되었고, 1861년 10월 전신망이 서부 해안도시인 샌프란시스코까지 확대되면서 미국 금융자본주의는 혁명적인 변화를 맞게 되었다. 이후 뉴욕의 월스트리트엔 투기꾼들이 득실거렸다. 당시 이들은 브로커(Broker)로 불렸다.

원래 '브로커'라는 단어는 포도주통에 구멍을 내어 포도주를 병이나 잔으로 파는 상인을 뜻하는 프랑스어 'brocour'에서 14세기 영어로 파생되었다. 17세기에는 도매상과 소매상 구분 없이 쓰였고, 이후에는 재화를 직접적으로 생산하지 않고 단지 중개만 하는 상인을 일컫는 말이 되었다. 더 나아가 파는 사람과 사는 사람의 거래를 알선해주고 커미션을 받는 사람을 뜻하는 말로 바뀌었다. 훗날(1940년대) 메릴린치사(Merrill Lynchch and Company)가 전국적인 지점망을 설치하고 세일즈와 리서치 부문을 분리해 현대적인 의미의 증권사 체제를 갖추기 전까지 증권브로커들은 월스트리트에 사무실을 열어 주식매매를 중개했다. 따라서 메릴린치의 등장까지는 매매중개업자를 증권사로 부르지 않고 '증권 브로커' 또는 '브로커'라고 불렀다. 증권시장이 초호황을 구가하자 증권 브로커들은 점심을 거르기 시작했다. 점심 노점상들이 출현하기 시작했고, 월스트리트의 풍경으로 자리잡은 패스트푸드로 점심을 간단히 때우는 식습관이 일반화되기 시작했다.

남북전쟁기간 투기꾼들의 관심은 전쟁보다는 돈이었다. 이익을 위해서라면 남군의 승리도 환영했다. 실제로 이들은 돈을 벌기 위해 북군의 패배를 환영했다는 이유로 반역자라는 비난을 받기도 했다. 링컨이 "투기꾼을 모두 총살해버렸으면 좋겠다"고까지 말할 정도였다.

그러나 투기꾼들은 꿈쩍하지 않고 소신을 갖고 투기에 몰두했다. 이미 1860년 미국 도시 중 최초로 인구 100만(1850년 50만 명)을 돌파한 뉴욕 월스트리트 전체 거래대금은 1865년 한 해 동안 60억 달러에 달했다. 당시 중산층 연소득이 1500달러였다는 점에 비추어 볼 때에 엄청난 규모다. 이와 관련, 제임스 K. 메드버리(James K. Medbery)는 다음과 같이 말한다.

"실로 엄청난 인구가 증권판에 뛰어들었고, 증권 브로커들의 사무실은 군중들로 휩싸였다. …… 뉴욕이 이처럼 번영을 구가한 적은 없었다. 브로드웨이는 화려한 마차로 가득 메워졌고, 여성들을 위한 고급 의상실과 보석상점들이 초호황을 누렸다. 주말의 5번가와 주중의 센트럴파크의 풍경은 기괴하면서도 호화찬란했다. 과거에도 이처럼 흥청거리는 만찬과 무도회는 없었다. 드디어 허영과 낭비의 시대가 왔다."

1860년대 초반 최고의 칭송과 두려움의 대상이 되었던 작전꾼은 대니얼 드루(Daniel Drew, 1797~1879)였다. 다른 투기영웅은 코넬리우스 반더빌트(Cornelius Vanderbilt, 1794~1877)였다. 반더빌트는 철도를 중심으로 다양한 투기를 벌였다. 그래서 "반더는 철도를 건설하고, 대니얼은 주가를 조종했다(Vander built, Daniel drew)"라는 말이 월스트리트에 유행했다. 드루는 주식을 거래하면서 사기를 치고 자신의 투자전략에 대해 거짓말을 밥 먹듯이 했지만, 반더빌트는 거짓말 대신 침묵하는 스타일의 차이를 보였다고 한다.

　남북전쟁시기의 뉴욕에 투기만 있었던 것은 아니다. 도시 미화운동의 바람이 부는 가운데 실업노동자 수천 명의 조직적 요구로 1857년에 착공된 뉴욕 센트럴파크(Central Park)가 1861년에 완성되었다. 면적 3.41제곱킬로미터의 길쭉한 시민공원이었다. 이는 '미국 조경의 아버지'로 불리는 조경가 프레더릭 로 옴스테드(Frederick Law Olmsted, 1822~1903)의 작품이다. 옴스테드는 공동체의식을 느끼도록 하는 것이 공원의 역할이라고 생각했는데, 실제로 1870년 이후 센트럴파크는 이주민들과 노동자들이 즐겨 찾는 곳이 되면서 그런 역할을 톡톡히 해냈다. 이후 센트럴파크는 세계적으로 가장 모범적인 도시공원이 되었으며 맨해튼 중심에 위치해 많은 시민들의 휴식처가 되었다.

매코믹 자동수확기의 농업혁명

남북전쟁기간 중의 농업은 어떠했을까? 휴버먼(Huberman 2001)은 "남북전쟁은 철도의 확장을 강요했던 것과 똑같이 농업의 확장을 강요했다. 수많은 사람들이 전선에 나가 있었다. 그들을 먹일 식량이 필요했다. 전쟁을 하려면 돈이 필요했다. 어디선가 벌어들여야 했다. 농업이 이 일을 해냈다"며 다음과 같이 말한다.

　"1860년 미국은 1700만 부셸(bushel)의 밀을 수출했다.(1부셸은 27.2kg) 1863년에는 5800만 부셸을 수출했다. 면화의 수출은 북부의 봉쇄선 때문에 거의 제로 상태로 줄어들었는 데 비해, 밀의 수출은 세 배 이상으로 증가했었다. 빵이 면화를 이겼다. 이것은 남부에 대한 북부의 승리뿐만 아니라 서부의 광대한 농지가 농업무대에 등장한 것을 단적으로 표현해주는 것이었다."

실제로 당시 영국에서 유행하던 노래 중에는 "옛날의 왕 목화는 이미 죽어 묻혔고 새로운 왕 밀이 왕성하고 훌륭하구나!"라는 가사까지 등장했다고 한다. 어디 그뿐인가. 단지 수출만의 문제가 아니었다. 빵은 먹을 수 있었지만 면화는 먹을 수 없었다. 남부엔 기근이 덮쳐 주민들을 공포로 몰아넣었다. 굶주림으로 쓰러지는 사람들이 속출하는 가운데 강도와 질병마저 창궐했다. 병사들마저 굶주림에 시달리는 가운데 전의는 급속히 식어갔다.

이와 같은 밀의 승리에 결정적인 도움을 준 것은 자동수확기였다. 사이러스 홀 매코믹(Cyrus Hall McCormick, 1809~1884)이 발명한 매코믹 자동수확기는 1831년에 현장에 투입되었으며, 1847년 시카고에 수확기 제조공장이 들어섰다. 남북전쟁 직전까지 약 7만여 개의 수확기가 북서부 지방에서 생산되는 소맥의 3분의 2 정도를 거두어들였다. 1831년경엔 118만 명의 노예를 포함하여 미국 노동력의 약 70퍼센트가 땅을 일구는 데 투입되었다. 당시 2에이커의 밀을 수확하기 위해서는 6명의 농민이 하루종일 일해야 했지만, 매코믹의 수확기를 사용하면 2명이 하루 동안 10에이커를 수확할 수 있었다.

수확기의 연간 생산대수는 1851년 1000대, 1859년 4000대를 돌파해 북부에서는 수백만 명의 노예를 대신할 수확기를 충분히 보유할 수 있었고, 이는 남북전쟁 시 북군에게 결정적인 도움을 주었다. 육군장관 에드윈 스탠턴(Edwin M. Stanton, 1814~1869)은 전쟁 당시 매코믹에게 다음과 같은 내용의 편지를 보냈다. "북쪽에서 수확기는 남쪽의 노예들이 하고 있는 일을 대신하고 있소. 그것은 젊은 군인들의 농사일을 덜어줌으로써, 그들이 국가를 위해 전쟁터에서 싸울 수 있도록 하고 있소. 더욱이 수확기는 국가와 군대에 양식을 공급하고 있다오."

역사가 윌리엄 허친슨(William Hutchinson)은 "농업을 혁명적으로 변화시켰던 19세기 전반의 발명품 중 가장 중요한 것은 아마도 수확기일 것이다"라고 말한다. 수확기 다음엔 자동탈곡기가 발명되었고, 1900년대에는 가솔린 트랙터가 말의 대용으로 쓰이게 된다. 매코믹의 회사는 오늘날 인터내셔널 하베스터(International Harvester)의 전신이다.

남부의 담배, 면화, 사탕수수는 많은 노동력을 필요로 하는 작물이었다. 이와 관련, 토크빌(Tocqueville 1997)이 노예제도로 인해 일어나는 노동에 대한 인식의 차이를 예리하게 지적한 건 주목할 만하다. 그는 노예제도가 있는 곳에서는 백인 노동자들을 찾아볼 수 없는 반면 노예제도가 없는 곳에서는 백인들이 어느 직업에 있어서도 활동과 지능을 최대한 발휘하더라고 했다.

남북전쟁이 언어와 종교에 미친 영향

남북전쟁은 언어에도 영향을 미쳤다. 남북전쟁이 끝나고 나서야 비로소 '아메리카 합중국(the United States of America)'이라는 단어에 이어지는 동사가 are라는 복수형태가 아니라 is라는 단수형태로 되었다. 연방정부의 권력이 주권(州權) 위에 있음을 확인한 것이다.

남북전쟁은 여러 영어 단어를 낳았는데, 가장 대표적인 게 '데드라인(deadline)'이다. 이 전쟁에선 포로들의 도주를 막기 위해 포로막사의 담을 둘러싸고 경계선을 그어 놓았는데, 이 선을 넘는 포로는 보초에게 적발되기만 하면 총으로 사살되었다. 이 선을 데드라인이라 불렀는데, 이는 곧 신문의 기사마감시간이라는 의미로 쓰이게 되었다.

매춘부를 뜻하는 hooker도 이때에 생겨났다. 북군사령관 조지프 후커(Joseph Hooker, 1814~1879)의 비전투 종군자들 때문에 생겨난 단어다. 전투지마다 후커의 병사들을 따라다니는 성매매 업자들을 가리켜 후커 사단(Hooker's Division), 후커 비상군(Hooker's Reserves)이라며 장난 삼아 불렀는데, 이게 그만 사전에까지 오르게 되었으니 조지프 후커의 후손들에겐 기가 막힐 일이겠다. hooker는 'Hook'으로도 알려진 뉴욕의 창녀촌인 콜리어스 훅(Corlear's Hook) 구역이 언급되면서 처음으로 기록에 남았다는 설도 있다.

짧은 구레나룻을 뜻하는 sideburns도 남북전쟁의 산물이다. 북군지휘관 앰브로스 E. 번사이드(Ambrose E. Burnside, 1824~1881)는 위에서 아래로 갈수록 넓게 퍼진 귀밑 수염을 기르고 있었는데 이것이 유명해지면서 burnsides로 알려지게 되었다. 이 단어는 10년이 안되어 음절의 순서가 바뀌어 sideburns가 되었는데 그 이유와 과정에 대해선 아무도 모른다.

번사이드 장군은 1871년 11월 17일 전국총기협회(NRA, National Rifle Association) 창설자로도 유명하다. 남북전쟁이 끝난 뒤 북군 출신 재향군인들은 사상자 중 북군이 65퍼센트라는 점에 주목했는데, 북군의 사격술이 떨어졌다는 점이 그 이유로 꼽혔다. 이에 자극받아 번사이드 장군을 중심으로 전국총기협회가 탄생하게 된 것이다.

흑인 노예들의 이름도 달라졌다. 브라이슨(Bryson 2009)에 따르면, "자유를 얻은 대부분의 노예들은 존슨, 존스, 스미스, 로빈슨과 같이 순수한 미국인의 성이나 영웅의 성을 따서 자신의 성으로 삼았다. 따라서 아프리카계 미국인 중에는 워싱턴, 제퍼슨, 브라운(노예제 폐지주의자 존 브라운의 성을 따서), 하워드(남북전쟁 직후 몇 년 동안 해방흑인 관리국의 책임자였던 하워드 장군의 성을 따서)가 비교적 많다. 그런데 이상하게도 링컨의 성을 가진 흑인은 그리 많지 않다는 것은 정말 모를 일이다."

남북전쟁은 종교에도 영향을 미쳤다. 남북전쟁 전부터 미국의 개신교는 신약성서의 요한계시록을 어떻게 보느냐에 따라 두 부류로 나뉘어 있었는데, 전후 요한계시록을 중시하는 남부의 개신교 원리주의가 강화된다. 린드(Lind 2003a)에 따르면, "남북전쟁이 끝나자 승리한 북부 사람들은 남부의 패배와 노예제도의 패배가 하나님의 뜻이라고 생각했다. 그러나 전쟁에서 패한 남부는 거의 반세기 동안 제3세계 국가 취급을 받으면서 경멸당했다. 따라서 남부의 대다수 백인들은 매우 종말론적 인생관을 취했다. 패배와 실망 속에서는 그런 음울한 개신교 원리주의가 잘 먹혀들었다."

남북전쟁 동상과 재현

남북전쟁은 워싱턴 D.C.를 동상의 도시로 만들었다. 워싱턴에 세워진 수십 개의 동상 대부분이 군인이다. 남북전쟁 때 북군의 장군들은 공적 순서대로 주요지역에 세워졌다. 최고공적을 의미하는 연방의회 의사당 앞엔 그랜트 동상, 백악관 옆엔 윌리엄 셔먼의 동상이 세워졌다.

남부군 수도였던 리치먼드의 중심가에는 남부연합의 대통령이었던 제퍼슨 데이비스의 화려한 동상이 있으며, 로버트 리, 스톤월 잭슨(Stonewall Jackson, 1824~1863), 젭 스튜어트(J.E.B. Stuart, 1833~1864) 등 남부군 장군들의 동상도 세워졌다. 리치먼드의 국립전적지공원엔 2003년 4월 초에야 엄청난 논란을 거친 끝에 링컨의 동상이 세워졌다. '남부연합 참전군인의 자손(the Sons of Confederate Veterans)'이란 단체는 남부연합 깃발을 들고 리치먼드 시청사 앞에서 반대시위를 벌였는데, "링컨이 우리 선조들에게 했던 그 파괴적 행동을 용서할 수 없다"는 구호도 있었다. 2차대전 때 영국 총리 처칠의 동상을 적대국이었던 독일 베를린에 세우는 것과 마찬가지라는 주장, 심지어 빈 라덴의 동상을 9·11테러 현장인 뉴욕에 건립하는 것과 같다는 주장도 나왔다. 이런 논란에 대해 한 남부인은 다음과 같이 말한다.

"단도직입적으로 말하겠다. 링컨은 아직도 남부 사람들에게 악한(bad guy)의 이미지가 남아 있다. 물론 남부 사람들이 링컨의 긍정적인 면을 외면하는 것은 아니다. 그렇지만 정서적으로 악한의 이미지는 뿌리 깊다."(박보균 2005)

미국엔 지금도 매년 남북전쟁을 '재현(reenact)'하는 사람들이 있다. 이들은 남북전쟁 당시 병사들의 의상을 입고 북군 군복인 '블루(Blue)' 대 남군 군복인 '그레이(Gray)'의 대결을 벌인다. 북부군을 연기하는 집단도 있고 남부군을 연기하는 집단도 있다. 실제의 전장은 현재 국립공원이나 주립공원 혹은 공동묘지로 되어 있으므로 인근장소에서 재현한다. 전쟁 당시의 각종 물품을 취급하는 시장도 해마다 한 번 열리며, 참가자들은 개별전투에 대해 치밀하게 연구한다. 북부인이나 외국인도 참가하며 북부나 캘리포니아에서도 전투가 재현되는 경우도 있다.

일부 언론은 이처럼 과거의 남부를 재현하려고 애쓰는 사람들을 인

1890년 로버트 리 장군 동상 제막식.

종차별주의자라든지, 한 세기 반 전에 흑인을 노예화한 백인을 칭송하는 사람들이라고 화제로 삼는다. 북부인들은 "아직도 남북전쟁을 벌이고 있다"며 그런 남부인들을 비난하지만, 재현 참가자들의 생각은 다르다. 재현 지지파의 리더인 토머스 카트라이트(Thomas Cartwright)는 다음과 같이 말한다.

"이는 역사와 전통의 문제입니다. 남성이나 여성이나, 목숨을 내던진 사람들은 모두 일종의 '고귀함'을 갖고 있었습니다. 명예를 위해서라면 무엇이든 희생할 수 있었던 것이죠. 자기 목숨마저도. 즉, 자신의 일보다는 다른 사람의 일을 언제나 중요시한 것입니다. …… 그렇게 함으로써 거꾸로 현재를 고맙게 느낄 수 있는 것입니다. 선조들이 경험한 고난을 단 며칠 동안이라도 체험하는 것만으로, 더욱이 '남북전쟁의 시간'이라고 할 수 있는 시간도 경험할 수 있습니다. 모닥불을 에워싸고 있을 때나 전투를 재현하고 있을 때, 그 시대를 느끼는 것입니다. 다만 그뿐입니다."(Vardaman 2004)

남부연합기 논쟁

남북전쟁 때의 남부연합기 문제는 여전히 현재진행형인 이슈다. 2000년 3월 4일 미합중국으로부터 분리독립을 요구하는 남부연방 분리주의자 약 2500명이 앨라배마주 주도 몽고메리에서 남부연합기를 앞세우고 시위를 벌였다. 이들은 남북전쟁 당시의 회색 남군 복장을 입고 시위를 한 뒤 남부분리의 첫 단계 조처로 '남부문화 독립선언문'을 채택하기도 했다. 이해 5월엔 사우스캐롤라이나주 정부청사의 남부연방기 게양이 뜨거운 논란을 불러일으켰다. 노예시대와 민권탄압을 상징하는 이 깃발의 게양문제로 지지론자와 반대론자들이 시위와 맞시위로 실력대결을 벌였는데, 결국 주의회의 결정으로 5월 18일 이 깃발이 일단 국기게양대에서는 사라지게 되었다. 하지만 이 사건은 미합중국에 대한 골수 남부주민들의 반감이 여전히 살아 숨쉬고 있음을 단적으로 보여주었다.

2001년 새로 만들어진 조지아주기의 한 부분에는 그 전보다는 작은 크기이긴 하지만 여전히 남부연합기가 그려졌는데, 주 상원과 하원은 '남부연합의 역사적 중요성을 인식하기 위해' 비판적 여론에도 불구하고 그 같은 결정을 내렸다고 발표했다.

2003년 민주당 대선후보 경선에서 하워드 딘(Howard Dean)은 공화당 지지성향의 남부백인을 민주당 편으로 끌어들이고 싶다는 뜻을 피력하기 위해 "나는 픽업트럭에 남부연합기를 달고 다니는 사람들을 위한 후보가 되고 싶다"고 말했다. 이 발언이 논란을 빚자, 딘은 "노예제도와 인종주의 탄압의 역사를 강하게 기억하고 있는 사람들에게 남부연합기는 고통스러운 상징"이라는 점을 인정하면서 사과했다.

2009년 2월 링컨 탄생 200주년 추모 분위기가 북부를 휩쓴 가운데 남부는 '썰렁한' 분위기를 보여 대조를 이뤘다. AP 통신은 "1860~1861년 연방에서 탈퇴해 '남부연합'을 구성했던 남부 11개주 대부분에서 뚜렷하게 차분한 분위기다"며 "남부는 여전히 링컨의 땅이 아니다"고 전했다. '링컨 탄생 200주년 기념 전국위원회'는 각 주정부에 탄생 200주년 기념행사 운영위원회 구성을 촉구했으나, 연방을 탈퇴했던 11개주 가운데 앨라배마와 루이지애나주 2곳만 구성했다. 남부연합의 두 번째 수도였던 리치먼드가 있는 버지니아주에서는 주의원들이 기념위원회 구성을 거부했다. 자신의 조상이 남부군에 참여했던 로버트 램(Robert Lamb) 의원은 "우리 땅에 쓰레기를 버리도록 군대를 보낸 대통령을 기념할 수는 없다"고 주장했다.

이제 남부가 그렇게 큰소리를 치게도 되었다. 오늘날 미국의 경제지도는 이른바 남부 '선벨트(Sunbelt)'를 중심으로 뒤바뀌고 있다. 남북전쟁 당시 남부연합 11개주의 최근 20~30년간 인구성장은 전국 평균의 2배를 웃도는 수준이다. 남부의 복수인가? 우리 산책의 끝부분에서 자세히 살펴보기로 하자.

참고문헌 Bryson 2009, CCTV 2007, Chancellor 2001, Desbiens 2007, Englert 2006, Foster 2001, Gordon 2002, Gross 외 1997, Huberman 2001, Jacob 2005, Lind 2003a, Sawers & Tabb 1984, Tannahill 2006, Tocqueville 1997, Vardaman 2004, Weil 2003, 국기연 2000, 김동춘 2004, 김명수 2005, 김순배 2009, 김준봉 2002, 박보균 2005, 박진빈 2003, 이보형 2005, 진인숙 1997

"남부는 살아날 것이다!"
링컨 암살

'위대함의 동력이었던 우울증'

1865년 4월 14일 금요일 저녁 링컨은 아내와 알고 지내던 젊은 부부 한 쌍과 함께 연극 〈우리 미국인 사촌(Our American Cousin)〉을 보기 위해 워싱턴 시내에 있는 포드 극장으로 갔다. 그는 포드 극장에서 연극관람 중 배우이며 남부연합의 애국자로 27세의 존 윌크스 부스(John Wilkes Booth, 1838~1865)의 총에 맞아 중상을 입어 이튿날 아침 사망했다.

부스의 공모자들은 동시에 다른 암살도 시도했다. 국무장관 윌리엄 슈어드는 집에 있다가 암살자의 총에 맞아 부상당했으며, 그랜트 장군과 부통령 존슨(Andrew Johnson, 1808~1875)에 대한 암살기도도 있었으나 성공하지 못했다. 육군장관 에드윈 스탠턴이 사태의 수습에 나서 워싱턴에 계엄령을 선포했다.

링컨 암살범인 부스는 링컨에게 총을 쏘면서 "독재자의 말로를 보라!" "남부는 살아날 것이다!"라고 외치고 미리 대기해놓은 말을 타고

고향 일리노이주 스프링필드로 돌아가는 링컨의 장례 열차.

도망쳤는데, 부스의 머리엔 5만 달러의 현상금이 걸렸다. 그는 4월 26일 투항을 거부하다 총에 맞아 숨졌다. 4월 18일부터 남부연합 전역에서 산발적인 저항이 일어나지만 5월 들어 종식되었다. 남북전쟁 이후 가톨릭을 적대시하는 북부 프로테스탄트 토착주의가 부활했는데, 그 결과 링컨이 가톨릭세력의 음모로 암살되었다는 주장도 나왔다.

링컨의 장례식은 거국적인 행사로 치러졌다. 4월 21일 아홉 칸으로 이루어진 링컨의 장례열차가 링컨의 고향인 일리노이주 스프링필드로 가는 1600마일의 여행을 시작했다. 장례열차가 뉴욕시에 도착했을 땐 8만5000명의 사람들이 장례차를 따라서 거리를 행진했으며, 클리블랜드에선 15만 명이 영구차를 따라갔다. 이처럼 암살은 '링컨 신화'의 결정적 계기가 되었다. 쿡(Cooke 1995)에 따르면, "링컨이 압도적인 명성을 얻고 있는 가장 큰 이유는 그가 암살되었다는 사실에 있다. 암살되고 나서 비로소 그는 성인의 대열에 참가한 셈이다. 미합중국에서는 암살된 대통령에게는 아낌없는 찬사가 베풀어지는 것이 상례인데, 링컨은 그중에서도 가장 대표적인 인물일 것이다."

훗날 링컨은 우울증 환자였다는 주장이 제기되었다. 우울증에 걸리게 된 첫 번째 이유로 지목된 건 개인적인 비극이다. 링컨은 첫사랑 앤 러틀리지(Ann Rutledge, 1813~1835)를 내내 잊지 못했다. 두 사람은 1835년 약혼했으나 그해 8월 앤이 장티푸스로 세상을 떠났다. 어머니와 누나(링컨 18세에 사망)에 이어 사랑하는 연인까지 잃은 뒤, 그에겐 병적인 우울증이 따라붙었다. 그의 우울증은 게이설(說)로 이어진다. 친구 조슈아 프라이 스피드(Joshua Fry Speed, 1814~1882)와 4년간 같은 침대를 썼으며, 스피드의 결혼 때문에 우울했다는 주장이다. 하지만 많은 학자들은 19세기에는 남자끼리도 같은 침대에서 자는 경우가 많았다고 게이설을 반박한다.

결혼 후에도 링컨의 비극은 계속 이어졌다. 네 아들 중 한 아들은 일찍 죽었고 백악관에서만 두 아들이 병으로 죽자 부인 메리(Mary)는 심한 정신적 충격으로 한때 정신과 치료를 받기까지 할 정도였다. 오직 한 아들 로버트(Robert Todd Lincoln, 1843~1926)만이 성장하여 후에 가필드(James A. Garfield, 1831~1881) 행정부에서 육군장관을 지냈다.

링컨에게 '우울증은 나의 힘'이었다. 앤드루 델반코(Andrew Delbanco)는 1998년 하버드대학 강의에서 링컨은 개인적 절망감을 원동력으로 삼아 공적 활동을 펼쳤다며 "정의를 사수하려는 열정이 우울증 치료책이 될 수 있다는 것이 우리가 링컨의 삶에서 얻을 수 있는 교훈이다"고 주장했다. 조지아 울프 솅크(Joshua Wolf Shenk)는 2005년 『링

컨의 우울증: 대통령의 고초이자 위대함의 동력이었던 우울증(Lincoln's Melancholy: How Depression Challenged a President and Fueled His Greatness)』에서 링컨이 열정을 가지고 정의를 무엇보다 우선시한 것은 바로 링컨의 사고방식이 본래 우울했기 때문이라고 주장했다.

제17대 대통령 앤드루 존슨

부통령으로서 링컨을 승계한 제17대 대통령 앤드루 존슨은 '인간승리의 표본'이라 부를 만한 인물이었다. 노스캐롤라이나 롤리에서 호텔 짐꾼의 아들로 태어난 존슨은 아버지가 세 살 때에 사망해 정규교육을 한 번도 받아보지 못한 채 아홉 살 때부터 재단사 도제로 일했다. 존슨은 17세에 그곳을 도망쳐 테네시주 그린빌에 양복점을 차렸으며, 이듬해에 16세의 엘리자(Eliza)와 결혼했다. 엘리자에게 글을 배운 존슨은 이후 성공을 거둬 지방정계에 진출했다.

잭슨식 민주당원이었던 존슨은 연방 하원의원, 테네시 주지사, 상원의원을 역임했다. 상원의원 시절엔 이주민들에게 공유지 불하를 허가해주는 홈스테드법 입안자의 한 사람으로 활동했다. 1860년 선거에서는 민주당 대통령 후보지명을 받기 위해 뛰었으나 링컨이 대통령에 당선된 뒤로는 연방에 충실했다. 1861년 그는 연방탈퇴주 상원으로는 유일하게 의회에 남은 인물이 되었다. 링컨은 그를 남부 경계주들의 표를 끌어모을 수 있는 인물로 판단해 러닝메이트로 선택한 것이다.

존슨은 자신이 중산층의 친구라고 주장했다. "한쪽 끝에서 하층민들이 떨어져나가고 또다른 한쪽에서 귀족들이 떨어져나가면 그 나라는 모든 것이 잘될 것입니다"라는 것이 그의 중산층 친구론의 핵심이

『하퍼스 위클리』 1986년 4월 11일자에 실린 앤드루 존슨 대통령의 탄핵재판 장면.

었다.

남북전쟁후 남부의 반역주들에는 군 장성들에 의한 임시군정이 수립되었다. 링컨의 계획은 탈퇴한 주들을 온건하고 조화롭게 연방에 복귀시키는 것이었기에, 남부인들은 충성서약을 하는 것만으로 간단히 연방시민권을 회복할 수 있었다. 어떤 주는 주민 10퍼센트의 서약으로 정부가 수립되기도 했다. 이에 급진파 공화당 의원들은 좀더 엄격한 조건을 원했지만, 링컨 사망후 대통령이 된 존슨은 '복구'에 대한 링컨의 온건정책을 그대로 수용했다. 따라서 남부주들도 노예제 철폐를 골조로 하는 1865년 12월의 수정헌법 13조만 비준하면 다시 주의 자격을 회복할 수 있었다.

급진파 공화당의원들은 이런 온건정책에 반발했는데, 이들은 남부의 처벌을 원했다. 의회는 줄잡아 400만에 이르는 해방노예들을 도와주려는 목적으로 자유민위원회를 구성했고, 그 다음에는 민권법(1866)을 제정하여 흑인의 시민권을 인정하고 그들의 권리를 제한하려는 주들의 권한에 제동을 걸었다. 존슨은 이 법안에 거부권을 행사했지만, 공화당의원들의 표가 대통령의 거부권을 무효화시키는 미국 역사상 초유의 사태가 발생했다. 그 결과 존슨은 허약한 대통령이 되었다.

재건법과 로버트 리의 분노

이 거부권 무효화는 행정부와의 권력투쟁에서 주도권을 잡은 의회의 상징이 되었고, 뒤이어 의회와 정부의 투쟁이 계속되면서 1867년 3월 일련의 재건법(Reconstruction Act)이 통과되었다. 첫 번째 조치로 남부는 장군들의 지배를 받는 군사지역으로 분류되었다. 링컨의 당초 계획과는 달리 남부주들은 주헌법과 흑인에게도 시민권을 확대한 수정헌법 14조(1866년 6월 16일 발의, 1868년 7월 28일 비준)를 받아들이는 경우에만 주 자격을 획득할 수 있었다.

전후 남부는 모든 게 파괴된 비참한 상태였다. 남부 전역에서 북부 백인들에 의한 폭력이 난무했다. 예컨대, 1866년 5월 테네시의 멤피스에선 백인들이 46명의 흑인을 살해했으며, 5명의 흑인여자를 강간했고, 90채의 가옥과 12개의 학교 4개의 교회가 불타버렸다. 이 백인들은 대부분 연방군 전역자들이었다. 1866년 여름 뉴올리언스에서도 폭동에 의하여 35명의 흑인과 2명의 백인이 살해되었다.

재건을 한다고 했지만, 말이 좋아 '재건'이지, 재건은 또다른 착취였다. 공화당이 남부에 수립한 꼭두각시 정부는 착취의 도구이거나 방관자에 불과했다. 로버트 리 장군은 1870년에 사망하기 직전 텍사스 전 주지사인 플레처 스톡데일(Fletcher Stockdale, 1823~1890)에게 한(恨)을 토로했다. 그는 공화당이 남부 사람들을 어떻게 대했는가를 볼 때 자신은 애퍼매턱스에서 항복하는 대신 차라리 휘하 병사들과 함께 최후의 결전을 치르고 전사했으면 좋았을 거라며 다음과 같이 말했다.

"만약 북부 사람들이 승리를 그런 방법으로 활용할 줄 내가 미리 예견했더라면 애퍼매턱스 코트하우스에서 그렇게 항복하지 않았을 거야. 그럼, 아니고 말고. 항복의 대가가 그럴 줄 알았다면 차라리 애퍼매턱스에서 내 용감한 병사들과 함께 오른손에 칼을 쥐고 싸우다 죽었을 걸세."

1913년 남부 출신 정치인 4명이 리의 생일을 기리자는 취지로 워싱턴 D.C.에서 알팔파(Alfalfa)라는 사교클럽을 만들었다. 2009년 1월 31일 버락 오바마 대통령은 알팔파 클럽 만찬에서 "리 장군이 살아 있다면 202살인데, 지금 이 자리에 있다면 무척 헷갈렸을 것"이라고 농담을 던졌다.

제국의 탄생

남북전쟁 후 이제 죽어나는 건 인디언이었다. 1865년 7월 군 사령관 그랜트는 정부가 보조하는 철도건설을 위해 셔먼 장군에게 평원의 인디언을 제거하라는 임무를 부여했다. 1866년 셔먼은 그랜트에게 이런 편지를 썼다. "우리는 인디언 도둑떼가 철도의 건설을 방해하거나 중단하도록 놔두지 않을 것입니다. 수족 인디언을 여자와 아이들까지 완전히 멸종시키는 보복전쟁을 열심히 전개해야 합니다." 이어 셔먼은 휘하 군대에 이렇게 지시했다. "인디언 촌락을 공격할 때 병사들은 남자와 여자, 노인과 아이를 구분하지 마라. 조금이라도 저항이 있을 경우에는 즉각 죽음을 내려라."

이 시기 인디언 살육의 가장 유명한 투사는 셔먼과 더불어 필립 H. 셰리든(Philip H. Sheridan, 1831~1888)이었다. 이 두 사람의 이름은 "선량한 인디언은 오로지 죽은 인디언뿐"이라는 내용의 공동발표문에도 나란히 올랐다. 셰리든은 솔직했다. 그는 "우리는 그들의 나라와 그들이 생활을 유지하는 방법을 빼앗았다. 그래서 그들은 이런 정책을 반대하며 투쟁하는 것이다. 어느 누가 이만큼도 안 하겠는가?"라고 물었다.

"선량한 인디언은 오로지 죽은 인디언뿐"이라는 발상은 셔먼의 아이디어였을 것이다. 그는 전쟁 중에 남부 탈퇴론자들을 가리켜 "죽음이 곧 자비"라고 말한 적이 있었기 때문이다. 셔먼도 링컨처럼 철도회사들과 가까운 인물이었다. 그는 동생인 상원의원 존 셔먼(John Sherman, 1823~1900)에게 철도에 정부보조금을 지원하라고 강권했다. 셔먼은 나중에 철도회사에 이득을 안겨준 대가로 네브래스카의 오마하 인근에 위치한 방대한 토지를 시중 가격의 3분의 1로 매입할 수 있었다.

인디언 사냥엔 수백 명의 해방노예들이 가세해 '버펄로 부대'를 형성했다. 역사적인 아이러니였다. 딜로렌조(DiLorenzo 2003)는 "리 장군이 항복한 지 불과 석 달 만에 평원 인디언을 상대로 한 전쟁이 개시되었다는 사실은, 남부의 인종차별 때문에 북부인들이 그렇듯 길고 파괴적인 전쟁을 벌였다는 주장을 또다시 의심스럽게 만든다"며 다음과 같이 말한다.

"남군과 인디언은 둘 다 대륙횡단철도에 보조금을 지급하고, 은행제도를 국유화하고, 보호관세를 유지함으로써 북아메리카 경제제국을 건설하려는 휘그당 / 공화당의 꿈을 방해하는 걸림돌이었다. 따라서 그 두 집단은 가장 폭력적인 방식으로 정복되고 진압되어야 했다. 미국 국가의 성격은 순식간에 크게 바뀌었다. 건국자들이 수립한 국가는 시민의 생명, 자유, 재산을 보호하는 것을 주요 책무로 삼았지만, 이제는 목적을 달성하기 위해서라면 개인의 자유를 짓밟고 헌법을 무시하는 짓도 서슴지 않는 팽창주의적이고 제국주의적인 열강이 된 것이다. 집중화된 권력에 대해 주들이 제동을 걸 수 있는 권리가 폐기되자 그 과정은 탄탄대로에 올랐다."

베어드 부부(Charles & Mary Beard)는 『미국 문명의 등장(The Rise of American Civilization)』(1927)에서 남북전쟁을 '제2차 미국혁명(Second American Revolution)'이라고 평가했다. 전쟁의 결과, 남부의 대농장 귀족계급이 몰락하고, 북부와 서부의 산업자본가 세력이 팽창하게 되어 미국의 산업화가 강력히 추진되었다는 의미에서다. 많은 역사가들이 이 해석을 따랐으나, 이에 대한 반론도 만만치 않다.

제1권에서 보았듯이, 토머스 제퍼슨(Thomas Jefferson, 1743~1826)이 제3대 대통령에 당선된 1800년의 대통령 선거는 '1800년의 혁명' 또는 '제2차 미국혁명'으로 불린다. 이걸 정치적 혁명이라고 한다면, 남북전쟁은 사회경제적 관점에서의 '제2차 미국혁명'이라고 할 수 있겠다. 그러나 총체적인 국가적·국제적 관점에서 보자면 남북전쟁은 '제국의 탄생'을 가져온 혁명이라고도 볼 수 있다.

1865~1877년의 '재건' 정책은 국가권력을 워싱턴 D.C.의 중앙정부로 통합시키고, 이후 약 70년간 공화당이 정치적 패권을 장악하는 결과를 가져왔다. 그 기간 중 민주당 대통령도 탄생했지만 공화당의 중상주의 정책기조는 그대로 유지되었다. 딜로렌조(DiLorenzo 2003)는 "링컨과 공화당은 분명히 대의를 가지고 있었다. 그것은 바로 집중화된 정부와 제국의 추구라는 대의였다"고 말한다. 그렇다. 링컨은 미국이 제국주의 국가로 나아가게 되는 초석을 놓은 인물이다. 미국의 국가주의적 영웅일 수는 있어도, 적어도 약소국가에서 영웅으로 환호할 만한 인물인지는 생각해볼 문제라 하겠다.

참고문헌 Cooke 1995, Davis 2004, DiLorenzo 2003, Dole 2007, Harman 2004, Johnson 2009, Loewen 2001, Porter 1998, Zinn 1986, 권용립 2003, 나윤도 1997-1998, 신정선 2009, 임용순 1995, 최우석 2009

미국과 조선의 만남
제너럴 셔먼호 사건

셔먼호는 '무장 해적선'

1866년 8월 미국 상선 제너럴 셔먼(General Sherman)호가 조선 측의 퇴거 요청에도 불구하고 대동강을 침입, 평양에 접근해 조선 군인을 납치하는가 하면, 식료를 약탈하고 많은 인명을 살상하는 사건이 발생했다. 제너럴 셔먼은 미국 남북전쟁 당시의 전쟁영웅의 이름이었지만, 그를 기념해 이름을 딴 제너럴 셔먼호는 사실상의 '무장 해적선'이었다. 김용구(2001)는 "이것을 이른바 제너럴 셔먼호 사건이라고 부르지만 실은 미국의 한 상선이 저지른 해적 행위였다"고 평가한다.

셔먼호는 철수하는 대가로 많은 미곡·금·은·인삼을 요구하는 등의 난동을 부리다가, 9월 2일(음력 7월 24일) 현지 관민들의 화공(火攻)을 받고 침몰했으며, 선원들도 모두 살해당했다. 모두 19명이었으며, 조선측 사상자 수는 13명이었다. 나중에 미국측도 셔먼호 선원들이 모두 살해된 이유는 그들이 조선인들에게 난폭하게 행동한 데 있

제너럴 셔먼호의 모습. 상선으로 팔리기 전에는 프린세스 로열(Princess Royal)호였다.

다는 사실을 확인했다.

셔먼호의 통역을 맡은 영국인 목사 토머스(Robert J. Thomas, 1839~1866)는 조선군의 화공을 받기 전 대동강 주변 주민들에게 500여 권의 성경을 배포하는 등 전도를 했다. 그는 1년 전인 1865년 9월에도 황해도 소래(松川, 솔내) 근처에서 2개월 반을 머물면서 한문으로 쓰인 복음서책을 주민들에게 나누어준 적이 있었다. 그는 런던의 선교회가 조선 선교가 위험하다는 이유로 허락을 하지 않자, 이번엔 미국 상선을 타고 온 것이었다.

조선군의 화공이 이루어지자 토머스는 한 손에 백기를 들고 다른 한 손에는 성경책을 들고 하선했는데, 한 병사가 칼을 뽑아 들고 토머스에게 가까이 다가왔다고 한다. 이에 대해 오문환은 다음과 같이 말했다.

"그동안 토머스는 두 무릎을 모래사장에 꿇고 머리를 숙여 땅에 댄 후 얼마동안 최후의 기도를 올리고 다시 일어나서 군졸에게 성경 받기를 권했으나 그 군졸은 그의 말을 충분히 이해하지 못했을 것도 사실이려니와 환경이 그것을 허락지 않는지라 마침내 칼을 그의 가슴에 대어 하나님의 충복(忠僕) 토머스 선교사의 귀여운 생명을 빼앗고 말았다."(김수진 2001)

그러나 김명호는 셔먼호 일당 중 조선어 통역으로 승선해 우두머리처럼 행세한 영국 런던 선교회 소속의 토머스 목사는 종래 기독교계로부터 '순교자'로 예찬돼왔지만, 토머스의 피살은 선교 이유보다는 당시 평양 군민들을 살상해 침략자들의 '괴수'로 죽임을 당한 것이라고 주장했다.(최영창 2005) 토머스를 죽이는 데에 앞장선 박춘권은 죄책감을 느끼고 훗날 천주교로 개종해 전도사로 활약했다.

박규수의 활약

당시 제너럴 셔먼호를 대동강에서 격퇴시킨 주인공은 1866년 4월 초 평양감사로 부임한 박규수(1807~1877)였다. 박규수는 셔먼호의 격퇴로 양이공신(攘夷功臣)으로 칭송받았으며, 그후 형조판서와 한성판윤을 거쳐 1874년 우의정까지 올랐다. 그가 셔먼호를 격퇴시킨 것은 열강의 무력적 침략에 맞서서 조선을 보호하고자 한 것이었을 뿐, 그는 개국통상론으로 기울어져 있는 인물이었다.

박규수는 대동강에 가라앉은 제너럴 셔먼호의 선체(길이 55미터, 너비 15미터, 높이 9미터)와 엔진을 끌어올려 서울로 보내서 중국의 위원(魏源, 1794~1856)이 아편전쟁으로 충격을 받고 쓴 『해국도지(海國圖志)』(1847~1852)의 설명대로 증기선의 실험을 하도록 대원군(이하응, 1820~1898)에게 권고했다. 대원군은 그 선체를 모방하여 철갑선 한 척을 만들게 한 뒤, 직접 진수식에 참석했다. 숯불로 기관을 발동시킨 배는 움직이긴 했지만 속도가 매우 느려 1시간에 10여 보밖에 나아가지 못했다. 이는 『조선정감(朝鮮政鑑)』의 기록에 따른 것인데, 김원모(1992)는 "신빙성이 희박하다"고 주장한다.

김명호(2005)는 "셔먼호 사건에 관한 종래의 논의에서 토머스의 존재가 부당할 정도로 크게 부각되었던 데 비해, 이 사건에 성공적으로 대처한 평안감사 박규수에 대해서는 그에 상응하는 적극적 관심과 평가가 따르지 못한 사실은 자못 기이한 느낌을 준다"며 다음과 같이 주장한다.

"이처럼 박규수의 활약이 경시되어온 데는 대원군 집권이므로 대원군의 지시를 일방적으로 따랐으리라는 선입견이나 김일성의 증조가 셔먼호 격침을 진두지휘했다는 주장이 적잖은 영향을 끼쳤던 것으로 보인다. 그들의 존재에 가리어 박규수의 활동이 제대로 조명되지 못한 탓일 것이다."

김일성 증조가 셔먼호 격침을 지휘했나?

김일성(1912~1994)의 증조가 셔먼호 격침을 진두지휘했다는 주장은 무엇인가? 북한 사회과학원 역사연구소(1988)는 "미국 해적선 '샤만'호를 소멸하기 위한 창발적인 전법을 발기하고 몸소 투쟁의 앞장에 선 사람은 김일성 동지의 증조할아버지인 김응우 선생님이었다"며 다음과 같이 주장한다.

"해적선이 대동강에 기어든 이래 그의 동태를 경각성 있게 주시하던 김응우 선생은 썰물과 밀물의 차이가 심한 대동강의 특성과 과거

우리 선조들이 외적을 무찌르기 위한 싸움에서 이룩한 풍부한 군사경험, 적아간의 무장장비의 차이 그리고 멸적의 기세 드높은 인민대중의 불타는 애국심 등을 타산해 불배를 띄워보내는 '화공전술'로써 적을 소멸하는 데 대한 창발적 발기를 하였다. …… 김응우 선생은 실로 우리 조국청사에 길이 빛날 불멸의 업적을 쌓아올렸으며 이 싸움마당에 떨쳐나선 인민들은 무비의 영웅성과 애국적 헌신성을 유감없이 발휘하였다."

그러나 김원모(1992)는 "김일성 우상화작업은 바로 김응우 등장에서부터 비롯된다"며 "역사기록에서 전연 나타나지 않은 가공인물을 만들어서 등장시킨 허구적 기술"이라고 평가한다. 또 김원모는 "여태까지 한미 학자들은 셔먼호가 평양 대동강에 나타났을 때, 평양 군민은 이를 미국 상선인 줄 알고 고의적으로 공격, 이를 소파(燒破)하고 선원을 학살했다고 기술함으로써, 그 당시 조선인의 대미 적대감정 및 배외사상을 강조하고 있었다"며 그러나 "평양 군민은 결코 문제의 배가 미국 상선인 줄 몰랐다"고 주장한다.

김명호에 따르면 박규수는 무장한 철제상선인 셔먼호에 비해 조선 측의 무력이 열세에 있는 것을 깨달은 데다 『해국도지』의 영향을 받아 서양과의 분쟁으로 개전(開戰)의 구실을 주지 않으려 노력했지만, 셔먼호의 도발이 계속되자 이를 섬멸키로 하고 화공작전을 감행했다. 이런 조치가 대원군의 명령을 따른 것이라거나 김일성의 증조 김응우가 화공작전을 진두지휘했다는 설 등은 근거가 박약하다는 것이다.

김명호는 대원군과 박규수가 대미정책에서 대립한 것으로 보는 기존견해는 잘못이라고 주장했다. 대원군은 배외(排外)정책을 추진하고 박규수는 대미수교를 원했다는 설명은 사실과 어긋나며, 대원군과 박규수는 서로 긴밀하게 협조하며 미국과의 분쟁을 외교적으로 해결하려 했다는 것이다. 제너럴 셔먼호 사건은 약 5년후 역사상 최초로 조선과 미국이 충돌하는 신미양요의 한 원인이 된다.

참고문헌 강재언 1995, 김명호 2005, 김수진 2001, 김영재 1992, 김용구 2001, 김원모 1992, 사회과학원 역사연구소 1988, 송병기 2005, 안종묵 1997, 이광린 1997, 이한수 2005, 최영창 2005

제4장
제국 인프라의 건설

'위대한 땅'
알래스카와 카우보이

미국의 알래스카 구입

1725년 러시아 표트르 1세(Pyotr I, 1672~1725)가 파견한 덴마크인 비터스 베링(Vitus Bering, 1681~1741)이 이끄는 탐험대는 시베리아와 북미 대륙을 연결하는 해협을 발견했다. 이 해협은 그의 이름을 따서 베링 해협으로 불린다. 베링은 아울러 알래스카 본토를 발견했지만, 러시아는 별 관심을 두지 않았다. 처음엔 모피교역이 활발했으나 러시아의 관심이 줄어들면서 사실상 방치되다시피 했다.

동유럽 크리미아전쟁에서 힘을 소진한 러시아는 1850년대 들어 국가재정이 어려워졌다. 캐나다에 있는 영국군이 알래스카로 밀고 들어오는 걸 염려한 러시아 로마노프(Romanov) 왕조는 그럴 바엔 차라리 알래스카를 미국에 파는 게 낫겠다고 생각했다. 1867년 3월부터 협상에 들어가 3주 만에 결정이 났는데, 판매 가격은 720만 달러였다. 알래스카 전체 면적은 58만6000평방 마일로 텍사스의 2배, 한반도의 2.6배

알래스카 구입에 사용한 미국의 지불필 수표.

이니, 6000평당 1센트의 가격이었다.

이 구입을 성사시킨 주인공은 링컨 행정부를 포함해 1861년부터 1869년까지 국무장관직을 지낸 윌리엄 슈어드였다. 이 거래는 미국측 입장에서 훗날 두고두고 칭송의 대상이 되지만, 당시엔 놀랍게도 조롱거리가 되었다. 상하원 의원들은 이구동성으로 "육지와 연결조차 되지 않은 '아이스박스'를 가지고 무엇을 하려는 것이냐"며 강하게 반발했다. '슈어드의 사기'니 '슈어드의 아이스박스'니 '슈어드의 어리석음'이니 하는 비아냥거림과 조롱이 난무했다. 슈어드는 곧 캐나다도 손에 넣을 것이므로 알래스카로의 통로를 얻게 될 것이라는 말로 비판자들을 달래가면서 의회의 승인을 얻어내는 데에 성공했다.

열정적인 팽창주의자였던 슈어드는 실제로 아일랜드 이민자들을 배후조종하여 이들이 버몬트를 통하여 캐나다를 침략하도록 촉구하는 등의 방법으로 캐나다를 미국의 주로 편입하려고 했다. 이에 놀란 영국은 서둘러 1866년 캐나다를 영국령 자치국으로 독립시켜버렸다.

또한 슈어드는 멕시코시티를 미래의 수도로 삼을 것을 기대했다. 역사가 월터 라페버(Walter La Feber)가 "슈어드가 링컨의 국무장관이 될 때 바로 새로운 제국이 시작되었다"고 말하는 것도 무리는 아니다.

비록 슈어드의 그런 기대는 실현되지 않았지만, "미국인들이 알래스카의 가치를 발견하려면 한 세대가 지나야 한다"는 슈어드의 주장은 정확히 맞아떨어졌다. 실제로 30년후인 1897년 알래스카에선 금광이 발견되었다. 어디 그뿐인가. 알래스카는 풍부한 어장, 산림자원 등 자원의 보고임이 곧 드러났다. 알래스카는 에스키모(Eskimo)의 언어로 '위대한 땅'이란 뜻인데, 알래스카는 말 그대로 '위대한 땅'임이 확인되었다. 알래스카는 1959년 미국의 49번째 주로 승격된다.

슈어드는 1867년 하와이에서 서쪽으로 1200마일 떨어진 조그만 미드웨이(Midway)섬들도 미국에 병합시켰다. 당시 '아시아로 가는 발판'으로 여겨진 하와이는 어떤 상황에 처해 있었던가? 태평양 한가운데에 있는 하와이 제도는 19세기 초 이래로 중국과 무역을 하던 미국 선박을 위한 중요한 거점이었다. 미국인 거주자가 늘어나면서 상업적 이해관계가 하와이를 미국의 세력권으로 편입시켰다. 처음에 미국은 강대국인 영국을 견제하기 위해 하와이 독립을 열렬히 지지했다. 1842년 타일러 대통령은 "미국은 하와이 정부에 대해 어떠한 특권이나 독점적 통제권을 가질 의사가 없으며, 하와이의 안전과 번영을 진심으로 기원하는 동시에 독립을 지지한다"고 선언했다. 이는 영국과 프랑스의 개입을 저지하기 위한 먼로 선언의 재확인이었다.

미국은 1873년 미국 이주민들을 보호한다는 명분으로 미 해병대를 하와이에 상륙시킨다. 1874년 그랜트 대통령은 하와이 국왕 칼라카우아(Kalākaua I, 1836~1891)를 초청해 미국 최초의 백악관 국빈만찬을 베풀더니, 1875년 조약을 통해 하와이산 설탕이 미국에 면세로 수입될 수 있게 했다. 이렇게 함으로써 하와이 왕국이 다른 열강들에게 어떠한 영토적·경제적 양보를 하지 못하게 만들었다. 1884년엔 미 해군이 절실히 원했던 진주만을 얻으며, 거의 요리가 끝난 하와이를 입에 삼키는 것은 1890년대에 이루어진다.

텍사스 카우보이의 등장

알래스카보다 더 위대한 땅은 미국 본토였다. 특히 미시시피-미주리-오하이오의 땅은 아주 기름지고 검어서 시인 로버트 프로스트(Robert Lee Frost, 1874~1963)는 "그 흙이 먹을 수 있을 정도로 좋다"고 묘사하기까지 했다. 목축을 할 수 있는 땅은 끝을 모를 정도로 넓었다. 1860년대 후반부터 그간 방치되다시피 했던 미국의 드넓은 평원에 엄청난 규모의 소떼를 모는 사나이들이 나타났으니, 그들이 바로 미국을 상징하기도 하는 카우보이다. 원래 카우보이란 말은 독립전쟁 당시에 영국 왕실을 지지하는 사람들을 깎아내리는 말로 쓰였다. 그것이 현대적인 의미를 가지게 된 것은 1867년부터였다.

남북전쟁이 끝났을 때 텍사스 목장에는 약 500만 마리의 소떼가 있었다. 동부에선 영국산 숏혼을 키운 반면, 텍사스의 소는 스페인산 롱혼이었다. 롱혼은 무엇이든 닥치는 대로 잘 먹고 석 달 동안 하루에 16~19킬로미터를 이동할 수 있는 탁월한 기동성을 자랑했다.

북부 시장에서 소 가격이 오르자, 1867년부터 텍사스 소 방목업자들은 미주리 태평양철도상에 있는 미주리주 세달리아(Sedalia)의 소시장으로 약 26만 마리의 소떼를 몰고 가는 장관을 연출하기 시작했다. 각 주요목장을 대표하는 카우보이들이 소떼를 몰고 갔다. 캔자스 태평양철도상에 있는 캔자스주의 애빌렌(Abilene)도 대규모 소떼 집결지였다. 1867년에서 1871년 사이에 카우보이들은 치솜 통로(Chisholm Trail)를 따라 146만 마리의 소떼를 그곳으로 몰고 갔다. 이후 '장거리 이동'이 소 방목의 토대가 되었다.

이동하기 위해 합쳐진 소떼들은 보통 2000마리에서 5000마리였는데, 목초지의 풀을 놓고 소 목축업자와 양 목축업자, 목축인과 농민 사이에 갈등이 생겨 이른바 '목장전쟁'을 유발하게 되었다. 그런 갈등의 와중에서 울타리의 필요성이 대두되었다. 나무나 돌로 만든 울타리는 너무 비싸고 소떼를 막는 데도 비효과적이었다. 1870년대 중반 글리든(Joseph H. Glidden, 1813~1906)과 엘우드(I. L. Ellwood, 1833~1910)라는 두 명의 일리노이 농민이 이 문제를 해결했다. 그들은 가시철사를 개발하여 시장에 팔았는데, 그것은 평원지역에서 기본 장비로 자리잡았고 나라 전체의 울타리 사업을 혁신했다.

울타리만으론 모자랐다. 목장 주인들은 자기 소와 남의 소를 구분하기 위해 소에 소인(燒印) 표시를 했다. 이른바 브랜드(brand)의 탄생이다. 브랜드는 원래 불꽃이라는 어원을 갖고 있는데, 여기에서 '타고 남은 것'이라는 의미가 파생했고, 그것이 가축 등에 찍는 소인으로 확대되었다. 브랜드는 소인과 연상돼 오명 또는 낙인이라는 뜻을 갖게 되었지만, 오늘날엔 주로 상표(trademark)나 특정 상품·기업을 가리키는 용어로 쓰이고 있다.

1890년대 초 와이오밍엔 5000가지, 몬태나엔 1만2000가지의 브랜드가 존재했다. 표식이 찍히지 않은 소는 매버릭(maverick)이라고 불렀다. 이는 자기 소에 브랜드를 찍지 않은 새뮤얼 A. 매버릭(Samuel A. Maverick, 1803~1870)이라는 어느 텍사스 목장주인의 이름에서 유래했다. 서부 역사학자들은 그가 이상한 사람이었거나 게으른 사람이었는지 아니면 낙인이 찍히지 않은 소는 모조리 자기 것이라고 주장하려는 뻔뻔한 사람이었는지를 두고 오랫동안 논쟁을 벌이기도 했다. 오늘날 매버릭은 '무소속 정치가'나 '독불장군' 이란 뜻도 있다.

초기 카우보이들의 다수는 남부연합군의 전역군인들이었으며, 그 다음으론 흑인, 북부 백인, 멕시코인 등의 순서였다. 할리우드 영화는 서부는 카우보이들만 사는 곳이었다는 인식을 퍼뜨렸지만, 비율로 따진다면 카우보이 1명에 농부 1000명 정도였다. 정점에 달한 시기에도 카우보이는 1만 명을 넘지 않았으며, 그들 중 4분의 1은 흑인이나 멕시코인이었다.

목장일이 점점 정주적(定住的) 성격을 띠게 되면서 이 일에 참여하는 여성의 수도 크게 증가했다. 1890년경 서부주들에서 목장이나 농장을 소유한 여성은 25만 명 이상이었다. 이처럼 서부에서는 동부에선 주어지지 않았던 많은 기회를 여성들에게 제공했는데, 와이오밍이 여성 선거권을 부여한 연방 최초의 주가 된 건 결코 우연이 아니다.

KKK단의 등장

남북전쟁후 남부 백인들은 실패와 착취에 대한 울분으로 적개심을 키워나갔는데, 그 출구 중 하나가 흑인에 대한 공격이었다. 1866년 5월 테네시주의 멤피스에서는 백인들이 흑인 46명을 살해하고, 백 군데

이상의 집, 교회, 학교 등에 불을 지른 사건이 일어났다. 1867~1871년 사이에 켄터키주에서만 이러한 인종적 폭력이 116건이나 발생했다.

백인 지배권 유지를 목표로 한 비밀폭력단도 결성되기 시작했다. 이런 단체들은 선거를 '정찰하기' 위해 무장했다. 이들은 흑인들을 정치활동에서 제외시키려고 노력했지만, 이보다는 경제적 압력이 더 큰 무기였다. 일부 농장주들은 흑인 공화당원들에게 토지임대를 거부했으며, 상점주인들은 그들에게 신용확대를 거부했고, 고용주들은 일자리 주기를 거절했다.

비밀폭력단엔 흰 동백기사단(Knights of the White Camellia), 붉은 셔츠(Red Shirts), 백색리그(White League) 등의 이름을 가진 단체들도 있었지만, 가장 강력하고 오래 살아남은 단체는 KKK(Ku Klux Klan)단이다. KKK의 출발은 테네시주의 조그만 도시 풀라스키(Pulaski)에서 이루어졌다. 1865년 12월 24일 크리스마스 이브에 퇴역군인 6명이 모여 조직해 1866년 6월 정식으로 발족했다.

KKK라는 이름은 그리스어의 모임·단체를 뜻하는 kyklos에 씨족·가족을 뜻하는 clan을 두음에 맞춰 klan으로 바꾼 것이다. 별 뜻은 없으며 총의 공이치기를 당길 때 나는 소리를 흉내내어 지은 이름이라는 설도 있다. KKK는 가족모임의 성격을 강조했으며, 마을사람들의 관심을 끌기 위해 뾰족한 두건, 하얀색 가운, 마스크를 쓰고 돌아다녔다. 모임 대표도 그랜드 위저드(Grand Wizard, 위대한 마법사)라고 불렀다. 이들은 신비주의적인 용어를 쓰면서 전사한 남부연합군 병사들의 혼령임을 자처했기 때문에 흰옷을 입는 등의 차림새를 했다는 설명도 있다.

KKK는 1867년 4월 본부를 주도인 내시빌로 옮겨 맥스웰하우스 호텔에서 결성식을 가지면서 커지기 시작했다. 조직의 간판으로 로버트 리 장군을 영입하려 했으나 거절당하자 다른 남부군 장군 출신 네이선 포레스트(Nathan Forrest, 1821~1877)를 영입했다. KKK의 주요 멤버는 전직 사령관, 병사, 남부연합 지도자, 교회 목사 등이었다. KKK단의 최고지도자는 여기서도 '그랜드 위저드'라고 불렸고, 각 주는 '그랜드 드래곤(Grand Dragon)'에 의해 지배되었으며, 그 회원은 '유령(Spectre)'이라고 불렸다. 이들의 활동방식에 대해 이구한(2006)은 다음과 같이 말한다.

"그들은 한밤중에 길고 하얀 수의를 입고 흰 천으로 덮은 말을 타고 다녔다. 옷 속에서 송장 뼈 소리를 내거나, 긴 장대에 해골을 올려놓고 다니거나, 묘지의 비석에 걸터앉는 단순한 행동으로 흑인들을 공포 속에 몰아넣었다. 때로 그들은 유령 모습을 하고 흑인들의 집 앞에 나타나 엄청난 양의 마실 물을 달라고 했다. 사실은 옷 속에 숨겨둔 가죽 주머니에 물을 붓고는 다 마신 척했다. '자네, 연방에 절대로 가입하지 않겠다고 맹세하게!' 흑인들은 겁에 질려 그대로 복종하였다. 따라서 폭력을 행사하지 않고서도 선거 때면 흑인들을 투표장에 나오지 못하게 할 수 있었다. 그러나 시간이 흐르면서 흑인들이 그들의 행동에 면역이 되자 그들은 서서히 폭력을 사용하기 시작했다."

KKK단의 폭력은 점차 강도가 높아져 나중엔 린치, 구타, 방화 등의 테러로 흑인과 진보적 백인 공화당원들을 위협했다. KKK단이 철로에서 일하고 있는 흑인들을 공격하자 일부 철도회사는 KKK단의 지도자들을 회사임원으로 고용함으로써 소란을 잠재우기도 했다.

북부의 남부 착취에 대한 저항인가?

흑인에 대한 폭력이 심해지자 포레스트는 KKK단을 떠나면서 해산명령을 내렸지만, KKK는 이미 탄력을 받아 성장하는 상태였으므로 해산하기는커녕 오히려 세를 더 키워갔다. 결국 연방의회는 '반KKK단' 법안을 통과시켜 1871년 두 사람 이상이 작당해 변장하는 것을 중죄로 규정하고 연방군 동원을 가능케 하는 법안을 통과시켰다. 이런 조치로 제동이 걸려 KKK의 활동은 끝이 나지만 그건 '1기 시대'였을 뿐, 20세기 들어 다시 되살아나 비약적인 성장을 하게 된다.

KKK단의 2기 시대엔 유대인도 공격대상이 된다. 미국의 남북전쟁 시기에 유럽에선 수많은 공국들이 통합되어 독일이라는 민족국가가 세워지고, 게토와 다름없는 특정지역에서만 살도록 주거가 제한되어 있던 독일 유대인들에게 시민권, 투표권, 토지소유권 등이 부여되었다. 천대받던 유대인들이 시민의 권리를 얻게 되자 독일 등 유럽에서 반유대주의가 출현하기 시작했다. '구세주 예수를 죽인 민족'이라는 이유로 박해를 받았던 중세의 반유대주의와는 달리 이때 출현한 반유대주의는 사회적·경제적인 동기에서 비롯된 것이었다. '반유대주의(Anti-Semitism)'라는 단어가 독일어에서 차용돼 영어사전에 등재된 것은 1881년이며, 1890년대 들어 반유대주의가 극성을 부리게 된다.

KKK에 대해선 비난의 목소리가 높지만, 남부적 시각은 좀 다르다. 딜로렌조(DiLorenzo 2003)는 "남북전쟁이 일어나기 30년 전에 토크빌은 인종문제가 남부에서보다 오히려 북부에서 더 심각하다고 지적한 바 있었다. 그러나 재건기에 해방노예들이 북부 공화당의 정치적 앞잡이로 이용되면서 사정은 변했다"며 다음과 같이 말한다.

"그들은 공화당이 남부의 주정부와 지역정부들을 통해 12년 동안 약탈을 저지르는 것을 도와준 대가로 얼마간의 뇌물과 정치적 지원을 얻어냈다. 이에 대한 반응으로 남부인들은 해방노예들에게 분노를 터뜨렸다. KKK의 창설은 해방노예들을 위협하여 투표하지 못하도록 하기 위한 것이었으며, 연방정부가 재정지원을 하는 연방동맹의 활동에 대한 직접적인 대응이었다. 만약 공화당이 해방노예들을 정치적 앞잡이로 내세워 남부의 납세자들을 약탈하지 않았더라면, KKK단은 탄생하지 않았을지도 모른다."

북부의 남부착취가 심했던 것은 사실이며 이는 1870년대 중반까지도 계속되었다. 링컨의 절친한 친구로 종전후 언론인이 된 돈 피아트(Donn Piatt) 장군은 1874년 3월 "남부의 모든 인종적 적대감은 흑인의 투표를 이용하여 국고를 훔친 모리배들 때문에 생겨났다"고 말했다. 북부의 공화당 신문들도 남부에서 자행된 부패와 약탈행위를 비판했다. 예컨대, 『뉴욕 타임스』 1874년 5월 26일자는 사우스캐롤라이나의 공화당 꼭두각시 정부가 '도둑들의 집단'이라고 비난했다.

KKK단은 북부의 남부착취에 대한 저항인가? 북부의 남부착취는 남부의 기존 인종차별주의를 증폭시킨 추가요인으로 보는 게 옳지 않을까? '위대한 땅'이라고 하는 타이틀은 알래스카와 대평원이라고 하는 자연의 축복에만 국한시켜야 할 것 같다.

참고문헌 Beatty 2002, Bender 2006, Brinkley 1998, Bryson 2009, Chomsky 2000, Davis 2004, DiLorenzo 2003, Englert 2006, Gordon 2002, Rifkin 2002, Time-Life 1988, Zinn & Stefoff 2008, 김남균 2003, 박경재 1995, 박보균 2005, 이구한 2006, 차상철 외 1999, 최웅·김봉중 1997

동서남북의 통합
대륙횡단철도의 개통

'카펫백'과 '스캘러와그'

이제 400만 노예들은 무엇을 할 것인가? 남북전쟁 후 대두된 문제다. 급진적 공화파의 한 사람인 상원의원 타디어스 스티븐스(Thaddeus Stevens, 1792~1868)는 남부 최대의 농장을 해체하여 노예 한 사람당 '40에이커와 노새 한 마리(Forth Acres and One Mare)'씩을 주자고 제안했다. 참으로 감동적인 말씀이 아닐 수 없다. 미국의 유명한 흑인 영화감독 스파이크 리(Spike Lee)가 자신의 영화사 이름을 '40에이커와 노새 한 마리'로 지은 것도 바로 그런 감동 때문이었을 것이다.

물론 그 감동은 실현될 수 없었다. 그 시대의 가장 진보적인 인물들도 소유권은 신성한 것이라 여겼기에 이 계획은 불발로 끝나고 말았다. 그렇다고 다른 이렇다 할 계획이 제시된 것도 아니었다. 1867년 남부 홈스테드법(Southern Homestead Act)은 남부 공유지를 흑인과 연방에 충실한 백인들에게 불하해주려는 취지로 만들어졌지만 가난한 사람들은 그 땅을 구입할 수 있는 최소한의 돈이 없었기에 무용지물이었다. 그 땅의 대부분은 덩치 큰 투기꾼들에게 돌아가고 말았다.

해방노예들은 이제 소작인(sharecropper)의 자격으로 농사를 지어 주인과 수확물을 나눠 가졌다. 이를 정률소작(sharecropping)이라 했다. 그러나 흑인들은 주인에게 늘 빚을 지는 신세를 면치 못했다. 상당수 흑인들은 있지도 않은 일거리를 찾아 대거 도시로 몰려들어 사회적 혼란이 가중되었다.

새롭게 자유를 얻은 흑인들은 거의 대부분 교육받지 못한 문맹이었기 때문에 헌법정치의 복잡함을 이해할 준비가 돼 있지 않았다. 즉, 백인들에게 이용당하기 십상이었다. 이 시절 북부에서 남부로 건너온 백인들은 주로 북부군의 퇴역군인들이었는데, 이들은 카펫 원료로 만든 부드러운 카펫백이라는 값싼 여행가방에 소지품을 넣고 다녔기 때문에 카펫배거(carpetbagger)라고 불렸다. 우리말로는 '낭인'으로 번역하기도 한다. 전통적으로 카펫배거는 흑인표를 이용하여 권력을 잡아보려는 협잡꾼을 일컫는 말이다. 다른 견해도 있기는 하다. 역사학자 에릭 포너(Eric Foner)는 『재건(Reconstruction: America's Unfinished Revolution, 1863-1877)』에서 북부 카펫배거들은 대부분 하층민이 아닌 중산층 전문직업인으로서 이들은 남부를 개인적인 발전과 기회의 수단으로 본 것이지 협잡꾼은 아니었다고 주장한다.

남부 출신의 백인 공화당원을 일컫는 스캘러와그(scalawag)도 카펫배거 못지않게 악명을 떨친 부류다. 스캘러와그는 우리말로 '부역자'로 번역하기도 한다. 이들은 종교와 지역 모두를 배신한 것으로 여겨졌기 때문에 남부 민주당원들로부터 카펫배거보다 더 미움을 샀다.

그런데 포너는 이들에 대해서도 다른 주장을 편다. 일자무식의 흑인들을 착취하여 부당이득을 챙긴 부패한 정치가라는 이들에 대한 기존 관념은 정치현실이라기보다는 오히려 전후의 적개심을 반영한 것에 지나지 않는다는 것이다.

1868년 대선-율리시스 그랜트

1868년의 미국 정치는 '재건' 만큼이나 혼란스러웠다. 앤드루 존슨 대통령이 급진파 공화당 의원들과 가까운 육군장관 에드윈 스탠턴을 해임하려고 하자 하원은 즉각 그를 탄핵했다. 상원의 동의하에 임명된 공직자를 상원의 동의 없이 대통령 임의로 해임할 수 없도록 규정한 관직보유법(Tenure of Office Act)에 근거한 것이었다. 이에 따라 대법원장 사먼 P. 체이스(Salmon P. Chase)의 주재하에 공화당의원들이 장악하고 있는 상원에서 재판이 열렸다.

1868년 5월 16일 상원은 35 대 19로 존슨의 유죄를 가결했지만, 그것은 대통령 해임에 필요한 정족수 3분의 2에서 한 표가 모자라는 수였다. 존슨은 해임은 면했지만 사실상의 해임으로 남은 임기 동안 식물 대통령으로 전락하고 말았다. 나흘 뒤 공화당은 전쟁영웅 율리시스 그랜트를 대통령 후보로 선출했다. 민주당은 현직 대통령인 존슨을 제쳐두고 뉴욕 주지사 출신인 허레이쇼 세이무어(Horatio Seymour, 1810~1886)를 선출했다.

그랜트의 압승이 예상되었지만 그랜트는 예상보다 근소한 차이로 승리했다. 제18대 대통령의 탄생이다. 그랜트는 26개주를, 세이무어는 8개주를 먹었다. 득표차는 남부의 재건주들에서 흑인유권자 약 50만 명이 투표에 참여했는데도 31만 표에 불과했다. 존슨은 1875년 상원으로 다시 돌아와 전직 대통령이 상원의원이 되는 최초의 선례를 남겼다.

그랜트의 러닝메이트로 부통령에 오른 이는 인디애나 출신 하원의장 스카일러 콜팩스였는데, 그는 노골적이고 파렴치한 이권추구로 악명을 떨쳤다. 부통령만 그런 것도 아니었다. 그랜트의 내각은 고향친구들과 선거자금 제공자들로만 채워져, 마치 '뜯어먹기 시합'을 벌이는 것처럼 보였다. 역사가 헨리 브룩스 애덤스(Henry Brooks Adams, 1838~1918)는 "그가 발표한 내각의 면면은 너무나 형편없어 발표되는 이름마다 수치심을 느끼게 할 정도"라고 말했다. 언론인 존 비글로(John Bigelow)는 "취임 직후 이렇게 많은 가족군단을 데리고 백악관에 입성한 대통령은 없었다"고 말했다.

그랜트의 시대는 로비의 시대였다. '로비스트(lobbyist)'라는 용어를 만든 사람이 바로 그랜트다. 그는 부인이 담배 냄새를 싫어해 백악관에서 두 블록 거리에 있는 윌러드 호텔(Willard Hotel)에 자주 들러 시가를 피우고 브랜드를 마시곤 했는데, 이 호텔에는 정치인들을 만나러 온 사람들이 1층 로비에서 장사진을 치곤 했다. 이를 보고 그랜트가 "로비스트들이군!"이라고 말했다고 한다. 이 용어가 영국에서 먼저 쓰였다는 설도 있으나, 미국에서의 원조는 그랜트인 게 분명하다. 훗날 백악관에서 세 블록 떨어져 동서쪽으로 횡단하는 도로인 'K 스트리트' 주변에 로비 관련 회사들이 몰려들면서, 워싱턴의 로비 세계를 뉴욕의 월스트리트와 비교해 'K 스트리트'라고 부르게 된다. 그런데 로비스트가 왜 갑자기 그랜트 행정부 때에 등장한 걸까? 그 이유에 대해 딜로렌조(DiLorenzo 2003)는 다음과 같이 말한다.

"뇌물은 언제나 정치의 일부분으로 존재했으나, 연방정부가 확대되면서 로비 활동과 뇌물도 그만큼 증가했다. 정부는 많은 돈을 배분했으므로 그 돈을 손에 넣기 위한 로비도 어느 때보다 큰 이익을 가져다 주었다. 철도와 은행의 로비스트들과 보호주의적 제조업자들은 특히 영향력이 컸고 공화당의 초창기부터 지지자의 핵심층을 형성했다."

해방된 노예들도 정치에 참여하기 시작했다. 흑인표의 영향력을 간파한 공화당 의원들은 투표요건에서 인종성을 제거하는 수정헌법 15조(1869년 2월 27일 발의, 1870년 3월 30일 비준)를 제정하여 흑인들에게 선거권을 부여했다. "미국 시민의 투표권은 인종, 피부색 또는 과거의 예속상태로 인해 미국이나 주에 의해 거부되거나 제한되지 아니한다"는 내용이다.

사우스캐롤라이나의 경우 87명의 흑인과 40명의 백인이 주의원에 선출되었다. 1869년에서 1877년까지 남부에서는 총 14명의 흑인이 연방하원에 진출했으며, 1869년부터 1901년에 걸쳐 연방의회에 2명의 상원의원과 20명의 하원의원을 보냈다. 물론 이들은 모두 공화당이었다. 흑인들은 그때부터 뉴딜정책 수립 후 민주당으로 전향할 때까지 충성스럽게 공화당을 지지하게 된다.

7일 만에 뉴욕과 샌프란시스코 왕복

연방 전체차원에서 애국주의적 의식이 본격화된 것은 남북전쟁 이후다. 현충일(Memorial Day)은 원래 남북전쟁에서 전사한 군인들을 추모하는 날로 1868년부터 전국적 행사가 되었다. 그후 미국이 참전한 모

1869년 프로몬토리 포인트에서 이루어진 대륙횡단철도의 역사적 만남의 순간.

든 전쟁의 전사자를 기리는 날로 확대되었다. 대부분의 주에서는 1971년부터 5월 마지막 월요일을 공휴일로 지키는 연방정부의 관례를 따르고 있으나 일부 주에서는 오래전에 기념일로 정한 5월 30일을 공휴일로 하고 있다. 1892년엔 '국기와 조국에 대한 충성서약(The Pledge of Allegiance)'이 등장한다.

현충일 행사가 국민통합에 기여했겠지만, 국민통합의 결정적인 계기는 대륙횡단철도의 완성이었다. 1862년 의회가 대륙 간 철도노선을 승인하고 재정지원을 한 지 7년 만인 1869년 5월 10일 유타주의 프로몬토리 포인트(Promontory Point)에서 동부철도와 서부철도의 선로를 연결하여 미국 최초의 대륙횡단철도를 완성하는 마지막 못질을 한 뒤에, 동부철도를 맡은 유니온퍼시픽회사와 서부철도를 맡은 센트럴퍼시픽 회사의 관리들이 악수를 하고 샴페인 병을 교환했다. 역사적인 순간이었다.

캘리포니아는 말할 것도 없고 전 미국이 열광의 도가니에 빠져들었다. 『뉴욕 타임스』 1869년 5월 11일자에 따르면, 뉴욕에선 마지막 못이 박히는 순간에 "대포소리, 트리니티 성당의 종소리, 이 나라뿐만 아니라 온 문명세계가 성공에 지대한 관심을 보였던 대역사(大役事)가 완성된 것을 축하하는 분위기"로 떠들썩했다. 필라델피아에서는 독립기념관의 종을 울려 이 역사적인 순간을 기념했으며, 시카고에서는 7마일에 이르는 퍼레이드가 즉흥적으로 열렸다. 워싱턴 D.C.의 『이브닝 스타(Evening Star)』는 사설에서 "오늘 1869년 5월 10일은 현재와 미래에 이 나라와 인류에 미칠 영향이라는 측면에서 볼 때 금세기에 가장 중요한 날 중 하나로 역사에 기록될 것이다"고 했다.

대륙횡단철도의 길이는 약 2826킬로미터(1756마일)였다. 이후 철도 노선은 극적으로 증가세를 보였다. 1860년 4만8000킬로미터에서, 1870년에는 8만3000킬로미터로, 1880년에는 14만9000킬로미터로, 1890년에는 26만 킬로미터로, 1900년에는 30만9000킬로미터로 급성장했다. 철도는 코넬리우스 반더빌트 등 소수의 재벌에 의해 장악되었지만, 이는 별 관심의 대상이 되질 못했다.

대륙횡단철도 건설사업 자체도 부정부패의 보고(寶庫)였지만 이 또한 관심 밖이었다. 진·스테포프(Zinn & Stefoff 2008)에 따르면, "철도 증설에는 땅, 노동, 철강, 자본 네 가지 기본 요소가 필요했다. 이 네 가지는 이렇게 충족되었다. 땅은 연방정부, 값싼 노동력은 동부와 서부의 이민자들, 철강은 카네기, 자본은 J. P. 모건 부자(父子)." 부정부패는 철도건설 공사 수주단계에서부터 이루어졌다. 정치인·관료는 뇌물을 받고 계약액을 부풀리게 해주었고, 기업은 뇌물이라는 껌값을 주고 엄청난 폭리를 취하는 방식을 썼다. 기업들은 주가조작까지 저질러 추가수입을 얻었다.

특히 릴런드 스탠퍼드(Leland Stanford, 1824~1893) 소유의 센트럴퍼시픽사는 캘리포니아에서 시작되는 철도를 건설하면서 무상으로 토지를 불하받고 계약을 따내 엄청난 폭리를 취했다. 그래도 무사히 넘어갔다. 스탠퍼드는 1884년엔 상원의원까지 지낸다. 그렇게 번 돈으로 나중에 외아들의 죽음을 기념해 스탠퍼드대학을 세웠으니 잘한 일이라고 해야 할 것인가.

철도 건설과정에서 수천 명의 노동자들이 목숨을 잃었다. 진·스테포프(Zinn & Stefoff 2008)에 따르면, "노동자들의 생명과 안전수칙은 탐욕과 보너스를 타기 위한 빨리빨리 공사에 밀려 무시되었다. 도시들은 철도가 자기 구역을 통과하도록 뇌물을 먹였고, 수백만 에이커의 땅은 철도부지로 거저 넘어갔다."

이 문제를 어떻게 볼 것인가? 헨리 애덤스는 1870년에 쓴 글에서 철도회사 소유주들의 부정부패를 겨냥해 "이들 근대의 권세가는 전쟁을 선포하고 평화를 협상하고 의회와 법, 자주 국가를 자신들의 뜻에 순종하도록 만들었다"며 "기업은 민주주의 해악이다"는 주장을 폈다. 반면 민즈(Means 2002)는 "위대한 업적은 반드시 위대하거나 도덕적인 행위의 소산은 아니더라도 위대한 발상의 소산이다. 미국은 대륙횡단철도를 건설한 사람들이 국가로부터 뜯어먹은 것의 수천 배를

풀먼 회사의 『대륙횡단』 주간지 1870년 5월 30일자.

돌려받았다"고 말한다.

개통 이후 승객들은 곳곳마다 정류장을 거치면서도 7일 만에 뉴욕과 샌프란시스코를 왕복할 수 있게 되었다. 풀먼 회사는 승객용으로 『대륙횡단(Trans-Continental)』이라는 주간지를 발행했는데, 1870년 5월 30일자 기사는 대륙횡단철도와 전신의 위력을 드라마틱하게 묘사하고 있다.

"지난 밤 흡연차량에서 승객 한 사람이 보스턴에 있는 아내에게 잘 있는지 전보를 쳤다. 그로부터 서쪽으로 47마일쯤 달렸을까. '모두 평안하다'는 회답이 도착했다. 이 사실이 알려지자 차내에서는 커다란 갈채가 터져 나오고 여기저기 환호를 질러댔다."

부동산투기 붐과 몰몬교

철도를 따라간 건 부동산투기 붐이었다. 1871년 시카고에서 남자 둘 중의 하나, 그리고 여자 넷 중의 하나는 주택부지에 투자했다는 주장도 있다. 그 덕분에 시카고는 급성장했다. 1840년경만 해도 미국 내 인구 순위 92위에 불과한 작은 도시가 1850년 24위로 뛰더니, 1860년 9위, 1870년 5위를 거쳐, 1890년엔 필라델피아를 제치고 2위로 도약하게 된다. 시카고는 1990년 로스앤젤레스에 밀리기 전까지 약 100년 동안 미국 제2의 도시로 군림한다.

시카고의 부동산 붐이 얼마나 유명했으면, 1870~1871년 독일이 프랑스와의 전쟁에서 승리를 거둔 도취기에 부동산투기에 중독된 베를린을 '탐닉의 강가에 선 시카고'라고 불렀겠는가. 챈슬러(Chancellor 2001)는 "철도는 서부지역을 땅투기라는 국민스포츠의 대상으로 만들었다"고 말한다.

그런 '국민 스포츠'의 수혜자 중 하나는 몰몬교였다. 대륙횡단철도 건설엔 브리검 영(Brigham Young)의 지도하에 몰몬교도도 적극 참여했는데, 여기엔 그럴 만한 이유가 있었다. 1867년에만 5000명의 영국인들이 미국에 왔는데 그들을 솔트레이크시티까지 이주시키기 위해서는 교통비용이 많이 드는 건 물론이고 매우 복잡한 과정을 거쳐야만 했다.

그러나 철도가 유타주를 통과한다면 이야기는 달라진다. 저렴한 경비로 이민자들을 불러오는 동시에 포교를 위해 동부로 쉽게 갈 수 있다. 또한 넓어진 시장을 통해 경제적 번영도 기대할 수 있다. 브리검 영은 바로 이런 생각으로 철도건설에 뛰어든 것이다. 몰몬교 노동자들은 기도하듯이 열심히 일했기 때문에 철도건설 당국의 입장에서도 환영이었다.

1868년 봄 『시카고 리퍼블리칸(The Chicago Republican)』은 '운명의 기로에 선 몰몬교'라는 제목의 사설에서 "철도가 유타주의 비몰몬교도 유입을 가속화할 것이며, 머지않아 삼켜버릴 것"이라고 예견했지만, 오히려 브리검 영은 그러한 변화를 적극 환영했다. 영은 솔트레이크시티가 관광중심지가 될 것도 기대했으며, 훗날 그의 기대는 실현되었다.

철도를 건설한 중국인 박해

몰몬교도의 참여도 있었지만, 동부철도는 대부분 아일랜드 이민자들이, 서부철도는 대부분 중국인 노동자들이 건설했다. 당시 구인광고에 자주 등장했던 "아일랜드인은 뽑지 않음"이라는 문구가 말해주듯이, 거의 대부분 가톨릭교도인 아일랜드인들은 미국의 주류인 프로테스탄트 백인들의 차별에 시달렸다. 그러나 어찌 중국인들이 받은 차별에 비교할 수 있으랴.

골드러시 초기에 캘리포니아에 사는 중국인은 325명이었지만, 센트럴퍼시픽 철도회사가 인력난을 해결하기 위해 중국 광둥지방에서 노동자를 수입하면서 2년 뒤에는 2만5000명으로 늘었다. 영국인들은 미숙련 노동자를 의미하는 힌두어인 '쿨리(Coolies)'라는 말로 중국인을 지칭했는데, 이 용어가 미국에서도 쓰였다. 정치인들은 누가 더 쿨리를 싫어하는가를 놓고 경합을 벌이는 것처럼 보였다. 캘리포니아 주지사 릴런드 스탠퍼드는 선거전에서조차 중국인들을 '아시아의 쓰레기' '저질 인종' 이라고 언급할 정도였다. 1858년 캘리포니아는 더 이상의 중국인 유입을 금지하는 법령을 세우기도 했지만, 그래도 그들은 계속 몰려들었다.

이런 중국인들 중 1만4000여 명이 서부철도 건설에 투입돼 수많은 이들이 작업중 목숨을 잃어가면서 역사적 개통을 가능케 한 것이었지만, 일부 백인들은 감사하기는커녕 이들을 증오했다. 중국인들은 아일랜드계가 주도하는 노동조합에게도 눈엣가시 같은 존재였다. 극심한 인종차별주의로 중국인 살해가 자주 저질러졌다. 작가 브렛 하트(Bret Harte)는 캘리포니아에서 살해된 완 리(Wan Lee)라는 중국인을 회상하며 다음과 같은 글을 남겼다. "나의 친애하는 죽은 벗이여. 1869년 우아한 샌프란시스코의 길거리에서, 성숙하지 못한 아이들과 기독교학교 학생들이 던진 돌에 맞아서 죽었구나." 1871년 로스앤젤레스에서 일어난 폭동에서는 19명의 중국인이 살해되었다.

당시 중국 이민사회의 가장 큰 문제는 남녀비율이 15 대 1이나 될 정도로 여자가 모자랐다는 점이었다. 중국 여성은 주로 창녀나 하녀로 이주해 왔다는데, 1860년 이전에 미국으로 이주한 중국 여성의 85퍼센트가 창녀였다는 놀라운 통계가 있다. 1860년의 차이나타운 직업 분포에서 창녀는 25퍼센트였는데, 1880년대에는 그 비율이 21퍼센트로 조금 떨어졌다.(장태한 2004)

중국인들이 한 방에 여러 명이 기거하자 샌프란시스코 시의회는 1870년 한 방에 기거하는 인원을 제한하는 법까지 만들었다. 이 법을 준수하려면 차이나타운 인구의 3분의 1 이상이 거리로 나왔아야 할 판이었기에 사실상 지킬 수 없는 법이었다. 적발되면 감옥에 갇히는 수밖에 없었다. 감옥이 포화상태가 되자 시의회는 이번엔 벌금내기를 거부하는 중국인들의 변발을 자르도록 하는 조례를 만들었다.

영국 경제를 능가한 미국 경제

1869년 수에즈운하가 개통됨으로써 유럽과 아시아의 지름길이 열렸다. 개통 석 달 만에 런던-봄베이 간 운송비가 30퍼센트로 떨어졌다. 10년 뒤에는 개량된 증기선이 나타나 마르세유에서 상하이까지 가는 데 걸리는 시간은 110일에서 37일로 줄었다.

1871년 프랑스와의 전쟁에서 승리한 독일의 철혈재상 비스마르크(Otto Eduard Leopold von Bismarck, 1815~1898)의 리더십으로 독일 제국이 수립되었다. 그해 1월 18일 독일은 나폴레옹이 65년 전 독일을 점령했던 그날의 수치를 기억하고 같은 날에 베르사유궁전에서 독일 통일을 선언하는 기념식을 올렸다. 그리곤 프랑스에 50억 프랑의 전쟁 배상금을 요구했다. 이후 40년 동안 독일은 영국과 프랑스를 제치면서 자본주의 강국으로 올라서게 된다.

그러나 전 지구적 패권의 방향은 이미 미국으로 이동하고 있었다. 1869년 영국의 비평가 매슈 아널드(Matthew Arnold, 1822~1888)가 『문화와 무질서(Culture and Anarchy)』를 출간했다는 게 시사적이다. 문학을 '종교의 대용품'으로 끌어올리려고 애썼던 그는 영국의 유복한 중산층과 귀족 출신 소년들이 교육받는 사립학교의 개혁을 원했지만, 정작 문제는 미국을 바라보는 그의 시각이었다. 그는 "나는 도덕적·지적 · 사회적으로 미국식 천박함 이상의 천박한 물결이 우리를 덮치려 하는 것을 본다"고 우려한 인물이었다.

사실 그랬다. 유럽의 귀족적 시각에서 볼 때에 미국은 천박함을 대표하는 나라였다. 그러나 어이하랴. 세상이 그런 흐름으로 뒤바뀌고 있었으니 말이다. 이미 1855년에 미국은 영국보다 인구가 더 많아졌다. 1869년 한 정부보고서는 미국의 성장세를 다음과 같이 과시했다.

"지난 5년 동안, 과거 이 나라의 역사상 어떤 5년 동안보다 더 많은 면방적기가 돌아가고, 더 많은 제련소가 세워지고, 더 많은 철이 제련되고, 더 많은 철강이 생산되고, 더 많은 석탄과 구리가 채굴되고, 더 많은 목재가 잘리고, 더 많은 가옥과 상점이 건설되고, 더 많은 공장이 문을 열고, 더 많은 석유가 정제되고 수출되었다."

1870년에는 경제규모도 영국보다 더 커졌다. 영국과 프랑스를 능가하게 된 독일 제국도 미국을 따라가기엔 역부족이었다. 1871년엔 이른바 '리빙스턴 신드롬'이 일어나면서 미국인들은 먼 바깥 세계에 깊은 관심을 갖게 된다. '리빙스턴 신드롬'이란 무엇인가?

가난하고 신앙심이 깊은 스코틀랜드 공장노동자의 아들로 태어난 데이비드 리빙스턴(David Livingstone, 1813~1873)은 1840년 말 선교사로 아프리카에 파견되었다. 그는 선교보다는 현지탐험에서 더 업적을 내 1849년 영국왕립지리학회의 금메달을 받았다. 리빙스턴은 1855년 11월에 발견한 잠베지의 거대한 폭포와 호수를 각각 '빅토리아폭포'와 '빅토리아호수'로 명명함으로써 빅토리아 여왕에 대한 자신의 충성심과 애국심을 발휘했다. 그는 부족사회의 기반이 상업과 백인들의 정착에 의해 무너질 때까지 아프리카인들이 기독교를 받아들일 수 없을 것이라 판단하며 무자비한 식민주의자들의 전진을 '가공하지만 필요한 과정'으로 인정했다. 리빙스턴의 책 『선교여행(Missionary Travels and Researches in South Africa)』(1857)은 사자와의 격투 등 흥미진진한 이야기를 담고 있어 출간된 지 처음 몇 달 동안 7만 부가 팔려나갔으며, 그는 국민적 영웅으로 떠올랐다. 그의 뒤를 이은 이 방면의 영웅은 '아라비아의 로렌스'로 알려진 토머스 에드워드 로렌스(Thomas Edward Lawrence, 1888~1935)다.

1868년 말 계속된 탐험 중 리빙스턴이 실종된 것으로 알려져 영국은 물론 미국도 깊은 관심을 갖고 사태를 예의 주시했다. 이미 2개의 영국 수색대가 아프리카에 파견되었지만, 『뉴욕 헤럴드』의 사주인 제임스 고든 베넷 2세(베넷의 아들)는 그를 찾으려고 헨리 모튼 스탠리(Henry Morton Stanley, 1841~1904) 기자를 아프리카로 보냈다. "바로 여기에 폭발적인 이야기가 담겨 있다"는 이유에서였다.

베넷의 상업적 감각은 맞아떨어졌다. 스탠리는 리빙스턴을 1871년에 발견했는데, 그가 처음에 던진 "리빙스턴 박사, 맞죠?"라는 말은 전 세계 신문의 헤드라인을 장식했다. 리빙스턴에 대한 숭배는 스탠리가 귀국하자마자 수개월 만에 쓴 『나는 어떻게 리빙스턴을 발견하였는가(How I Found Livingstone; travels, adventures, and discoveries in Central Africa)』라는 책이 베스트셀러가 되면서 절정에 이르렀다. 스탠리마저 영국 여왕으로부터 훈장을 받는 등 영웅이 되었고, 3년 후 아프리카 탐험을 재개해 쓴 탐험기 『암흑의 아프리카(In darkest Africa; or, The quest, rescue, and retreat of Emin, governor of Equatoria)』(1890)가 다시 베스트셀러가 되어 세계적인 주목을 받음으로써 그는 '미국의 위대한 탐험가' 반열에 오르게 되었다.

스탠리는 콩고강을 거슬러 올라가면서 지역추장들에게 그들로선 아무 의미도 없는 종잇조각(토지 소유권 양도서)에 '표시'를 하게 함으로써 벨기에 국왕 레오폴트 2세를 위한 광활한 영토를 획득했다. 스탠리는 이런 사기술과 더불어 사욕과 명성에 집착했으며 무자비할 정도로 잔인하다는 부정적인 평을 받기도 했지만, 유럽과 아메리카 이외의 세계에 대한 미국인들의 관심이나 호기심을 증대시키는 데에 크게 기여했다. 조선도 제너럴 셔먼호 사건을 계기로 그런 관심이나 호기심의 대상 중 하나가 된다.

참고문헌 Ambrose 2003, Beatty 2002, Bernstein 2005, Brinkley 1998, Bryson 2009, Chancellor 2001, Davis 2004, DiLorenzo 2003, Kindleberger & Aliber 2006, Lindqvist 2003, MacMillan 2009, Means 2002, Miller 2002, Mitchell & Gibbon 2004, Pomeranz & Topik 2003, Rietbergen 2003, Schroeder 2000, Yates 2008, Zinn 2008, Zinn & Stefoff 2008, 권용립 2003, 김용관 2009, 김윤성 2003, 김형인 2003, 박지향 2000, 박진빈 2006, 손세호 2007, 우태희 2008, 유종호 2001, 장태한 2004, 차상철 외 1999

미국과 조선의 충돌
신미양요

'아시아에서 성조기를 최초로 게양한 전투'

미국은 대동강에서 침몰한 제너럴 셔먼호의 행방을 찾아나섰다. 1867년 1월 23일 슈펠트(Robert wilson Shufeldt, 1822~1895)가 이끄는 와추세트호(Wachusett)가 제너럴 셔먼호의 행방을 탐문조사하기 위하여 황해도 장연현 오차포 월내도 앞바다에 닻을 내렸다. 슈펠트는 25일 현지 주민에게 국왕에게 보내는 서한을 전했지만, 답이 오기 전에 주민들로부터 제너럴 셔먼호에 관한 정보를 얻고 그곳을 떠났다. 미국은 1868년에는 셰난도어호(Shenandoah)를 파견하기도 했다.

1871년 5월 미국은 주청공사 로(Frederich F. Low, 1828~1894)와 해군제독 로저스(John Rogers, 1812~1882)가 이끄는 아시아 함대를 조선으로 파견했다. 콜로라도호(Colorado) 등 호위함 3척에 1230명의 병력이었다. 이들은 5월 26일 작약도에 도착해 탐측하면서 현지주민들과 조선정부의 문정관들을 접촉하기도 했다.

전투가 끝난 뒤의 광성보. 조선군 희생자들이 쓰러져 있다.

커뮤니케이션상에 무슨 문제가 있었던 걸까? 6월 1일 미국함대가 강화해협을 침입, 탐사하다가 해협연안에 배치된 조선 포대로부터 선제공격을 받은 이른바 '손돌목 포격사건'이 일어났다. 이에 미군은 선제포격에 대한 보복조치로 6월 10일에서 12일에 걸쳐 강화도 요새지에 대규모 상륙작전을 벌였다. 이른바 신미양요(辛未洋擾)다.

6월 10일(음력 4월 23일) 로저스가 내린 공격명령에 따라 450명의 미 해군이 강화도의 초지진에 상륙한 뒤 덕진진까지 밀고 들어왔다. 그 다음날인 6월 11일 미군은 결사항전의 깃발을 올리고 있던 광성보 공략에 나서 2시간 동안 포탄을 퍼부어댔다. 조선군 지휘관 어재연 (1823~1871)이 전사했으며, 광성보는 함락되었고 미국의 성조기가 내걸렸다. 성조기를 게양한 미국 병사는 "이것은 미국이 남북전쟁 이래 처음으로 벌인 치열한 전투 끝에 점령한 아시아의 보루에서 미국 국기를 최초로 게양한 의미 있는 전투였다"고 회고했다.

'포와 총' 대 '칼과 창'의 대결

유병선(2007)은 "미국과 조선이 처음이자 마지막으로 무력충돌한 신미양요는 포와 총 대 칼과 창의 대결이었다"고 평가한다. 이 전투에 참가했던 미 해군 슐레이(Winfield Scott Schley, 1839~1911) 대령은 "조선군은 용감했다. 그들은 항복 같은 건 아예 몰랐다. 무기를 잃은 자들은 돌과 흙을 집어 던졌다"고 증언했다.

조선군은 포로가 되는 걸 죽음보다 더 수치스럽게 여겼다. 미국측 기록에 따르면, 미군이 광성보를 점령하자 조선군 병사들은 강화해협에 투신해 죽음을 자청했고, 부상을 당해 투신할 수 없는 병사들은 타고 있는 불속으로 기어들어가 타죽었으며, 더러는 미군에게 손짓으로 자신을 죽여달라고 애원하기까지 했다. 미군측이 부상포로 31명을 데려가라고 통고했을 때 부평 부사 이기조(1803~?)는 "우리나라 사람이 이미 포로가 된 이상 죽이거나 살리거나 그 권한은 당신네들 손에 달렸으니 다시 묻지 않겠다"며 인수를 거절했다.

그러나 강에 투신한 병사들이 모두 자살을 목적으로 했던 것 같지는 않다. 전투가 끝나자 광성보 내에 흰옷 입은 조선군 시체 수는 모두 243구, 강화해협으로 뛰어들거나 빠져죽은 조선 군인 수는 100여 구에 이르렀는데, 일부 병사들이 죽게 된 경위는 눈물겹기까지 하다. 김원모(1992)는 "조선군은 대부분 '솜 아홉 겹을 놓은 두꺼운 무명 갑주(甲冑)'를 입고 있어서, 죽은 뒤 무명 갑옷에 불이 붙어 시체 타는 악취가 광성보 안을 진동했다"며 다음과 같이 말한다.

"이들은 대개 옷에 불이 붙어서 몸이 뜨거워 엉겁결에 강물에 뛰어내렸고, 이렇게 뛰어내린 시체로 바닷물은 핏빛으로 변했다. 그래서 광성보의 전투에서 미군에 의해 희생된 조선군 전사자 수는 총 350명으로 공식집계되었다. 결국 조선군은 그토록 무더운 날씨에도 불구하고 방탄을 위해 두꺼운 솜옷을 입고 있어서, 이 솜옷에 불이 붙어서 산 채로 화장되는 장정이 많았고, 이로 인하여 희생자 수가 많이 생긴 것 같다. 그러나 두꺼운 솜옷은 방탄에 아무런 효능이 없었다. 이에 비해 미군의 사상자는 너무나 가벼웠다. 전사자 3명, 중상자 5명, 경상자 5명뿐이었다."

전세는 불리했지만, 조선은 미국의 조약체결 요청에 응하지 않았다. 병인양요의 경험을 되살려 지구전으로 버티기로 했다. 대원군은 민심동요를 막기 위해 서울 종로에 "양이가 침범하였을 때 싸우지 않으면 화약(和約)하는 것이며, 화약을 주장하는 것은 매국하는 것이다"라는 내용을 새긴 척화비(斥和碑)를 세웠고, 이를 전국 각지에 세우게 했다. 또한 전국의 먹 제조업자에게 명령을 내려 먹의 뒷면에도 위 내용을 음각(陰刻)하게 했다.

광성보를 함락시키면 태도가 달라질 것이라 기대했던 미국 측은 더욱 강경해진 조선의 태도에 놀랐다. 전면전은 훈령 밖의 일인 데다 그렇게 하기엔 병력도 부족했다. 결국 미국 함대는 작약도 정박지에서 3주일간 기다리다가 7월 3일 철수했다. 조선은 큰 희생을 치렀음에도 불구하고 미국을 이긴 것으로 생각했다.

신미양요를 '한미전쟁'으로 보는 김원모(1992)는 "한미전쟁은 미국 측의 압도적 전승으로 끝나버렸음에도 불구하고 이를 단순한 양요로 취급하는 이유는 바로 조선 측이 패배를 인정하지 않고, 미군함대의 7월 3일 철수가 곧 패퇴라는 고정관념을 버리지 못한 데서 비롯된 것이다"라고 주장했다.

박규수의 '예의지방' 비판

박규수는 조선 정부와는 달리 생각했다. 그는 국왕이나 대신들이 척화의 명분 중 하나로 즐겨 내세운 예의지방(禮義之邦) 개념에 대해 비판적이었다. 그는 미국 함대가 철수한 직후 친아우 박선수(1821~1899)에게 보낸 서신에서 다음과 같이 말했다.

"걸핏하면 예의지방을 일컫는데, 이 말을 나는 본래 비루하게 생각한다. 천하만고 어디에 예의가 없는 나라가 있겠는가? 이것은 중국인들이 이적(夷狄) 중에 이러한 것이 있는 것을 가상히 여겨 '예의지방'이라 칭찬한 데 지나지 않는 것이니, 본래 수치스러운 말이요, 천하에 자랑할 것이 못된다. 조금 지벌(地閥)이 있는 자가 걸핏하면 양반 양반이라 하는데, 이것은 가장 수치스러워 해야 할 말이며 가장 무식한 소리이다. 이제 걸핏하면 자칭 예의지방이라 하는데, 이것은 예의가 어떤 물건인지도 모르는 자의 입에서 나오는 소리인 것이다."

그러나 박규수의 이런 대미인식이나 대미강화론은 주위의 가까운 사람들에게만 전해졌을 뿐 공개적으로 발설되진 않았다. 당시 상황에선 그런 생각을 발설하는 건 위험한 일이었기에, 그의 개국론은 대원군이 하야하고 조선이 일본의 강요에 따라 조약체결 협상을 벌일 때부터 전개되었다.

박규수가 병인양요 당시부터 대미수교를 구상하고 있었다는 건 학계의 통설처럼 얘기돼왔다. 그러나 앞서도 지적되었듯이, 김명호는 "박규수가 1872년 두 번째 연행(燕行)을 계기로 사상적 전환을 하게 되기 전까지는 대원군의 긴밀한 협조자로 미국과의 분쟁에 대처하고 척사론자들과 마찬가지로 천주교 탄압정책에 동조했다"며 기존 통설에 의문을 제기했다.

김명호는 "박규수는 미국이 제너럴 셔먼호 사건을 조사하기 위해 1867년과 1868년 파견한 와추세트호 함장 슈펠트나 셰난도어호 부함장 페비거의 조회(照會, 외교문서)에 회신을 하지 않는 등 미국과의 대화와 협상을 일절 배격하는 조선 조정의 강경분위기에 대해, 우려를 나타내거나 '조선만이 예의지방은 아니다'는 식으로 불만을 드러냈다"며 "하지만 이런 사실을 확대 해석해 병인년 또는 신미년에 이미 박규수가 대미수교를 원하고 있었다고 주장하는 것은 근거가 박약한 '근대 앞당기기'로 비판될 여지가 있다"고 주장했다. 서세동점의 결과 장차 서양이 동양의 유교문명에 귀의할 것으로 본 박규수의 전망은 동도서기론적 개화사상의 단초로 평가할 수는 있으나 당시 그에게서 그 이상의 경륜을 찾아보기는 어렵다는 것이다. 김명호는 "당대의 조선인 중 가장 해외사정에 밝았던 개명적 인물인 박규수조차 암중모색을 하고 있었을 뿐, 천하의 불가피한 대세로서 대외개방을 받아들이는 결정적인 일보를 내딛지는 못했다"고 덧붙였다.(최영창 2005)

신미양요는 우발적 사건?

신미양요 때에 미 군함에 동승한 이탈리아 사진작가 펠리체 베아토(Felice Beato, 1832~1909)는 한국에 온 최초의 외신기자가 되었다. 당시 미국 『하퍼스 위클리(Harper's Weekly)』는 미 해군이 광성보에 성조기를 꽂는 베아토의 삽화를 게재하며 "한국인들에게 외국인들에 대한 의무를 좀더 잘 이해시키기 위해……"라고 의미를 달았다. 『뉴욕 헤럴드』는 "미개인들과의 작고 사소한 싸움"으로 보도했다.

최인진(1999)은 신미양요 때에 미국측에 의해 찍힌 "약 50여 점의 사진은 외국인에 의해 이 땅에서 우리가 촬영된 최초의 사진이자, 미국 측으로서도 해외에서의 전투장면을 기록한 것으로서는 최초의 사진이다"고 평가한다. 가장 널리 알려진 사진은 미국 군함 콜로라도호를 방문해 선물받은 맥주병과 미국 신문을 들고 있는 조선인의 모습이다.

이 사진이 시사하듯이, 신미양요는 우발적 사건이었다는 주장도 있다. 로저스는 처음엔 무력을 행사할 뜻이 없었기 때문에 주민들과 술도 나누며 수화(手話)로 친교를 나누었고, 주민들은 함께 술을 마신 후에 남은 맥주병을 신기하게 바라본 다음 소중하게 신문지에 싸가지고 돌아가는 등 분위기가 우호적이었다는 것이다. 그런데 일행 중에 주청공사 로가 로저스에게 조선을 정복하자고 꼬드겼고, 미국 수병들이 배를 이끌고 광성진 포대 쪽으로 올라갈 때 포대에서 장탄하고 있던 사냥꾼들이 총을 발사했는데 공교롭게도 총알이 기함(旗艦)에 꽂혀 있던 성조기의 깃대를 명중시켜 부러뜨렸다는 것이다. 이에 분노한 미국의 수병들이 "미국의 역사상 이토록 성조기가 모독을 당한 일이 없다"고 외치며 포대를 향해 돌격한 것이 결국엔 신미양요로 발전하게 되었다는 이야기다.

이 이야기(그리피스의 주장)를 소개한 신복룡(2002)은 "역사에서 가설이란 무의미한 것이지만, 만약 그러한 우발적 사건이 없었더라면, 한국 개화사는 비극이 아닌 좀더 평화로운 방법으로 전개될 수도 있었다"고 말한다.

그러나 김원모(1992)는 "미국 장병은 5년 전 프랑스 함대가 패주한 곳에서 '무력적 힘'으로 조선을 압도할 수 있다고 자신하고 있었다. 사실상 아시아 함대 내의 장병들이 품고 있었던 마음의 자세는 로 공사의 '평화적 의도'와는 정반대였다"며 로에 대해 다른 평가를 내린다. 어찌됐건 분명한 건 피할 수도 있었던 무력충돌이었다는 점이다. 미군의 탐사에 대한 사전허락 여부가 쟁점이었다. 조선군은 불법침입으로 간주했고, 미군은 허락을 받았다고 주장했다. 김원모는 "조·미 양측은 다 같이 상대방의 문화적 전통과 관습을 너무나 몰랐다"며 "상호이해의 결여로 인해 무력적 충돌이 발생했다고 볼 수 있다"고 주장한다.

어재연의 수자기(帥字旗)를 돌려다오

2007년 4월 25일 문화재청 관계자들은 미국 해군사관학교 박물관을 방문, 신미양요 때 미군이 전리품으로 가져간 장수깃발의 반환을 요청했다. 미국 메릴랜드주 애나폴리스 해군사관학교에 있는 이 깃발은 가로 세로 각 4.5미터의 노란색 대형천에 장수를 나타내는 한자 '수(帥)'를 새긴 것으로, 당시 조선군 지휘관 어재연을 상징하며 국내에는 이와 같은 형태의 수자기가 없다.

문화재청장 유홍준은 "미국 해사박물관장은 '미 해군이 그동안 전쟁에서 뺏은 각국 깃발은 모두 350개 정도인데 한 번도 돌려준 적이 없으며, 전투에서의 승리를 상징하는 귀중한 보물을 반환하는 것은 미 의회의 요청과 대통령의 서명이 있어야 한다'고 거절했다"며 "그러나 한국에서 보존과 전시를 잘할 수 있다면 장기대여가 가능하다는 입장도 미국 측에서 말했다"고 전했다.

2007년 10월 22일 '어재연 장군기'가 136년 만에 돌아와 환영식이 열렸다. 환영식에서 해병대 지휘관들은 깃발을 향해 거수경례를 했다. '어재연 장군기'는 미국 해사박물관으로부터 10년간 장기대여를 받은 것으로 국립고궁박물관, 인천광역시시립박물관에서 순차 전시된 후 2009년 개관한 강화박물관에 전시되었다.

미군 병사가 어재연의 수자기를 들고 서 있다.

참고문헌 김원모 1992, 백성현·이한우 1999, 손제민 2006, 송병기 2005, 신복룡 1991·2002, 신형준 2007, 오미환 2007, 유병선 2007, 윤재민 1998, 이규태 1983, 최영창 2005, 최인진 1999

그랜트-트웨인-콤스톡
'도금시대'의 사회상

1872년 대선—율리시스 그랜트 재선

율리시스 그랜트 대통령은 남북전쟁의 영웅인데다 비판적 어조로 '로비스트'라는 말을 만들어낸 인물이었음에도 그의 행정부는 온갖 무능과 부패로 얼룩졌다. 그 덕분에 생겨난 '그랜트주의(Grantism)'란 말은 부패, 족벌주의, 정실인사의 상징이 되었다.

그랜트의 첫 임기가 끝날 즈음 자신들을 자유공화당원(Liberal Republicans)이라고 지칭한 공화당의 거대분파 구성원들은 부정부패를 상징하는 그랜트주의에 반대하고 나섰다. 제3정당인 '자유주의 공화당' 후보는 『뉴욕 트리뷴』의 발행인인 호러스 그릴리였다. 그릴리는 노예제도 폐지를 열렬히 지지한 공화당 창시자 중 한 명이었으며 유명 언론인이었지만 정치경험은 전무했다. 게다가 채식주의자고 기괴한 심령술을 믿는 등 좀 엉뚱한 면이 많았다.

그릴리는 민주당의 비판자였음에도 불구하고 민주당의 기수가 되었다. 민주당이 "그랜트만 아니면 된다"는 생각에 사로잡혀 그릴리를 지지했기 때문이다. 많은 민주당원들은 그랜트를 밀어내고 싶어 안달이 난 나머지, 그릴리가 자신들을 배신자, 말도둑, 멍청이라고 무시함에도 불구하고 그를 지지한 것이다. 미국 역사상 주요정당이 자신들의 후보를 내세우지 않은 채 제3정당의 후보를 지지한 것은 이때가 유일하다.

1872년 대통령 선거는 추악하고 개인적인 중상모략으로 얼룩진 선거였다. 『뉴욕 선(The New York Sun)』은 이 선거를 '중상모략의 홍수'라 명명했다. 그릴리의 비판자들은 그가 카를 마르크스를 해외특파원으로 고용하고 죽은 사람의 영혼과 얘기를 나눴다고 주장하는 미친 사람이라고 공격했다. 사람들은 거의 눈치채지 못했지만 그릴리는 선거기간중 거의 정신병자와 같은 상태에 있었다. 그랜트는 286명의 선거인단 투표수와 359만7000명의 유권자 투표수로 승리했다. 반면 그릴리는 선거인단 66명에 유권자 투표 283만4000명을 기록했다. 그릴리는 선거가 끝난 지 3주후에 과로와 우울증으로 정신병원에서 사망했다.

그랜트는 '스캔들 대통령'

그랜트는 두 번째 임기를 시작하자마자 국가적 재정위기에 직면했다. 이는 필라델피아에서 가장 큰 은행인 제이쿡 회사(Jay Cooke and Company)의 도산으로 시작되었다. 이 회사가 전후 철도건설에 너무 많은 투자를 한 것이 화근이었다. 채무자들은 전쟁공채를 남북전쟁중에 인쇄했던 지폐통화의 일종인 그린백(greenbacks)으로 상환해줌으로써 유통화폐량을 증가시킬 것을 촉구했다. 이런 통화팽창주의자들, 즉 그린백 지지자들은 1875년 자신들의 정치조직인 전국 그린백당(National Greenback Party)을 결성해 이후 세 번의 대통령 선거에서 활약했지만 광범위한 지지를 얻는 데는 실패했다. 하지만 화폐문제를 여론화하는 데엔 성공했다.

그랜트는 두 번째 임기에도 '그랜트주의'에 빠져 '스캔들 대통령'이라는 오명을 벗어나지 못했다. 대통령 퇴임 후 그랜트가 벌인 세계여행은 미국 역사상 가장 유명하고, 어쩌면 가장 긴 가족휴가일 텐데 이 또한 오명의 연속이었다. 1877년 봄 그랜트는 아내 줄리아(Julia), 아들 제스(Jesse)와 함께 필라델피아를 출발해 유럽으로 떠났다. 『뉴욕헤럴드』의 제임스 고든 베넷 2세가 여행 경비를 제공했고, 미국 해군이 이동수단의 상당부분을 책임진 여행이었다.

그랜트는 여행 중 매번 초대받은 만찬에서 믿기 어려울 정도로 촌스러운 짓을 감행하곤 했다. 베네치아에 가서는 "물을 빼서 말리면 멋진 도시가 될 것"이라고 했다. 아내 줄리아도 부창부수(夫唱婦隨)였다. 영국 빅토리아 여왕이 버킹엄궁전의 연회에서 거북해하며 자신의 '고된 의무'를 핑계대며 자리를 뜨려고 하자 줄리아는 "그러세요, 알 것 같습니다. 나도 위대한 지도자의 아내를 해봤거든요"라고 말했다나. 인도 캘커타에서는 인도 총독 리튼(Robert Bulwer-Lytton, 1831~1891)과 만났는데, 리튼은 나중에 술에 취한 그랜트가 만찬석상에서 영국인 숙녀들의 몸을 더듬었다며 다음과 같이 비난했다.

"그때까지만 해도 '위대한 서방공화국'의 이 음흉한 전직 대통령은 '우리의 기품 있는 손님'이었다. 그러나 술에 취하자 자신도 난봉

꾼이 될 수 있음을 보여주었다. 그는 A부인을 손으로 더듬었고, 비명을 지르는 B양에게 키스를 퍼부었으며, 포동포동한 C부인을 검푸른 멍이 들 정도로 꼬집었고, 강간하려고 D양에게 달려들었다. 이 고귀한 야수는 발정난 코끼리처럼 행동했고, 참석한 여성 하객들을 전부 히스테리 상태에 빠뜨리고 나서야 비로소 억지로 제지당한 후 여섯 명의 수병에 의해 마치 네 발 짐승처럼 끌려 나갔다."

말년의 그랜트는 전 재산인 10만 달러를 금융회사에 투자했다가 사기꾼에게 홀랑 털려 무일푼이 되고 말았다. 엎친 데 덮친 격으로 암까지 걸린 그는 가족의 생계를 위해 신문에 자서전을 연재했다. 자서전 집필은 사망 1주일 전까지 계속되었는데, 그의 사후 책이 잘 팔려 당시 출판업자이기도 했던 마크 트웨인(Mark Twain, 1835~1910)은 자서전 출판에서 생긴 수익금 50만 달러를 그랜트 가족에게 전달했다.

마크 트웨인의 '도금시대'

1873년 마크 트웨인과 찰스 두들리 워너(Charles Dudley Warner, 1829~1900)는 『도금시대(The Gilded Age)』를 출간했다. 미국 산업발전의 병폐, 특히 철도비리와 정치적 부패상을 풍자한 이 책의 제목으로 인해, 미국사에선 1870년대부터 1890년대까지를 '도금시대'라고 부른다. 논자에 따라선 1860년대부터 1차대전의 전야인 1914년까지를 도금시대로 보기도 한다. '도금'이란 말이 시사하듯이 이 시대는 이른바 '날강도 귀족(The Robber Barons)'들이 사실상 대부분의 주의회와 연방사법부, 상원을 지배한 가운데 겉만 번지르르한 기만과 강탈의 기운이 충만한 때였다. 데이비스(Davis 2004)는 다음과 같이 말한다.

마크 트웨인과 찰스 두들리 워너의 『도금시대』 초판의 표지와 삽화.

"겉만 번지르르하고 속은 천박하고 지저분한 그런 진보였다. 그것은 철로 한 구간을 깔 때마다 그리고 석탄과 철광석 1톤을 캘 때마다 수천 명의 목숨을 앗아간 그런 진보였다. 태반이 정치적 발언권이 아예 없거나 거의 없는 이민자이거나 퇴역병이었던 노동자들은 위험하고 비위생적인 노동조건 속에 형편없는 급여를 받으며 노동에 종사했다. 이 시기에 새롭게 형성된 부는 또 엄청난 부패의 시대를 여는 계기가 되기도 했다. 눈 하나 깜짝 안 하고 수백만 달러를 받아 챙겼던 뉴욕과 워싱턴의 정치인들, 그런 정치인들을 떡 주무르듯 주무른 백만장자 기업인들에 비하면 서부개척시대의 무법자들은 삼류 사기꾼에 불과했다."

도금시대엔 '노동자 착취공장(sweatshop)'이 극성을 부렸다. 이 단어는 1867년에 처음 등장했는데, 비슷한 시기에 도시의 어두운 환락가를 뜻하는 텐덜로인(tenderloin)이라는 단어도 사용됐다. 뉴욕 42번가 지역에 근무하면서 부정이익을 챙기게 된 덕에 다진 쇠고기 대신 허리쪽 연한 고기(tenderloin)를 먹게 되었다고 말한 어느 경찰의 입에서 맨 먼저 나온 말로 추정된다. 창녀의 해부학적인 특징에 대한 말장난이 이 단어의 정착에 기여했다.

도금시대의 생생한 증인이 된 트웨인의 본명은 새뮤얼 클레먼스(Samuel Langhorne Clemens)이며, '마크 트웨인'이란 말은 원래 배를 운항할 때 강의 깊이를 나타내는 말이다. 미시시피강에서는 이 수심을 경계로 기선이 강바닥에 닿지 않고 지나갈 수 있었다. 트웨인이 1869년 출간한 『시골뜨기 해외여행기(The Innocents Abroad)』는 유럽인의 문화와 관습을 조롱함으로써 폭발적 인기를 얻었다. 이 책은 짧은 기간에 15만 부가 팔려 트웨인을 부자로 만들어주었으며, 트웨인의 이름을 전국적으로 알리는 계기가 되었다.

트웨인은 1867년 12월에 처음 만난, 광산소유자이자 석탄도매상으로 부자인 저비스 랭돈(Jervis Langdon)의 딸 올리비아 랭돈(Olivia Langdon, 1845~1904)에게 계속 청혼했지만 잇따라 거절당했다. 트웨인의 무질서한 생활에 반감을 가진 그녀의 아버지는 사설탐정을 고용해 트웨인을 감시하기도 했다. 트웨인은 착실한 청교도가 될 것을 굳게 약속하고 마침내 1870년 2월 랭돈과 결혼하는 데에 성공했다. 『도금시대』는 트웨인이 여행기작가에서 소설가로 변신하는 계기가 된 작품이다. 소설가로서의 트웨인의 활약은 나중에 살펴보기로 하자.

콤스톡법의 제정

앞서 'bowdlerize(불온한 부분을 삭제하다)'란 말이 탄생하게 된 배경에서 보았듯이, 책에서 불온한 부분을 삭제하는 관행은 영국에서 시작되었지만 미국에서 꽃을 피웠다. 금기어가 수백 개나 양산되었으며, 19세기 중반에 이르러선 머리, 손, 발목을 제외한 인간의 신체와 관련된 해부학적 특징이나 옷 품목으로까지 확대되었다. 심지어 발가락(toe)조차 수치스러운 표현에 속해 정중한 모임에서는 절대 사람들의 입밖에 나오지 않았다. 그냥 발(foot)이라고 불렀다. 한 독일인은 여러 사람들이 모인 곳에서 '코르셋'이라는 말을 무심코 했다가 쫓겨나기도 했다. 가슴이 성장하는 어린 소녀는 의사에게 위에 통증이 있다고 설명해야 했는데, 위(stomach)는 허리와 머리 사이에 있는 모든 것을 의미했다.

겉과 속이 전혀 다른 이중성은 도금시대의 또다른 특성이었다. 이를 잘 보여준 인물이 헨리 워드 비처(Henry Ward Beecher, 1813~1887) 목사다. 그는 "편법은 순간이고 원칙은 영원하다" "패배는 진실이 늘 강하게 자라나는 학교다" 등등 지금도 많이 인용되고 있는 주옥같은 명언을 많이 남긴 인물이다. 당시 미국에서 가장 경건하고 자칭 공공도덕 질서를 잘 지키는 성직자로 유명했던 그는 여신도를 유혹하여 희롱하는 엽색행각에서 발군의 실력을 보인 것으로 드러났다. 거의 모든 분야가 이런 식이어서, 당시 유럽을 방문한 미국인에게 유럽인들은 "미국은 모든 사람이 타락하지 않았나요?"라는 질문을 던지곤 했다나.

이런 이중원리에 의해 각종 도덕적 금기어가 양산되는 그 시기에

매매춘이 극성을 부렸다. 남북전쟁 이후 매매춘이 널리 퍼졌기 때문에 여러 도시의 공직자들은 아예 양성화 방안을 고려했다. 1867년 뉴욕시 경찰당국은 매춘의 합법화 계획을 지지했다. 세인트루이스에서 매춘은 법적으로 인정을 받았으나 교회지도자들이 적극적으로 반대하면서 흐지부지되었다. 동부의 대도시에서 매춘은 아주 공개적으로 이루어졌다. 심지어 고객들에게 최고의 사창가를 소개하는 두툼한 안내책자까지 출판되었다. 1870년대 뉴욕에는 약 1만 명의 매춘부가 활약했다.

매매춘이 기승을 부렸기 때문에 동시에 반음란활동도 최고조에 이르렀다. 1870년대 반음란 활동의 선구자는 단연 앤서니 콤스톡(Anthony Comstock, 1884~1915)이다. 뉴욕퇴폐추방협회 회원들 중 가장 유명했던 그는 뉴욕의 유곽들을 공격하는 데에 앞장을 섰다. 그의 운동 덕분에 1873년 연방음란규제법 또는 속칭 '콤스톡법(Comstock law)'이 통과되었다. 그는 그 법의 통과 이후 우편공사 하청업체 사장으로 변신하여 음란우편물을 적발하는 일을 맡았다. 그 일을 하는 보상은 벌금에서 일정액을 받는 방식이었으므로, 적발을 많이 할수록 많은 돈을 벌게끔 되어 있었다. 물론 그는 종교적 열정을 가지고 열심히 달려들어 많은 적발을 했다. 콤스톡이야말로 포르노로 큰돈을 번 최초의 인물이었던 셈이다.

19세기 말 미국엔 광신적인 포르노 단속바람이 불었다. '에로틱한 예술(erotic art)'조차 인정되지 않았다. 우편공사는 성교육·의학 저널까지 섹스문제를 다루었다는 이유만으로 발송을 금지시켰다. 예컨대, 『미국우생학저널(American Journal of Eugenics)』은 『매춘의 역사(The

History of Prostitution)』라는 책의 광고를 실었다는 이유로 발송을 금지당했다.

콤스톡법은 도금시대의 한 요소로 보는 게 옳으리라. 이른바 '가치 패러독스(value paradox)'의 원리에 따른 반작용인 셈이다. 평소 삶에 녹아 있는 가치와 정반대되는 가치를 의도적인 활동을 통해 충족시키고자 하는 역설이다. 도금시대의 타락이 극으로 치닫기 때문에 나타난 정반대의 극, 이런 '극 대결'은 이후 미국사에서 자주 나타나는 풍경이다.

참고문헌 Beatty 2002, Brian 2002, Brinkley 1998, Bryson 2009, Davis 2008, Folkerts & Teeter 1998, Means 2002, Miller 2002, Pember 1984, Shenkman 2003, Swint 2007, Weil 2003, 김재신 1994, 박경재 1995, 태혜숙 1998

4000만 버펄로의 멸종
리틀 빅혼 전투

"버펄로 한 마리를 죽이면 인디언 열 명이 죽는다"

"19세기 초의 인디언 제거기간 동안 앤드루 잭슨이 약속한 '인디언 영구 정착지'는 인디언의 슬픈 역사에 있었던 모든 조약이 그러하듯, 공기업인과 사기업인들에 의해 깨진 지 이미 오래였다. 남북전쟁이 끝나자 정치인, 투기꾼, 농부, 철도업자, 목축업자들은 전쟁 때문에 중단된 것을 마저 차지하려고 혈안이 되어 있었다." (Davis 2004)

그 결과, 1866년부터 1891년까지 25년간 연방군은 인디언 부족과 끊임없이 전쟁을 벌이게 된다. 아니 전쟁이라기보다는 일방적인 소탕이었다. 1867년 윌리엄 테컴서 셔먼 장군은 "올해 인디언을 많이 죽일수록 내년에 죽일 인디언이 그만큼 줄어든다. 우리가 인디언을 죽여야 하는 이유는 이렇다. 이들은 모조리 죽이거나 거지 종자로 남겨두는 게 마땅하다는 생각이 보면 볼수록 들기 때문이다"라고 말했다.

1870년대 들어 인디언 소탕의 주요방법은 '버펄로 죽이기'로 나타났다. 백인들이 나타나기 전 미국 대평원의 주인공은 버펄로였다. 버펄로는 인디언의 주요식량이었지만, 버펄로와 인디언은 얼마든지 공존할 수 있었다. 버펄로에게 비극이 닥친 건 백인들의 총질이 시작되면서부터였다. 유럽인들이 처음 도착했을 때 북아메리카엔 4000만 마리의 버펄로가 있었는데, 1830년대부터 고기와 가죽을 목적으로 하는 상업적 사냥이 시작되면서 1850년엔 2000만 마리, 1865년엔 최소한 1500만 마리로 줄었다. 이후 무작정 죽이기가 시작되었고, 그 결과 1875년경에는 그중 1000마리도 남아 있지 않았으며, 1870년대 말에는 거의 멸종되고 말았다.

'버펄로 죽이기'의 와중에 한 서부영웅이 나타났으니, 바로 버펄로 빌(Buffalo Bill, 1846~1917)이었다. 본명은 윌리엄 프레더릭 코디(William Frederick Cody)인데, 버펄로 사냥을 잘한다고 해서 '버펄로 빌'이라는 별명을 가지게 되었다. 혼자서 8개월 동안 4280마리의 버펄로를 사냥했다나. 그런가 하면 전설적인 서부 총잡이인 빌리 콤스톡(Billy Comstock)과 8시간 동안 누가 버펄로를 더 많이 사냥하는가 하는 내기에서 이김으로써 얻은 타이틀이라는 설도 있다. 콤스톡이 49마리를 사냥한 반면, 코디는 69마리를 사냥했다고 한다. 코디는 인디언과의 전쟁에서 용맹을 떨쳐 1872년 미국 최고의 무공훈장인 명예훈장을 받기도 했다.

1872년 3월 1일 조성된 옐로스톤 국립공원은 대규모의 황야를 공공의 목적을 위해 보존한 세계 최초의 사례로 긍정적 평가를 받지만, 버펄로 이야기는 좀처럼 거론되지 않는다. 미국의 일부 역사책에서는 버펄로의 대량학살을 파괴적인 낭비행위라고 설명하지만, 그건 "버펄로를 육우로, 인디언을 카우보이로 대체하려는 분명하고도 체계적인 정책"의 산물이었다. 1870년 미국의 육군성은 인디언들의 양식인 평원의 버펄로를 제거함으로써 인디언 정책을 학살에서 굴복시키는 쪽으로 방향을 전환했던 것이다.

버펄로가 사라지자 인디언들은 생존을 위해 미국 정부의 식량에 의존하게 되었고, 끝내는 대평원을 백인들에게 내주고 좁은 보호구역에서 연명하는 길을 걷게 된다. 당시 미국 서부군 사령관 필립 셰리든(Philip Sheridan, 1831~1888)은 텍사스 입법부에서 버펄로 사냥꾼들이 "골치 아픈 인디언 문제를 해결하는 데 지난 30여 년 동안 전체 정규군이 거둔 성과보다 더 많은 기여를 했다"고 증언했다. 실제로 버펄로 사냥의 캐치프레이즈는 "버펄로 한 마리를 죽이면 인디언 열 명이 죽는다"였다.

철도회사들은 버펄로 사냥을 위한 거대한 수렵탐험대를 조직했다. 당시 버펄로 사냥은 인기 있는 스포츠 행사였다. 부유한 동부인들과 유럽 왕족들 사이에서 선풍적인 인기를 끌었다. 철도회사에서는 움직이는 기차에서 편안하고 안전하게 직성이 풀릴 때까지 버펄로를 향해 마음껏 방아쇠를 당길 수 있다고 광고했다. 수많은 엽기 무용담들이 만들어졌다. 1500여 명의 사냥꾼이 부채꼴로 서서 평원을 향해 한꺼번에 총질을 했다거나, 죽은 버펄로에서 벗긴 가죽을 쌓았더니 무려 4에이커(16만 제곱미터)에 이르는 산이 생겼다는 이야기들이 떠돌았다. 보다 못한 덴버의 『로키산맥 뉴스(Rocky Mountain News)』지는 1872년 5월 평원의 스포츠 사격을 다음과 같이 비판했다.

"지나가는 열차로부터 무자비하게 총질을 당한 버펄로들의 사체가 버펄로 지대를 관통하는 철도 양쪽에서 서서히 썩어가고 있었다. 아무래도 철도지구 총경의 명령으로 열차에서 총질을 금지하는 규약을 강제로라도 시행하는 것이 좋을 듯싶다."

이제 버펄로는 사라지고 인간이 키우는 육우의 시대가 도래했다. 이에 때맞춰 1875년 뉴욕의 젊은 발명가 존 I. 베이츠(John I. Bates)는 대형 팬에 의해 냉각된 공기를 순환시키는 방식으로 냉동실에 쇠고기를 보관하는 실험에 성공했다. 그해 영국에 열 마리의 쇠고기를 보냈는데, 신선한 상태로 도착했다. 이후 육우수출은 미국의 성장산업으로 비약적인 발전을 하게 된다.

통조림 제조기술도 비약적으로 발전했다. 통조림공장들은 이미 1817년경부터 세워졌지만, 수작업을 기계로 대체한 것은 1868년부터였다. 이후 거대한 통조림회사들이 특히 시카고에 많이 설립되어, 일관된 작업공정으로 비용을 줄이고 규격을 표준화시켰다. 1860년대 말 발효와 부패에서 미생물에 의한 작용에 관한 파스퇴르(Louis Pasteur)의 발견이 이루어지면서 통조림의 신선도를 높이는 기술도 크게 발전했다.

리틀 빅혼 전투

버펄로의 운명은 곧 인디언의 운명이기도 했다. 그때까지 남아 있던 인디언 종족 중 가장 강력하고 수가 많은 종족은 수족으로 사우스다코타(South Dakota)주의 블랙 힐스(Black Hills)에 위치한 인디언 보호구역에 살고 있었다. 다코타는 수족의 언어로 친구나 동지라는 뜻이었지만, 수족에게 친구와의 이별을 요구하는 '골드러시'라는 비극이 닥쳤다.

1874년 6월 30일 조지 암스트롱 커스터(George Armstrong Custer, 1839~1876) 대령은 블랙 힐스에서 콩알만한 금을 발견하고 이를 미국 정부에 알렸다. 커스터는 남북전쟁 시 23세의 나이로 의용군 임시장군으로 진급해 최연소 장군을 기록했다가 전후 정상계급인 대위로 돌아갔지만 계속 장군으로 불렸다. 강렬한 인상을 드러내기 위해 머리를 길러 인디언들은 그를 '장발'로 불렀다. 남북전쟁 때 남부군 총사령관 로버트 리 장군을 끈질기게 추적해 항복을 앞당긴 것으로도 유명한 커스터는 1868년 캔자스의 제7기병대로 부임해 인디언 토벌작전을 이끌면서 인디언의 식량인 버펄로를 대량학살하던 중 금을 발견한 것이다.

그 땅을 떠나라는 명령을 받자 수족은 샤이엔족과 합세하여 몬태나 남부의 리틀 빅혼(Little BigHorn)강 유역에 병력을 집결시켰다. 1876년 여름 커스터는 공격을 삼가라는 특별명령을 어기고 2000~4000명 정도의 인디언들이 그의 공격을 기다리고 있다는 경고도 무시한 채 250명의 병력을 이끌고 공격을 감행했다. 이게 바로 1876년 6월 25일에 벌어진 리틀 빅혼 전투다. 이 전투는 커스터 부대의 몰살로 끝났다. 도망치는 것을 보고도 인디언이 살려둔 병사는 오직 인디언 혼혈의 정찰병 한 명뿐이었다.

커스터 부대의 몰살은 커스터의 무모한 만용에 그 원인과 책임이 있었지만, 동부 신문들은 리틀 빅혼 전투를 전혀 다른 내용으로 썼다. 건국 100주년 기념행사에 흥분해 있던 미국인들은 그 전투를 피에 굶주린 인디언들의 학살극으로 받아들였다. 이 전투에서 커스터의 두 동생과 조카 등 커스터 일가 5명이 모두 숨졌기에 신문들은 '커스터의 마지막 저항'이라며 커스터의 행위를 미화하고 낭만화했다. 그는 순식간에 문명의 편에서 야만을 퇴치하려다 산화한 순교자가 되었다.

나중에 커스터와 리틀 빅혼 전투는 50여 편의 영화, 텔레비전 드라마로 제작되었다. 전투장면을 그린 그림만도 960편이나 나왔다. 20세기 말에 실시된 조사의 결과, 커스터가 영화에 주인공으로 등장한 횟수는 33회로 링컨(137), 그랜트(50), 워싱턴(38)에 이어 4위를 차지했다.

시팅 불, 크레이지 호스, 버펄로 빌

미국의 민심은 수족에 대한 전면전을 요구했다. 결국 미국 정부는 대규모 병력을 파견하여 수족을 일망타진했다. 수족의 영적 지도자 시팅 불(Sitting Bull)은 400명의 부족을 이끌고 캐나다 지역으로 도피했다가 캐나다 정부의 외면으로 다시 미국으로 돌아와 항복했다. 수족의 현장 지도자는 전설적인 전사 크레이지 호스(Crazy Horse)였다. 그는 1877년 5월 몇 안 남은 수족과 함께 다른 지역으로 도피했으나 1877년 9월 연방군의 덫에 걸려 사망했다. 그는 마지막에 다음과 같은 말을 남겼다.

"우리는 버펄로를 식량으로 삼고, 버펄로 가죽으로 옷과 천막을 만들어 살아왔다. 보호구역에서 빈둥거리며 사는 것보다는 사냥하며 살기를 원했다. 우리의 의지대로 살고 싶었기 때문이다. 먹을 것이 부족할 때도 있었으나 보호구역을 떠나 사냥을 할 수도 없었다. 우리는 우리 방식대로 살기를 원했다. 정부에는 아무런 재정적 부담도 지우지 않았다. 우리가 원한 것은 다만 평화였고 우리를 그냥 내버려두라는 것이었다. 그런데도 겨울에 병사들을 보내 우리 마을을 파괴했다. '장

1885년경 시팅 불과 버펄로 빌(왼쪽), 1877년 크레이지 호스(오른쪽).

발(커스터)'도 같은 방식으로 우리를 공격했다. 사람들은 우리가 그를 학살했다지만 우리가 끝까지 싸우지 않았다면 그는 우리에게 똑같은 짓을 저질렀을 것이다. 우리는 순간적으로 부녀자들을 데리고 탈출해야 한다고 느꼈으나 사방이 가로막혀서 싸울 수밖에 없었다."

훗날 일부 백인들은 이상한 방식으로 크레이지 호스를 기념했다. 브루클린의 한 회사는 '크레이지 호스 몰트 리쿼(Crazy Horse malt liquor)'라는 술을 만들어 팔았다. 인디언 복장에 깃털 모자를 두른 남자의 얼굴이 라벨로 박혀 있는 술이다. 나중에 이 회사는 인디언 후손에게 법정피소를 당했다. "크레이지 호스는 전혀 알코올을 입에 대지도 않은 인물로 백인들의 술 마시는 습성을 경멸했던 영웅인데, 이 회사가 그의 명예를 더럽혔다"는 이유에서였다. 오늘날까지도 미국엔 크레이지 호스라는 이름의 술집들이 많다.

백인들은 크레이지 호스를 마시면서 무슨 생각을 할까? 세월이 흐르면 모든 게 음미할 만한 추억이 되는 걸까? 버펄로 사냥과 인디언 사냥에 앞장섰던 버펄로 빌이 1872년부터 서부영웅의 반열에 오른 자신의 명성을 업고 서부극 쇼의 흥행사로 변신해 대성공을 거둘 수 있었던 것도 그런 이유 때문이었으리라.

바넘의 활약

버펄로 빌 이전에 피니어스 테일러 바넘(Phineas Taylor Barnum, 1810~1891)도 1843년 뉴저지 공연에서 버펄로 사냥을 무대에 올린 바 있었다. 여기서 잠시 바넘 이야기를 하고 넘어가자. 바넘은 1842년 피지섬에서 잡혔다는 피지 인어를 전시함으로써 세상을 또한번 떠들썩하게 만들었다. 이건 원숭이 미라와 마른 물고기를 붙여서 만든 것이었지만, 대중의 호기심을 자극하는 데에 진실은 별로 중요하지 않았다. 관객은 몇 시간 동안 줄을 서야 할 만큼 인산인해(人山人海)를 이루었다.

바넘은 바로 그해에 바넘쇼의 상설 전시관이자 공연관으로 아메리칸 뮤지엄(American Museum)을 열었다. 미국에서 처음으로 공개된 하마를 '성서 속의 거수(巨獸)'라거나 코뿔소를 유니콘이라고 과대광고하거나 속이는 식으로 관객을 끌어모으는 공간이었다. 관객이 너무 많아지면 무슨 진기한 구경거리가 있는 것 같은 느낌을 주는 표지를 붙여 유인함으로써 전시장 밖으로 나가게끔 만들었다. 관객은 다시 돈을 내고 입장해야만 했다. 분노를 터뜨릴 법도 한데, 관객은 그런 속임수마저 마냥 재미있어 했다.

그런데 박물관이라니! 사실 이름부터가 도발적이었다. 근엄하게만 여겨지던 '박물관' 개념을 대중화, 속물화한 것이다. 이 또한 잭슨 민주주의의 특성이었다. 지식인들의 비난이 쏟아졌지만 대중은 마냥 즐거워했다. 관객은 휴일도 없이 언제든 찾아갈 수 있으며, 그것도 하루 종일 놀 수 있다는 점에서 편안함을 느꼈다.

아메리칸 뮤지엄을 연 직후 바넘은 톰 섬(General Tom Thumb, 1838~1883)이라는 난쟁이를 대중에 소개했다. 다섯 살로 25인치(약 63.5센티미터)의 키에 불과한 톰 섬은 대단히 조숙해 영악할 정도로 똑똑했거니와 말도 잘하고 잘 까불어 대중의 폭발적인 인기를 끌었다. 영국 버킹엄궁을 방문해 빅토리아 여왕 앞에서 공연을 했을 정도였다.

바넘은 1850~1851년엔 '스웨덴의 나이팅게일'로 불린 소프라노 가수 제니 린드(Jenny Lind, 1820~1887)를 미국에 초청해 전국순회 장기공연을 벌임으로써 엄청난 돈을 벌어들였다. 1855년 출간된 바넘의 자서전(『The Life of P. T. Barnum Written by Himself』)은 미국에서만 16만 부가 팔려나갔으며, 영국·독일·프랑스 번역판까지 나왔다. 그는 1869년 두 번째 증보판 자서전(『Struggles and Triumphs: Or, Forty Years' Recollections of P. T. Barnum』)을 낸다.

바넘은 톰 섬의 인기가 시들해지자, 1862년 라이벌 난쟁이 커모더너트(Commodore Nutt, 1814~1881)를 등장시키고, 여기에 여자난쟁이를 붙여 삼각관계를 조성한다. 결국 톰 섬의 결혼으로 해피엔딩이 되었지만, 대중은 톰 섬 부부가 어떤 식으로 부부관계를 가질지 궁금해했으며 비평가들은 바넘이 장난친 거라며 비난을 퍼부었다.

1863년 2월 10일 톰 섬 부부의 결혼식.

    그럼에도 1863년 2월 10일 톰 섬의 결혼식은 앰브로스 번사이드 장군, 코넬리우스 반더빌트의 부인 등 유명인사들이 대거 참석한 대행사가 되었다. 링컨 대통령은 백악관으로 톰 섬 부부를 초청하기도 했다. 바넘은 잭슨 민주주의자로 남북전쟁 직전까지 민주당에 충성하다가 노예제에 대한 반감 때문에 링컨을 지지했다. 이런 배경 때문에 톰 섬의 결혼은 남북전쟁으로 인한 우울한 분위기를 치유하려는 링컨과 바넘의 합작 음모라고 주장하는 책마저 등장했는데, 이는 바넘 홍보술의 승리를 입증해주는 주장이나 다름없는 것이었다. 남북전쟁 상처의 치유엔 바넘도 크게 기여했겠지만, 남북전쟁 직후 폭발적인 인기를 끌었던 건 서부극이라는 데에 주목하는 게 옳으리라. 이와 관련, 양홍석(2008)은 다음과 같이 말한다.

"당시 미국인들은 남북전쟁의 고통을 잊게 해줄 수 있는 영웅담을 찾고 있었다. 동부 사람들은 서부를 통해 무한한 낭만과 희망을 구하고자 했다. 동족상잔의 비극을 겪은 미국인들은 새롭게 정돈된 국가 안에서 단결을 위해 미지의 서부를 정복대상으로 그려내고자 했다. 미국인들은 서부이야기를 통해 무한한 스릴과 판타지에 탐닉하고자 했다."

미국에 항복했던 시팅 불마저 1885년부터 버펄로 빌이 이끈 〈버펄로 빌의 와일드 웨스트〉에 인디언 추장으로 출연하게 된다. 이 공연은 수백 명의 카우보이, 인디언, 기병대원들이 배우로 나와 서부의 모습을 재연했는데, 서부영화가 나오기 이전의 대규모 연극으로 미국은 물론 유럽 공연에서도 큰 성공을 거두었다.

러시모어산의 인물 조각상

케빈 코스트너(Kevin Costner)가 주연을 맡고 감독까지 한 영화 〈늑대와 춤을(Dances with Wolves)〉(1990)에 나오는 인디언 종족이 바로 크레이지 호스의 수족이다. 이 영화의 배경이자 촬영지도 사우스다코타주의 블랙 힐스 대평원이다. 이곳의 산봉우리에는 두 개의 암벽 인물상이 새겨진 걸로 유명하다. 하나는 러시모어산(Mount Rushmore)의 대통령 얼굴바위, 다른 하나는 인디언 전사 크레이지 호스 얼굴바위다.

러시모어에 새겨진 대통령 얼굴은 조지 워싱턴, 토머스 제퍼슨, 에이브러햄 링컨, 시어도어 루스벨트(Theodore Roosevelt) 4명이다. 4개의 얼굴상은 크기가 같은데 얼굴이 18미터, 코가 6미터, 눈은 3미터다. 1927년 8월 10일에 시작돼 1941년 10월 31일 완공되었다. 조각가 거츤 보글럼(Gutzon Borglum, 1867~1941)의 집념이 만들어낸 작품이다. 착공식 때에 보글럼은 다음과 같이 말했다.

"아메리카의 역사가 끝없는 능선을 따라 영구히 펼쳐질 바로 이곳에 워싱턴, 제퍼슨, 링컨, 루스벨트와 같은 위대한 지도자들을 높이 새깁시다. 위대함이 넘쳐나는 그들의 말과, 그들의 얼굴을. 그 기록들은 바람과 비만이 닿아 없앨 뿐 영원히 보존될 것입니다."

거츤 보글럼이 완공 7개월을 남겨놓고 세상을 떠났지만 대를 이어 받은 아들 링컨 보글럼(Lincoln Borglum, 1912~1986)이 마무리지었다. 미국인들이 '민주주의의 전당(Shrine of Democracy)'으로 부르는 이곳엔 매년 300만 순례객들의 발길이 끊이지 않는다.

시어도어 루스벨트가 포함된 것에 이의를 제기하는 사람들도 있다. 진(Zinn 2008)은 "그 조각은 그의 인종차별, 군국주의, 전쟁애호에 대한 우리의 역사적 기억상실증을 영원히 기념하고 있는 셈이다"며 "루스벨트 대신 마크 트웨인으로 바꾸는 것은 어떨까?"라고 묻는다. 그러나 진의 이런 주장에 공감하는 미국인들은 많지 않을 것이다. 루스벨트는 무엇보다도 혁신주의(Progressivism)의 선봉장이었으니까 말이다. 다만 비극이라면 혁신주의와 제국주의는 동전의 양면관계를 형성하고 있다는 점일 게다. 이 문제는 물론 루스벨트와 트웨인에 대해선 나중에 자세히 이야기하기로 하자.

여기서 24킬로미터 떨어진 곳에 러시모어 얼굴상보다 훨씬 거대한 크레이지 호스 조각상이 있다. 서울 남산만한 바위산의 정상부터 중턱까지를 깨고 다듬은 초대형 조각상이 1948년에 착공해 지금도 만들어지고 있다. 높이 169미터, 길이 192미터다. 50년 만인 1998년 6월에 완공된 얼굴 부분만 27미터의 길이다. 앞으로도 100년 이상 걸려야 완공이 가능하다고 한다. 보글럼의 제자인 조각가 코작 지올코브스키(Korczak Ziolkowski, 1908~1982)가 1939년 수족의 추장 헨리 스탠딩 베어(Henry Standing Bear)의 요청을 받고 시작해 그가 죽은 뒤엔 그의 부인과 10명의 자녀들이 작업을 계속하고 있다. 1999년 6월 이곳을 찾은 빌 클린턴(Bill Clinton) 대통령은 상상을 초월하는 규모에 놀라 "코작 가족들의 승리다. 그들의 비전과 에너지, 역사에 대한 이니셔티브(initiative, 진취성)가 이 힘 있는 기념상을 창조했다"고 격찬했다.

심영섭(2009)의 감상기에 따르면, "열세 살 때 읽었던 크레이지 호스 조각상을 보러 옐로스톤으로 떠났다. 가는 길에 들른 러시모어의 큰 바위 얼굴들을 보니, 솔직히 그냥 그랬다. 국가적 모뉴멘트(monument, 기념물)가 주는 표준적인 거대함 같은 것들. 그러나 얼굴만 간신히 조각된 크레이지 호스를 보는 감회는 남달랐다. 크기가 문제가 아니라 시간을 거스른 한 조각가의 집념 앞에서 숙연해졌다. 게다가 미국의 국가정신의 찬양을 목적으로 하고 있는 조각상과 미국의 태생적 모순을 고발하는 조각상이, 두 개의 상반된 역사적 관점을 지닌 조각상이 지척에 놓여 있는 것 아닌가."

미국 전체를 놓고 보자면, 상반된 역사적 관점을 지닌 거대 조각상은 두 개가 아니라 세 개다. 러시모어엔 링컨이 있지만, 애틀랜타시 외곽의 스톤마운틴(Stone Mountain)엔 남부연합 대통령 제퍼슨 데이비스, 총사령관 로버트 리, '철벽' 장군 토머스 잭슨이 있다. 이 세 사람이 말을 타고 달리는 모습이 미국에서 가장 크다는 바위산 복판에 무려 12제곱킬로미터에 달하는 크기로 새겨져 있다. 오늘날에도 여름마다

이 암각을 배경으로 남북전쟁 시 북부의 공격에 맞서 싸운 세 영웅의 활약상을 기념하는 레이저 쇼가 펼쳐지곤 한다.

물론 미국사에서건 미국 관광안내서에서건 스톤마운틴의 위상은 러시모어와는 비교가 안 될 정도로 크게 밀린다. 교통사정으로만 보자면 스톤마운틴이 훨씬 편하지만, 한국 관광객들도 러시모어는 온갖 고생을 해가면서 찾아가도 애틀랜타 외곽의 스톤마운틴은 이름조차 모른다. 물론 이유는 간단하다. 러시모어는 '승자의 산'이고 스톤마운틴은 '패자의 산'이기 때문이다.

참고문헌 Barnum 1981, Brinkley 1998, Bryson 2009a, Davis 2004, Dizikes 1978, Edmunds 2000, Foster 2001, Frey 2004, Harris 1973, Johnson 2009, Rifkin 2002, Sandage 2005, Tannahill 2006, Twitchell 2001, Zinn 2008, 김용관 2009, 나윤도 1997-1998, 박보균 2005, 박영배 1999, 박진빈 2003 · 2006, 박흥규 2009, 심영섭 2009, 양홍석 2008, 오치 미치오 외 1993, 유종선 1995

'거리의 소멸'과 '체험공간의 팽창'
전화의 발명

"가장 최근에 나온 미국의 허풍?"

1860년대는 전신의 전성시대였다. 1865년 미국의 한 신문편집자는 독자들에게 전선을 통해 목소리를 전달하는 건 불가능하며, 설사 가능하다 하더라도 아무 쓸모가 없을 것이라고 단언했다. 전화가 아직 나오기도 전에 그런 말을 할 필요가 있었을까? 이는 전화가 탄생되고서도 한동안 경멸의 대상이 되리라는 걸 시사하는 발언이었다.

알렉산더 그레이엄 벨이 전화를 발명한 건 1876년 3월 10일이다. 바로 그날 벨은 전화실험을 통해 조수 토머스 왓슨(Thomas A. Watson, 1854~1934)에게 "왓슨군, 이리 오게. 할 말이 있네"라고 말했다. 세계에서 최초로 전화를 통해 건네진 말이다. 그러나 벨이 전화 특허신청을 한 건 2월 14일, 특허등록을 받은 건 3일 전인 3월 7일이었다. 두 시간 뒤에 엘리사 그레이(Elisha Gray, 1835~1901)가 동일한 특허출원을 했지만, 세상은 두 시간 빨랐던 벨의 이름만을 기억하게 된다. 벨로선 특허출원을 서둘러야 했던 충분한 이유가 있었던 셈이다.

먼 훗날(1994) 한국의 삼성그룹은 '세계일류' 광고 시리즈를 내보낼 때에 이걸 광고의 소재로 삼는다. "엘리사 그레이, 그레이엄 벨보다 한 시간 늦게 전화 발명에 성공 / 하지만 아무도 2등은 기억하지 않는다 / 세계일류 삼성의 마지막 선택입니다." 두 시간 늦은 걸 한 시간 늦은 걸로 표현한 건 좀더 드라마틱한 효과를 위해서였을까? 그런데 2007년 말 미국 언론인 세스 슐먼(Seth Shulman 2009)은 『지상최대의 과학사기극(The Telephone Gambit)』이란 책에서 "벨이 그레이의 작동원리를 훔쳤다"고 주장한다.

전화는 발명되었지만, 전화의 쓸모를 인정하는 사람은 많지 않았다. 전화의 발명에 대해 영국의 『타임스』는 "가장 최근에 나온 미국의 허풍"일 뿐이라고 단언했다. 벨도 그런 냉대에 굴복했던 건지 특허를 팔아넘길 생각을 했다. 1876년 가을 벨의 대리인으로부터 전화특허권을 10만 달러에 양도하겠다는 제의를 받은 웨스턴유니온 전신회사 사장인 윌리엄 오턴(William Orton)은 "아이들 장난감이라면 몰라도, 우리 회사의 사업으로서는 아무래도……"라고 말하면서 거절했다.

역설이지만 오턴의 발언은 선견지명(先見之明)이었다. 먼 훗날 전화는 아이들뿐 아니라 어른들의 장난감으로서의 효용이 가장 커지게 된다. 다만 너무도 중요하고 심각한 장난감이라 거의 종교의 수준에 이르게 되지만 말이다.

전신 이미지의 지배를 받은 전화

전화가 발명된 다음해인 1877년 토머스 에디슨(Thomas Alva Edison,

1847~1931)은 녹음과 재생을 둘 다 할 수 있는 축음기를 발명했다. 동갑내기인 에디슨과 벨은 라이벌 관계로 서로 사이가 좋지 않았는데, 흥미로운 건 축음기를 발명했을 때에 에디슨의 최대 관심사는 전신과 전화였다는 사실이다. 그는 축음기를 전신과 전화처럼 정보전달의 용도로 쓰고자 했다. 축음기가 오락용으로 발전해나가자 에디슨은 그런 경향을 구술기록기라는 축음기 본래의 기능성을 폄하하는 것이라고 비난하기까지 했다.

에디슨과 벨의 적대 관계는 'hello' 대 'ahoy' 의 대결로도 나타났다. 벨은 죽을 때까지 전화통화를 시작할 때에 'ahoy' 나 'hay' 를 쓸 것을 고집했고 실제로 자신은 그렇게 했다. 에디슨이 'hello' 를 쓰면서 이게 빠른 속도로 번져나가는 것에 대한 반감 때문이었다. 결국 전화는 벨이 발명했다지만 이 경쟁은 에디슨의 승리로 끝나게 된다.

전화가 발명되었을 당시는 전신이 절대적으로 우위인 시대였으므로, 전화의 편리함이 부각되면서 급속하게 전신을 능가하게 될 때에도 전화는 여전히 전신 이미지의 지배를 받았다. 전신 이미지라 함은 오직 정보전달기능의 관점에서만 전화를 이해했다는 뜻이다. 전화가 잡담을 나누고 친목을 도모하는 사교의 매체가 될 수 있다는 생각은 전혀 하지 못했다.

그러나 전화는 점점 정보의 경계를 넘어서고 있었다. 미국에선 1883년까지 가입자에게 전화번호가 부여되지 않았다. 교환수가 지역에 있는 모든 계약자의 이름과 주소를 알고 있었고, 가입자도 교환수의 이름을 아는 친밀한 단골관계가 형성되었다. 교환수는 가입자의 시시콜콜한 것까지 다 알게 되고 간단한 상담에도 응하는 등 지역정

세계 최초의 여자 교환수는 엠마 넛(Emma Nutt, 1860~1915)으로 1878년 11월 1일부터 매사추세츠 보스턴의 전화회사에서 일을 시작했다.

보 네트워크의 핵심적 존재가 되었다.

교환수의 그런 역할로 인해 점점 여자 교환수가 필요하게 되었다. 처음엔 교환수로 젊은 남자를 채용했으나, 곧 문제가 드러나기 시작했다. 남성 교환수는 오랜 시간 묵묵히 앉아서 참을성 있게 일하는 데엔 맞지 않았으며, 친절하지도 않았다. 이런 이유 등으로 벨 전화회사는 1880년부터 여성 교환수를 채용하기 시작했으며, 이 비율은 점점 늘어나 나중에 교환수는 여성의 일이 되었다.

라디오의 원시적 형태를 구현한 전화

1877년경 미국 신문들은 전화를 신문의 라이벌로 생각했다. 전화가

‘확성장치’를 가질 것으로 보았기 때문이다. 그러나 전화는 본질적으로는 '확성'과는 거리가 멀고 아주 은밀한 형태의 커뮤니케이션이었다. 이것이 오늘날에도 사람들이 전화도청에 분노하는 이유이기도 하다. 그러나 도청기술도 같이 발달했다. 1877년 마이크로폰이 발명되자 외부인이 방안의 사적인 대화를 엿들을 수 있게 되었다. 최초의 도청사례는 1881년 뉴욕 형무소에서 감방에 마이크를 숨겨놓고 두 명의 입소자가 범죄를 공모하는 대화를 엿들은 간수다.

전화가 '확성장치'를 가진 건 라디오로 구현되지만, 이는 본격적으로는 30년 뒤에 일어날 일이고 그걸 가리켜 전화라 부를 수는 없는 일이다. 다만 라디오의 원시적인 형태로 전화를 활용하려는 시도는 일찍부터 있었다. 1879년 미국에서는 전화선을 통해 설교가 방송되었고, 1880년 취리히에서 열린 음악회는 전화선을 타고 50마일 떨어진 바젤까지 송신되었다. 1881년 베를린의 오페라와 맨체스터의 현악 4중주가 인근도시로 송출되었으며, 벨기에가 1884년에 그 뒤를 따랐다.

1880년대 말 위스콘신 전화회사는 3년에 걸쳐 유명한 리조트인 팜 가든에서 열리는 오케스트라 연주를 매일 밤과 일요일 오후에 계약자에게 선물로 제공했다. 이게 큰 인기를 끌자 1889년에는 시카고 전화회사도 컬럼비아 극장에서 공연되는 희가극을 가입자들에게 무료로 제공했다.

전화를 통한 프로그램 방송을 일상적으로 한 네트워크도 있었다. 당시 오스트리아-헝가리 제국의 수도였던 부다페스트의 텔레폰 힐몬드(Telefon Hírmondó)는 1893년부터 1차대전까지 20년 넘게 그런 일을 했다. '힐몬드'란 마자르어(헝가리어)로 중세의 마을중심에서 마을사람 전부에게 들리도록 새로운 소식을 소리쳐서 알리는 역할을 하는 사람이라는 의미다.

에디슨 밑에서 일한 적이 있는 헝가리 과학자 티바달 푸쉬카슈 (Tivadar Puskás, 1844~1893)가 시작한 이 사업은 정치경제 및 스포츠 뉴스, 강연, 연극, 음악회, 낭독 등의 프로그램을 가입자에게 제공했는데, 1896년 가입자는 6000세대에 이르렀다. 영국에서도 힐몬드보다 1년 늦은 1894년 일렉트로폰(Electrophone)이라는 전화회사가 유사한 서비스를 제공했으며, 미국 등 다른 나라들에서도 비슷한 시도가 이루어졌다.

1885년 AT&T의 탄생

전화는 신문에도 영향을 미치기 시작했다. 전화는 기자의 취재범위를 넓히는 동시에 취재시간의 단축을 가져왔다. 1877년부터 전화가 뉴스 전송에 사용되었는데, 이런 변화는 언론사 내부조직에도 영향을 미쳐 기자들의 역할분화를 가져왔다. 뉴스를 취재해 그것을 전화로 편집실에 송고하는 취재기자와 신문사 내에서 편집만 담당하는 편집기자로 나뉘게 된 것이다. 이제 취재는 점점 기계적 작업의 성격을 띠게 되었으며, 이는 출입처제도의 도입으로 인해 더욱 가속화되었다.

1868년 크리스토퍼 숄즈가 발명해 1874년부터 레밍턴 총기회사에 의해 상품화된 타자기(typewriter)도 1881년부터 신문사에서 사용하면서 신문제작에 큰 변화를 가져왔다. 'typewriter'는 숄즈가 창안한 단어인데, 미국에서 이 타자기에 의해 작성된 첫 번째 소설원고는 마크 트웨인의 『톰 소여의 모험(The Adventures of Tom Sawyer)』(1876)이다.

전화가 늘면서 전화를 바로 걸고 바로 받을 수 있는 교환 시스템의 필요성이 강력하게 대두되었다. 미국 캔사스시 장의사 스트로저(Almon B. Strowger, 1839~1902)는 그런 필요성을 절감한 사람 중의 하나였다. 그가 살던 지역의 전화교환수는 라이벌 장의사의 부인이었다. 무슨 일이 일어났을까? 그 교환수가 고객을 자기 남편에게 몰아주는 바람에 스트로저는 손님을 빼앗겨 분통을 터뜨렸고, 급기야 스스로 교환수를 거치지 않는 전화의 자동교환 시스템 연구에 몰두했다. 스트로저는 1891년 자동교환기 특허획득에 성공함으로써 세계 전화발달사에 이름을 남겼다. 자동교환기의 탄생은 다이얼 방식의 도입을 수반한다.

벨의 특허가 만료된 1894년 이후, 미국 각지에 설립된 전화회사들 사이에 격렬한 고객획득 경쟁이 벌어졌다. 1894년부터 1897년까지 약 6000개의 전화회사가 번성해 전화기의 매년 증가율도 1895년 19퍼센트, 1897년 27퍼센트, 1899년 48퍼센트, 1901년 33퍼센트에 이르렀다. 최대 금융자본인 모건 재벌을 주요주주로 둔 벨 전화회사는 경쟁회사들을 흡수·합병하는 일을 반복했다. 이미 1885년 3월 3일 장거리 네트워크 부문인 AT&T(The American Telephone and Telegraph)도 설립해 전국 수준의 통일전화 시스템으로 비대해졌다. 1910년엔 최대 경쟁자였던 웨스턴유니온을 흡수·합병한다.

이렇게 전국 네트워크 체제를 갖춘 전화는 선거시 빛을 발했다. 전화로 중계하는 선거속보는 1892년 대통령 선거 무렵부터 시작되지만 전국 네트워크로 발전한 건 1896년 이후다. 1896년 대통령 선거 당일 AT&T의 뉴욕 본사에는 선거결과를 곳곳에 전하기 위해 100명이 넘는 교환수가 배치되며, 교환수들은 다양한 방법으로 곳곳에 모인 청중에게 선거결과를 재빨리 전한다.

야구 내셔널리그의 탄생

1876년은 전화의 발명과 함께 야구 내셔널리그(National League)가 탄생한 해다. 야구의 원조격이 되는 경기는 미국에서 1830년대 초에 등장했지만, 1839년 뉴욕 쿠퍼스타운의 유지였던 애브너 더블데이 (Abner Doubleday, 1819~1893) 육군소장이 베이스볼이라는 명칭으로 근대 야구의 기초를 만들었다. 카트라이트(Alexander Cartwright, 1820~1892)라는 사람이 세부규정의 기초를 만들었다는 주장도 있다.

1850년대 중반까지 야구는 횟수의 제한 없이 한 팀이 21점을 먼저 얻는 것으로 승부를 가렸다. 경기규칙 또한 미비점이 많았는데, 특히 투수에 대한 규정사항은 사실상 백지상태였다. 지금과 같이 9이닝의 승부가 시작된 것은 1858년 헨리 채드윅(Henry Chadwick, 1824~1908)의 제안에 따른 것이다.

1862년부터 『뉴욕 헤럴드』에서 정기적으로 야구경기를 보도한 채드윅은 야구경기규칙에 관한 책을 처음으로 펴냈고, 선수들의 성적, 타율, 방어율, 포지션 등을 알려주는 박스스코어(Box Score)가 인기를 끌게 만들었다. 그 공로로 그는 야구인 명예의 전당에 올라 있다.

남북전쟁 막바지 무렵에 야구에 대한 관심은 빠르게 증대했으며, 1869년에는 봉급을 받는 최초의 팀인 신시내티 레드 스타킹즈(Cincinnati Red Stockings)가 창설되었다. 다른 도시들도 곧 프로야구팀을 출범시켜 1876년 그 팀들은 내셔널리그로 한데 모였다. 내셔널리그의 경쟁 리그인 아메리칸협회도 곧 등장하지만, 이 협회는 붕괴돼 1901년 아메리칸리그(American League)가 그것을 대신하게 된다.

미국 야구를 가장 먼저 받아들인 나라는 쿠바다. 당시 쿠바의 엘리트층은 스페인을 대표했지만 미국 문화를 배우려는 개방된 태도를 가지고 있었기 때문에 자녀를 주로 미국으로 유학 보냈다. 1860년대 초 일부 유학생들이 야구 배트와 공을 가지고 귀국해 야구가 시작되었다. 1870년대엔 쿠바섬 전역에 야구 클럽이 생겨나더니 1878년 프로야구 리그전이 창설됐다. 쿠바의 제1차 대(對)스페인 독립전쟁(1868~1878) 기간 중 쿠바섬을 탈출한 쿠바인들은 쿠바 동쪽의 히스파니올라섬(Hispaniola, 아이티와 도미니카공화국 공동소유)으로 건너가 야구를 전파했다.

미국에서 야구는 처음엔 노동계급 남성들에게 큰 인기를 누렸지만, 점차 관중의 저변을 확대해가면서 '미국의 놀이거리(American Pastime)'라는 별명을 얻게 된다. 당시 두 번째로 인기 있던 운동경기인 미식축구는 대학에서부터 시작했는데, 미국 최초의 대학 간 미식축구경기는 1869년 프린스턴대학과 럿거스(Rutgers)대학 사이에 치러졌다.

독립 100주년을 맞은 미국의 제국 인프라

1876년은 미국 독립 100주년이 되는 해이기도 하다. 7월 4일 독립 100주년을 기념하기 위해 필라델피아 페어마운트 공원(Fairmount Park)의 256에이커의 땅에 박람회장이 건설되었다. 미국 인구의 4분의 1에 해당하는 1000만 명의 관중이 50센트의 입장료를 내고 초기의 13개 식민지를 상징하는 13개의 문으로 입장했다. 공원 안에는 190개의 건물이 세워졌는데 그 건평만 50에이커에 달했다. 본관은 뉴욕의 그랜드 센트럴역의 3배 길이로 복도만 11.5마일이었고, 박람회장 전체를 구경하려면 25마일을 걸어야 했다. 그래서 지친 입장객들을 위해 협궤열차가 구내를 순회했다. 그랜트 대통령도 참석한 이 박람회엔 전화, 타자기, 내연기관, 증기기관 등이 처음 선을 보였다. 민즈(Means 2002)의 말마따나, "100주년 박람회는 위대한 국가건설을 위해 나아가는 미국의 모습을 보여주었다."

미국 독립 100주년을 맞는 세월 동안 미국의 탄생을 가능케 했던 항해기술에도 엄청난 변화가 있었다. 1876년경 이민자들은 대서양 횡단에 7주에서 12주나 걸려야 했던 종래의 작은 돛단배가 아니라 불과 7일이나 12일이면 대서양을 횡단할 수 있는 증기선을 타고 미국으로 건너왔다. 미국에 오면 대륙횡단철도라는 경이적인 교통체계를 이용할 수 있었다.

여기에 전신까지 가세해 세상은 이전에 비해 더욱 좁아졌다. 이미 1859년 『뉴욕 타임스』는 제1면에서 "전신은 어떤 사람이 서부의 외딴 벽지에서 말하는 것조차 연방처럼 넓은 천지의 청중에게 알려주는 역할을 한다. 그가 말하면 즉각적으로 그리고 글자 그대로 번개처럼 온 미국을 향하여 말하게 되는 것이다"라고 했다. 30년 후인 1889년 솔즈베리경(Lord Salisbury, 1830~1903)은 전신에 의해 가능해진 동시적 경험에 대해 "전신은 어느 특정시점에 지구상에서 일어나는 모든 일에 관해 문명세계 전체의 의견을 거의 한순간에 끌어모았다"고 논평한다.

전신의 발명 이후 나타난 전화는 '거리의 소멸'과 '체험공간의 팽창'을 가져오는 데에 한 걸음 더 나아가게 했다. 전화의 발명 이후 어떤 세상이 펼쳐졌는가? 미국에서 1905년 한 신문기자는 "시골에도 전화가 놓이면서 범죄가 발각되자마자 모든 탈출구를 봉쇄할 수 있게 되었다. 이제 닭 도둑질은 잊힌 유물이 되었다"고 썼다. 또 1913년 미국의 한 비평가는 "전화는 뇌의 구조를 변화시킨다. 인간은 이제 더 멀리 있는 일까지 경험하고 더 넓은 규모로 생각하면서, 더 고상하고 더 폭넓은 동기에 의해 살아갈 충분한 자격을 갖게 되었다"고 주장했다.

링컨이 세운 미국이라는 제국의 초석을 무대로 증기선, 철도, 전신, 전화 등은 제국건설의 인프라로 기능하게 된다. 이후 미국은 초고속 압축성장의 길로 치닫는다. 1865년에서 1880년 사이에 국부(國富)는 2배가 되며, 1900년엔 또다시 2배가 되고, 이 35년 동안에 인구도 2배가 된다. 1860년 링컨이 대통령에 당선되었을 때 미국은 세계에서 네 번째의 산업국가였지만, 1894년에 이르러 세계 제일의 산업국가로 급부상한다. 그런 초고속 성장의 비결은 무엇이었을까? 헨리 데이비드 소로는 사후 발표된 「원칙 없는 삶(Life Without Principle)」(1863)이란 글에서 미국인들의 물질주의와 일중독을 다음과 같이 지적했다.

"이 세계는 비즈니스 위주다. 끝없는 부산함의 세계다! 나는 한밤중에 기관차 소리 때문에 잠을 깬다. 내 꿈을 방해한다. 안식일은 없다. 사람들이 쉬는 것을 한 번이라도 본다면 정말 영광일 것이다. 오직 일, 일, 일뿐이다."

좋게 말하자면, 미국인들의 놀라운 근면과 실용주의일 것이다. 여기에 급진적 낙관주의와 종교적인 비전이 더해진 건 아니었을까? 월트 휘트먼(Walt Whitman, 1819~1892)은 "제국이 될 운명을 가진 이 나라는 강력함이 넘치며 태양처럼 빛난다"며 다음과 같이 주장했다. "미국은 제국 중의 제국 …… 새로운 역사, 즉 민주주의 역사를 세울 것이다. 그리고 구시대의 역사를 무색하게 만들 것이다. …… 위대함을 가져오고 인류 역사의 마지막을 장식할 것이다."

휘트먼이 꿈꾼 제국의 실체가 그 무엇이었건, 이런 제국건설의 모든 과정이 매끄럽기만 한 건 아니었다. 내부집단 간의 이해상충은 격렬한 갈등을 불러일으키며, 앞서 지적한 바와 같이 '날강도 귀족'들이 맹활약하는 '도금시대'의 진통을 겪는다. 오늘날까지도 미국인들은 미국을 '제국(empire)'으로 부르는 데 상당한 반감을 가지고 있으며 '제국'이나 '제국주의' 운운하는 건 오랫동안 좌파적 비판의 메뉴로 여겨져왔지만, 훗날 솔직함을 강점으로 삼는 미국의 우파 애국주의자들은 "미국은 제국이며, 제국이어야 한다"고 주장하게 된다. 그러나 졸렬한 좌우(左右) 구분은 잠시 접어두고 객관적 사실 위주로 그 제국건설의 과정을 본격적으로 살펴보기로 하자.

참고문헌 Brinkley 1998, Brooks 2008, Crystal 2002, Emery & Emery 1996, Hart 1993, Huberman 2001, Kern 2004, McLuhan 1965, Means 2002, Porter 1998, Shulman 2009, Smith 1990, Stephens 1999, Szymanski & Zimbalist 2006, Toffler 1970, Toffler & Toffler 2006, 김석기 1976, 김준형 2008, 문정식 1999, 요시미 슌야 2005, 요시미 슌야 외 2005, 임영호 1999, 장석정 2003, 정우량 2003, 진인숙 1997

제5장

약육강식과 우승열패

"야만시대에서 데카당스 시대로"
'날강도 귀족'의 전성시대

'날강도 귀족'의 등장

"기업들은 마침내 권좌에 올랐다. …… 뒤이어 고위직의 부패시대가 도래할 것이고, 돈의 힘이 인간에게 편견을 전파하여 부(富)는 극소수의 손 안에 통합될 것이며 공화제가 멸망하는 그날까지 자신의 영토를 더욱 증대시키고자 노력할 것이다."

에이브러햄 링컨 대통령이 사망하기 직전에 할 말이다. 아이러니요 역설이다. 남북전쟁은 사실상 기업이 승리를 거둔 전쟁이었기 때문이다. 어찌됐건 링컨의 말은 점차 현실로 바뀌어갔다. 1888년부터 1908년 사이에 미국의 기업들은 최전성기를 구가하지만, 이 기간 중 산업재해로 목숨을 잃은 노동자는 70만 명(대략 10일에 100명씩)에 이른다. 이런 상황에서 기업과 사기꾼의 경계가 불명확해진 건 당연한 일이었다.

제18대 대통령 율리시스 그랜트의 두 번에 걸친 대통령 재임기간은 사기꾼들에겐 최고의 호경기였다. 공직자들은 뇌물을 받고 횡령을 저지르는 일을 밥 먹듯이 했다. 인디언들에게 돌아갈 예산까지 착복해 보호구역 인디언들이 굶주리는 일까지 벌어졌다. 특히 1872년에 터진 크레딧 모빌리에(Crédit Mobilier) 스캔들엔 그랜트 대통령의 초임, 재임 시절에 부통령을 지낸 스카일러 콜팩스, 헨리 윌슨(Henry Wilson, 1812~1875)까지 연루돼 "이 두 부통령은 '부(vice)'라는 직책에 전혀 새로운 의미를 부여했다"는 말까지 나오게 만들었다. 부통령(vice-president)의 vice엔 부(副)와 악(惡)이라는 뜻이 있는데, 전자보다는 후자가 더 어울리는 게 아니냐는 것이다.

그럼에도 공직자들의 횡령은 '날강도 귀족'들이 벌어들인 돈에 비하면 푼돈에 지나지 않았다. '날강도 귀족'이란 말은 1878년 역사가 찰스 애덤스(Charles Francis Adams, Jr., 1807~1886)가 『철도: 기원과 문제들(Railroads: Their Origins and Problems)』에서 처음 사용했다. 대표적인 귀족으로 코넬리우스 반더빌트와 제이 굴드(Jay Gould, 1836~1892)가 있었다. 반더빌트는 자신을 속인 경쟁자에게 다음과 같이 경고함으로써 그 시대의 정신을 대변했다. "당신은 나를 속였어. 허나 고소하진 않겠어. 법은 시간이 너무 오래 걸리니까. 내 손으로 직접 당신을 파멸시킬 거야."

'100달러 지폐로 만 담배'

막대한 유산을 물려받은 반더빌트의 가족은 손님들이 보석통을 찾아다닐 정도로 호화판 파티를 열어 '과시적 소비'의 본때를 보여주었다. 반더빌트가는 1880년대 중반경 뉴욕 5번가 웨스트사이드의 7개 구역 안에 거대한 저택이 7채나 있었으며, 모든 건축과 장식은 유럽

뉴욕 맨해튼 5번가에 있었던 W. H. 반더빌트의 저택.

왕실이나 귀족 가문의 흉내를 냈다. 물론 다른 부자들도 모두 반더빌트가의 흉내를 냈다. 부자들의 이런 과시적 소비는 1890년대까지 지속되었는데, 맨해튼에서 발행되는 한 신문의 과장된 듯한 보도에 따르면, "부호 가문에서는 종종 유럽에서 값비싼 그림과 조각품을 한 배 가득 구입해 왔다."

매튜 조지프슨(Matthew Josephson, 1899~1978)은 『날강도 귀족들(The Robber Barons)』(1934)에서 도금시대를 논하며 "이 새로운 지배계급의 구성원들은 대개, 그리고 참으로 적절하게 '영주' '왕' '제국창건자' 심지어 '황제'라고까지 불린다. 이들은 광대한 자산에 대해 봉건군주의 '하늘이 내린 권리'에 뒤지지 않는 권력을 행사했다"며 다음과 같이 말했다.

"사회 저명인사들의 사교모임인 은, 금, 다이아몬드 정찬은 델모니코에서도 어김없이 계속되었다. 귀부인들이 정찬 테이블에 놓인 냅킨을 펼치자 주빈의 이름이 새겨진 금팔찌가 나온 적도 있다. 또한번은, 커피타임 후 100달러 지폐로 만 담배가 돌려져 짜릿한 스릴을 느끼며 담배맛을 즐긴 적도 있다. …… 어떤 남자는 자기 개에게까지 정찬을 먹이며 1만5000달러 상당의 다이아몬드 목걸이를 개에게 선물하기도 했다."

역사가 찰스 A. 비어드(Charles A. Beard, 1874~1948)의 묘사에 따르면, "말 잔등에 올라탄 채 식사를 한 어떤 만찬회에서는 말에게도 샴페인을 주었다. …… 한정된 오락에 싫증이 난 부호는 보다 진기한 것을 고안해냈다. 원숭이를 손님 사이에 앉히기도 하고 금붕어 모양의 옷을 입힌 여자를 실내수영장에서 수영시키기도 하고 합창대의 여자들을 파이 속에서 뛰어나오게 하기도 하였다. …… 친구를 접대하기 위해 극단 전원을 고용하기도 하고 갓난아이에게 자장가를 들려주기 위해 오케스트라 전원을 뉴욕에서 시카고로 보내기도 하였다. 그런가 하면 감상적 박애심을 발휘하기 위해 남부의 가난한 흑인가족에게 큰돈을 주어 호화로운 저택에서 사치스럽게 살도록 하기도 하였다."

기업가 존 W. 롱이어(John W. Longyear, 1820~1875)는 미시간 집옆에 철도가 개통되면서 불편을 겪자 방 60개짜리 저택, 울타리, 나무, 관목, 분수, 부속물 등 부동산 전체를 포장해서 매사추세츠 브룩클린에 그대로 옮겨놓았다. 가장 과시적인 소비를 일삼은 투기꾼 레너드 제롬(Leonard Jerome, 1817~1891)은 최고급 순종말이 끄는 화려한 마차를 타고 뉴욕 센트럴파크를 질주하는가 하면, 거대한 요트를 구입하고 자신만을 위한 경마장을 지었으며, 화려한 파티를 열어 참석한 여성들에게 다이아몬드가 박힌 팔찌 하나씩을 선사하기도 했다.

언론인 에드윈 L. 고드킨(Edwin L. Godkin, 1831~1902)은 1866년 미국을 "번쩍거리는 레이스로 몸을 두른 야만인들로 가득 찬 나라"라고 묘사했으며, 남북전쟁기간 중에 미국을 방문한 프랑스 수상 조르주 클레망소(Georges Clemenceau, 1841~1929)는 "미국은 문명시대를 거치지 않고 야만시대에서 데카당스 시대로 건너뛰었다"고 말했다.

그러나 훗날 수정주의 사가들은 '날강도 귀족'에 대해 다른 평가를 내리기도 한다. 가장 악명이 높았던 굴드에 대해 조지프슨은 중세 7대 악마 중의 하나인 '메피스토펠레스(Mephistopheles)'로 비유하였지만, 줄리어스 그로딘스키(Julius Grodinsky)는 『제이 굴드(Jay Gould)』(1957)에서 굴드를 창조적 기업인이자 새로운 경쟁모델을 제시한 기업인으로 긍정 평가하였다.(Porter 1998) 이는 무엇에 더 의미를 두느냐라는 관점의 차이로 볼 수 있겠다.

태머니홀의 윌리엄 트위드

날강도 귀족들이 판을 칠 때 도시의 정당조직은 돈을 벌기 위한 수단에 지나지 않았다. 이민자들이 절대다수를 차지한 가운데 종종 외국 태생이거나 외국 태생의 부모를 둔 일군의 시정(市政) 보스들이 등장했다. 그들 중 많은 사람들이 아일랜드계였는데, 이들은 영어를 사용하는 데다 모국에서의 오랜 정치적 경험으로 다른 이민자들에 비해 유리한 고지를 차지했다.

가장 악명 높게 타락한 시정 보스는 1860년대와 1870년대에 뉴욕시

태머니홀(Tammany Hall)의 보스였던 윌리엄 M. 트위드(William M. Tweed, 1823~1878)다. 남북전쟁 당시 뉴욕시 민주당 당수를 지냈던 트위드와 그의 측근들은 도시개발사업과 법원신축사업에 개입하여 사기를 쳐 3000만 달러의 부당이득을 챙기는 등 부정으로 악명이 높았다. 태머니홀은 델라웨어의 전설적인 추장 태머니의 이름을 따서 1788년 아일랜드계 이민 기능공들 중심으로 설립된 세인트태머니사교회(Saint Tammany Society)가 있던 건물 이름이다. 이 사교회는 1789년 민주당과 결합하여 정치조직화되면서 뉴욕시와 뉴욕주의 정권을 장악했다. 이들은 온갖 매수정치와 사법, 행정비리에 관여했다.

태머니홀의 가장 강력한 비판자는 언론이었다. 특히 『뉴욕 타임스』의 활약이 두드러졌다. 설립자인 헨리 레이먼드(Henry J. Raymond, 1820~1869)는 1869년에 사망했지만, 존 푸어드(John Foord)라는 기자의

'미국 풍자만화의 아버지'라고 불리는 토마스 내스트(Thomas Nast)가 그린 트위드 도당.

맹활약으로 트위드는 1873년 재판에 회부돼 유죄를 선고받았다. 『뉴욕 타임스』는 1896년 독일계 유대인 아돌프 옥스(Adolph Ochs, 1858~1935)에게 넘어가서 '인쇄에 알맞은 모든 뉴스'를 제공한다는 사시 아래 비약적인 발전을 하게 된다.

트위드는 저널리즘의 정치적 위력에 전면적으로 당한 최초의 인물이다. 언론의 그런 견제가 있긴 했지만, 태머니홀은 장수를 누렸다. 1933년에서야 공화당 출신 시장 피오렐로 라구아르디아(Fiorello La Guardia, 1882~1947)의 선거승리로 태머니파의 세력이 위축되었고, 태머니홀은 1941년에 문을 닫았다. 태머니는 오늘날엔 부패한 정치조직을 상징하는 단어로 사용된다.

1876년 대선-러더포드 헤이즈

정치와 행정을 그렇게 엉망으로 만들어놓고서도 그랜트는 3번째 출마를 원했지만 공화당이 강력반대하고 나섰다. 공화당은 오하이오 주지사를 3번 지낸 러더포드 B. 헤이즈(Rutherford B. Hayes, 1822~1893)를 대통령 후보로 내세웠다. 민주당 후보는 독신이자 변호사이며 뉴욕 주지사인 새뮤얼 존스 틸든(Samuel Jones Tilden, 1814~1886)으로, 그는 뉴욕시 태머니홀의 부패한 트위드 도당(Tweed Ring)을 전복시키는 데 큰 역할을 한 개혁파였다.

틸든은 일반투표에서 430만590표를 얻고 선거인단 투표에서 196표를 얻어 각각 403만6298표와 173표를 얻은 헤이즈에게 승리를 거뒀지만 그럼에도 대통령이 된 사람은 헤이즈였다. 루이지애나와 플로리다에서의 부정선거 시비 때문이었다. 공화당이 먼저 저질렀지만 이에 질세라 민주당도 가세했기 때문에 이 문제는 연방대법원으로 넘어갔다. 우여곡절 끝에 연방대법원은 선거인단 투표결과를 뒤집어 185 대 184로 헤이즈의 승리를 선언했다. 훗날 2000년 대선 때 부시(George W. Bush)와 고어(Al Gore) 사이에서 벌어진 일과 놀라울 정도로 비슷했다.

무장폭동 일보 직전까지 갔지만 사태가 그럭저럭 마무리되었고, 헤이즈는 1877년 3월 4일에서야 제19대 대통령에 취임했다. 역사학자들은 공화당이 1876년의 대통령 선거결과를 도둑질했다는 데 대체적으로 동의한다. 심지어 그랜트조차 틸든이 대통령이 되었어야 했다고 개인적으로 인정할 정도였다.

이 문제의 해결 뒤에는 양당 지도자들 사이에 일련의 교묘한 협상이 있었기에 '1877년의 타협'이라 부른다. 그 타협의 내용은 무엇이었던가? 공화당 지도부는 헤이즈를 당선시키기 위한 거래를 했는데, 그 주요내용은 필요한 표를 얻는 대가로 남부에 주둔중인 연방군대를 철수한다는 것이었다. 이는 남부 흑인들에 대한 마지막 군사적 보호마저 사라짐을 의미하는 조치였다.

헤이즈는 대통령 취임사에서 남부의 당면한 과제는 "현명하고, 정직하며, 평화로운 지방 자치정부"를 회복하는 것이라고 선언했다. 타협안 그대로 연방군 철수계획을 밝힌 것이다. 헤이즈에겐 선거에서 양보해준 남부에 보답한 것이라는 비난이 쏟아졌다. 그에겐 '사기꾼 전하(His Fraudulency)'라는 별명이 붙었다.

헤이즈는 약속대로 1877년 남부에서 연방군대를 철수했고, 이에 따라 모든 남부 주정부는 복귀되었으며(redeemed), 실권은 다시 구지배층의 손에 넘어갔다. 남부의 주들이 평등을 조금씩 손상시키는 법안을 통과시키면서 흑인에 대한 법적 보호 역시 붕괴되었다. 1900년 무렵 남부의 모든 주가 흑인들에게서 투표권과 평등권을 박탈하는 법안을 통과시킨다.

1877년의 타협은 '재건'에 대한 평가를 부정적으로 만든 결정적인 이유가 되었다. 윌리엄 A. 더닝(William A. Dunning, 1857~1922)은 『정치적, 경제적 재건(Reconstruction, Political and Economic)』(1907)에서 재건을 복수에 불타는 북부 공화당 과격파들이 피폐한 남부에 가한 부패하고 억압적인 폭행으로 묘사했다. 이런 해석은 오랫동안 미국사 연구를 지배했다. 그러나 흑인 학자 W. E. B. 듀보이스(W. E. B. Du Bois, 1868~1963)는 『흑인 재건(Black Reconstruction)』(1935)에서 재건을 어느 정도 긍정 평가했으며, 이후 역사적 해석은 재건의 두 얼굴에 균형을 취하는 쪽으로 이루어졌다.

'페리 함대의 일본판(日本版)'

이즈음 조선에선 어떤 일이 벌어지고 있었던가? 미국에 의해 개항을 한 일본은 페리의 이른바 '포함외교'를 흉내내기로 작정하고 1876년 1월 6일 6척의 군함을 조선에 파견했다. 1월 15일 부산항에 도착한 6척의 군함은 이미 와 있던 2척의 군함과 함께 부산항을 위압해 '페리 함대의 일본판(日本版)'을 방불케 했다.

1876년 2월 4일 강화도 초지진 앞바다에 출현한 일본 군함엔 일본 정부의 특명전권변리대신(特命全權辨理大臣)이자 육군중장인 구로다 기요타카(黑田淸隆, 1840~1900)를 포함한 800여 명의 병력이 타고 있었다. 이들은 6개월 전에 발생한 '운양호 사건'을 빌미로 조선과 강제로 수교조약을 맺으러 온 것이었다. 강화도에 도착한 구로다 일행은 1주일 만인 2월 10일 강화부(江華府)에 상륙하여 다음날 11일부터 담판에 들어갔다. 조약이 체결되기까지는 보름 이상이 걸렸다. 2월 27일 구로다는 조선 측 대표 판중추부사 신헌(1810~1888)을 상대로 수교조약을 강제로 체결하였다. 총 12조로 구성된 이 조약은 국제법적 토대 위에서 양국 간에 이뤄진 최초의 외교행위이자 최초의 불평등조약이었다.

이 강화도조약은 조선에 대한 일본의 권리만 규정했을 뿐 조선의 권리나 일본의 의무에 대해서는 한마디 언급도 없었다. 이 조약에서 조선은 △일본 화폐 유통권 △개항장 내 모든 일본인에 대한 치외법권 인정 △일본 상품의 무관세 무역 등을 허용한 반면, 문호개방 조건으로 얻어낸 것은 △망명자 및 밀입국자 송환 △아편 수입금지 △천주교 전래금지뿐이었고 그나마 조약서에는 한 조항도 명시되지 않았다.

강화도조약은 7월 6일에 조인되었다. 가장 큰 문제는 '무관세' 조항이었다. 이는 1883년 7월에 수정될 때까지 7년간 지속되었는데, 무관세는 치외법권, 일본 화폐 유통권 등과 더불어 개항 직후 일본 세력의 조선 침투가 파괴적 결과를 낳게 한 주요이유가 되었다.

강재언(1998)은 "근대적 의미의 화친 또는 수호조약의 중심 과제는 '통상'에 있었다. 일본은 미국과 통상조약을 체결하기까지 애매하고 복잡한 교섭과정을 4년간이나 끌면서 자기 요구를 관철하기 위해 끈질기게 버텼으나 조선은 실로 논의다운 논의도 전혀 없이 곧바로 조인하고 말았다"며 다음과 같이 말한다.

"한 예로 무역상품의 세율은 미일통상조약에서는 2할로 정해졌고 더구나 상호 간의 협정제였다. 이는 외국 수입품에 대한 청국의 5퍼센트 세율보다 유리한 것이다. 그런데 조선은 일본 상품에 대해 무관세였을 뿐만 아니라 더구나 개항지(부산, 인천, 원산)에서의 일본 화폐 유통권까지 인정하고 말았다. 당시 조선의 위정자들은 강화도조약을 에도 시대의 '구교(舊交)' 즉 교린의 부활이라 생각하여, 그 핵심이 자본주의를 배경으로 한 통상에 있다는 것을 이해하지 못했다기보다는 장사에 관한 논의를 기피하였다고 해야 할 것이다. 그들의 사상으로 보면 사대부는 '덕치(德治)'에 대해 말해야 하고 주산을 놓는 것과 같은 비천한 통상은 '모리배(謀利輩)'인 상인에게 맡기면 된다는 것이었다."

어찌됐건 조선은 강화도조약에 따라 개항하게 되었고 근대적인 서양문물을 수입하게 되었다. 1876년 부산이 개항하고, 이어 1879년 원산이, 1880년 인천이 개항했다. 학계에선 근대화(modernization)가 되는 시대를 의미하는 '근대'가 언제부터인가라는 논쟁이 있는데, 학계의 통설적 견해는 아무런 준비 없이 강요된 것이긴 하지만 개항을 통해 새로운 서구 중심의 국제질서에 편입한 1876년을 근대의 시발점으로 보는 것이다.

이제 막 근대의 문턱에 들어선 조선을 '물가에 나간 아이'라고 해도 좋을 정도로 무지했고 조선을 둘러싼 주변환경은 살벌하기만 했다. 적어도 국제관계에선 모든 강대국들이 '날강도 귀족' 행세를 하는 그런 세상이었다. 조선은 약육강식(弱肉强食)과 우승열패(優勝劣敗)의 원리를 씹고 또 씹으면서 고난과 시련의 길로 들어서게 된다.

참고문헌 Allen 2008, Brian 2002, Brinkley 1998, Bryson 2009, Callahan 2008, Chancellor 2001, Dahl 2004, Davis 2004, Dole 2007, Englert 2006, Kelly 2003, Korten 1997, Panati 1997, Porter 1998, Stephens 1999, Zinn & Stefoff 2008, 강재언 1998, 김호일 2004, 문정식 1999, 박성수 1997, 안영배 1999, 이광린 1997, 이보형 2005, 허동현·박노자 2003

토지와 백열등
헨리 조지와 토머스 에디슨

1877년 철도파업

"사대부는 '덕치(德治)'에 대해 말해야 하고 주산을 놓는 것과 같은 비천한 통상은 '모리배(謀利輩)'인 상인에게 맡기면 된다"는 비천한 생각은 조선과 미국에서 양 극단의 형태로 나타났다. 상업적 마인드에서 조선은 너무 모자랐고 미국은 너무 넘쳤다. 이를 잘 보여준 게 1877년의 대규모 철도파업이다.

19세기 전반 노동자의 인권은 사실상 없다시피 했다. 1843년이 되어서야 미국 사법부는 고용주가 피고용인을 때리는 것을 금할 정도였다. 8시간 노동법이 일리노이, 위스콘신, 미주리, 코네티컷, 뉴욕, 펜실베이니아주 등에서 시행된 것은 1868년부터였다.

당시 노동조합 결성은 꿈도 꾸기 어려웠다. 정부와 기업의 탄압도 문제였지만 민족 간 상호불신과 혐오도 주요장애요인이었다. 아일랜드인은 이탈리아인을 미워했고, 독일인은 아일랜드인을 증오했고, 중국인은 모든 사람에게 미움을 사는 식으로 사분오열(四分五裂)돼 있었다. 19세기 중반 노동자조직의 거의 유일한 성공사례는 1860년 매사추세츠주 린(Lynn)에서 구두제조 노동자들이 워싱턴 탄생일에 맞춰 일으킨 파업이었다.

파업이 최고조에 달했을 때 시가지를 행진한 노동자의 수는 1만 명에 육박했는데, 이중의 태반이 여성이었다. 당시 린에서는 남자노동자들이 주급으로 3달러, 여성노동자들은 1달러를 받았다. 공장 소유주들은 노동조합 인정은 거부하면서도 임금부분에서는 타협했는데, 이는 '미국 노동사 최초의 진정한 승리'로 기록된다. 이후는 피로 얼룩진 탄압의 연속이었기 때문이다.

1875년 펜실베이니아에서는 탄광갱부들이 아일랜드의 한 혁명조직 이름을 따라 몰리 매과이어(Molly Maguires)라는 조직을 결성했다. 그러나 조직에 스파이가 1명 침투하여 이들을 테러죄로 고발함으로써 조직원 19명이 처형되었다. 1877년 미국 전역에 걸쳐 일어난 대대적인 철도파업은 그런 살벌한 분위기 속에서 감행된 것이었다.

경기침체로 직원해고, 임금삭감, 임금체불 등이 잇따르자 철도노동자들은 대규모 파업을 감행해 전국 철도화물열차 절반가량의 운행을 중단시켰다. 이에 미국 정부는 강력대응에 나섰다. 파업이 끝났을 때 100명이 사망했고, 1만 명이 감옥에 갔지만 『뉴욕 타임스』의 보도는 냉혹했다. 이 신문 1877년 7월 20일자는 전국적으로 파업하고 있는 철도노동자들을 다음과 같이 표현했다.

"불만세력, 불량배, 부랑자, 폭도의 무리, 수상쩍은 사람, 나쁜 사람, 도둑, 도박꾼, 방화범, 공산주의자, 노동개혁 선동가, 위험한 계층, 갱

단, 노숙자, 알코올 중독자, 범법자, 협잡꾼, 실업자, 사기꾼, 떠돌이, 비열한 사람, 가치가 없는 사람, 교사자, 사회의 적, 무모한 군중, 반항자, 가난한 사람, 말만 많은 연설가, 깡패, 약탈자, 절도범, 중죄인, 바보들."

그러나 이런 비방에 동의하지 않고 노동자들을 적극 옹호하고 나선 사람도 많았다. 가장 대표적인 인물이 "땅 한 조각도 갖고 있지 않은 사람에게 어떻게 그의 국가가 있다고 말할 수 있단 말인가?"라고 외친 헨리 조지(Henry George, 1839~1897)다.

헨리 조지의 『진보와 빈곤』

미국 필라델피아에서 스코틀랜드 복음주의 목사의 아들로 태어난 조지는 집안이 너무 가난해 중학교를 마치지도 못하고 학업을 중단해야 했다. 그는 노동을 하면서 독학으로 공부해 신문기자 겸 경제학자가 되었다. 그는 철도회사들이 농민을 총으로 위협해 본래 살던 곳에서 쫓아내는 현실을 보면서 철도회사를 비롯한 재벌들을 '노상강도'라고 비난했으며, 철도회사에 투자하는 중산층의 탐욕도 꾸짖었다.

그는 이런 뜨거운 심정으로 2년간 책을 썼는데, 그게 바로 그 유명한 『진보와 빈곤(Progress and Poverty)』(1879)이다. 그는 이 책을 쓴 뒤 가슴이 벅차올라 눈물을 쏟았지만 책을 내줄 출판사를 찾을 길이 없었다. 노동자 출신으로 학력도 이름도 없는 사람의 책을 누가 출판해주겠는가. 그는 결국 자비출판으로 이 책을 세상에 내놓았다. 그런데 이 책이 미국과 영국에서 수십만 부나 팔려나가는 '기적'이 일어났다. 토지가 빈곤문제의 핵심이라는 그의 통찰력이 호응을 얻었기 때문이다.

조지(George 1997)는 『진보와 빈곤』에서 "임금은 자본이 아니라 노동에서 나온다"고 주장했다. "산업은 자본에 의해 움직이는 것이 아니라 노동에 의해 움직인다. 만약 노동이 없으면, 원료도 없으며 생산은 존재할 수 없다. 이건 자명한 사실인데 종종 망각된다." 그는 부의 근본이 토지이므로 토지세를 통해서 정부에 필요한 자금을 조달하여 빈곤문제를 해결할 수 있다고 주장했다. "사회가 눈부시게 진보함에도 불구하고 극심한 빈곤이 사라지지 않는 이유 그리고 주기적으로 경제불황이 닥치는 이유는 토지사유제로 인해 지대가 지주에게 불로소득으로 귀속되기 때문이며 이 문제를 해결하려면 정부가 지대를 징수하여 최우선적인 세원으로 삼아야 한다."

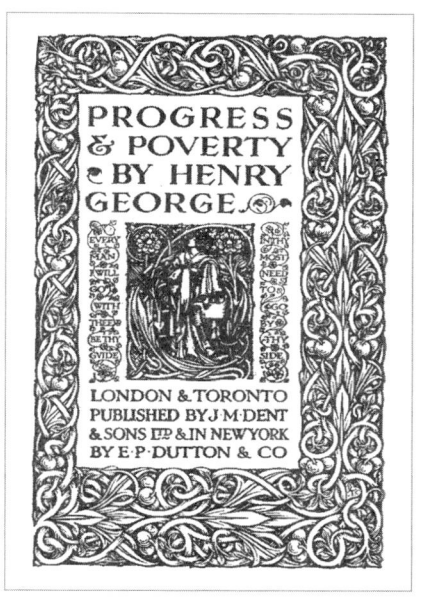

헨리 조지의 『진보와 빈곤』 속표지.

조지는 더 나아가 시민의 정치적 자유주의를 확보하기 위해서는 토지가 공동소유로 되어야 한다고 역설했다. 그렇다고 해서 사회주의적 토지소유를 주장한 건 아니다. 개인소유형태에는 손을 대지 않고 지대만 세금으로 거둬 국가재원으로 사용하는 한편, 다른 형태의 세금은 폐지하는 방법으로 사회적으로 부를 공유하자는 것이다.

조지는 자신의 이상을 실천하고 널리 퍼뜨리기 위해 죽기 직전까지 뉴욕 시장선거에 계속 출마해 강연에 정열을 쏟았다. 1886년 출마시엔 패배했을망정 근소한 차이어서 그의 주장에 공감한 이들이 많았다는 걸 알 수 있다.

찰스 다윈과 함께 진화론을 연구했던 앨프리드 러셀 월리스(Alfred Russel Wallace, 1823~1913)는 『진보와 빈곤』을 "금세기 출간된 가장 중요한 책"이라고 격찬했다. 『진보와 빈곤』은 톨스토이(Lev Nikolayevich Tolstoy, 1828~1910)와 페이비언 사회주의(fabian socialism)에 큰 영향을 미쳤다. 그러나 20세기 내내 좌우를 막론하고 모두가 노동과 자본에만 집착하느라 그의 메시지는 외면당했다.

토머스 에디슨의 백열등 발명

1877년 철도파업에 대해 엥겔스는 마르크스에게 보낸 편지에서 "남북전쟁 이후 발달한 자본의 독과점에 대한 최초의 반란"이라고 말했다. 이들은 미국 노동자들에게 적잖은 기대를 걸었겠지만, 이런 기대에 늘 찬물을 끼얹는 사태들이 전개됐으니 그중의 하나가 바로 기술진보였다.

조지의 『진보와 빈곤』이 출간된 해인 1879년에 토머스 에디슨은 백열등을 발명해 미국인들을 열광시켰다. 1870년대에 일반적으로 쓰이던 조명방법 중에서 가장 진보적인 것이 가스등이었다. 아아크등도 개발되어 있었으나 값이 비싸고 게다가 볼품이 없었다. 이런 상황에서 백열등은 혁명이었다.

2009년 11월 영국 일간지 『타임스』 인터넷판은 「학교에서 배우는 10대 오해」에서 "많은 이들은 백열등의 발명자로 에디슨을 꼽지만 에

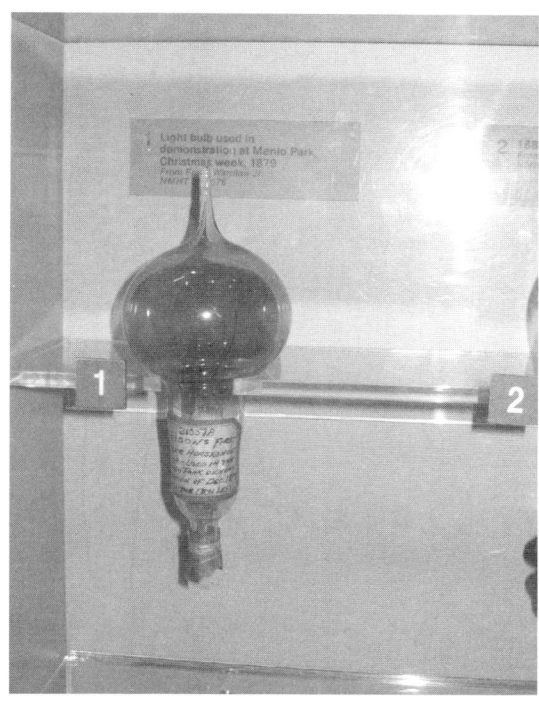
토머스 에디슨이 1879년 실용화한 최초의 백열등.

디슨의 발명품 목록엔 백열등이 없다. 영국인 과학자인 조지프 스완(Joseph W. Swan, 1828~1914)이 발명해 특허까지 낸 것을 그가 개량했을 뿐이다"고 주장했지만, 중요한 건 에디슨이 상업적으로 실용화된 최초의 백열등을 선보였다는 사실이리라.

'발명왕'으로 불린 에디슨은 미국의 축복이었다. 에디슨의 이름으로 등록된 특허는 무려 1097개나 되는데, 그의 생애에서 1876년부터 1881년까지가 창조력이 가장 왕성했던 시기였다. 에디슨은 1877년 축음기를 발명해 1878년 특허를 얻었는데, 축음기는 사업상 속기용 기계로 발전되다가 10년이 지나서야 대중오락으로 사용되기 시작했다. 이어 에디슨은 1879년 탄소 필라멘트를 사용한 백열전구를 완성해 그해 12월 3일 먼로파크 연구소(Menlo Park laboratory)에서 세상에 공개했다. 그는 백열전구를 보급하기 위해 소켓, 스위치, 안전퓨즈, 적산전력계 등을 고안하고 효율이 높은 발전기, 배전반도 만들어냈다.

에디슨이 1882년 9월 4일 오후 3시 정각 맨해튼 남부의 펄스트리트 발전소(Pearl Street Station)에서 고객에게 전기를 공급하기 시작했을 때, 역사가 레이너 배넘(Rayner Banham, 1922~1988)은 이를 가리켜 "인류가 불을 이용하게 된 이래 최대의 환경혁명"이라고 주장했다. 에디슨 전기의 첫 고객은 J. P. 모건의 월스트리트 사무실이었다. 바로 그해에 『월스트리트 저널(The Wall Street Journal)』도 창간되었다.

1883년 미국에 파견된 조선의 '보빙(報聘) 사절단'은 발전소와 전신국을 방문하여 전기의 위력에 감탄했으며, 에디슨 전기회사로 찾아가 전기등에 대한 주문상담도 했다. 그들은 귀국 후 고종(高宗, 1852~1919)에게 전기에 대해 보고하고 궁궐에 전등설치 허가를 받아내 에디슨사에 전등설비 도입을 발주했다. 이 전등사업은 갑신정변으로 중단되는 바람에 1887년 4월에서야 경복궁의 건청궁(왕의 침전)에 처음으로 100촉짜리 전구 2개가 점등되었다. 이는 경복궁 전체에 750개의 16촉짜리 전등을 설치하고 이에 필요한 발전설비를 갖추는 사업의 일환이었다. 유길준(1856~1914)이 1883년 미국 뉴욕의 에디슨 전기회사를 관람하고 나서 "우리는 인간의 힘으로서가 아니라 마귀의 힘으로 불이 켜진다고 생각했다"고 토로했듯이, 전깃불을 처음 본 사람들은 충격으로 할 말을 잃었다.

신기술을 이용하고자 하는 왕성한 호기심 때문이었을까? 1888년 뉴욕에서는 교수형 대신 전기를 사형방식에 도입하는 법안이 통과되었다. 1890년 8월 6일 뉴욕 형무소 당국은 최초로 전기의자를 사용하여 살인범을 처형하였는데, 8분이나 걸려 사형수에게 엄청난 고문을 한 결과를 초래하고 말았다. 이를 지켜보던 사람들이 실신하는 등 참사가 발생했다. 『뉴욕 타임스』의 기자는 '구역질나는 스펙터클' '교수형보다도 더 악질적인 방법' 이라고 비난했지만, 이를 상세히 보도한 신문들은 날개 돋친 듯이 팔려나갔다.

　1890년 에디슨이 세운 에디슨 제너럴 일렉트릭(Edison General Electric)은 1892년 톰슨-휴스톤사(Thomson-Houston Company)와 합병해 제너럴 일렉트릭(GE, General Electric)이 되었다. GE는 1886년 조지 웨스팅하우스(George Westinghouse, 1846~1914)가 직류가 아닌 교류 전기 시스템을 제작 · 판매하기 위해 세운 웨스팅하우스 전기회사(Westinghouse Electric)와 더불어 미국 전기산업의 선두주자가 된다. 1895년 나이아가라 폭포에 거대한 발전소가 문을 열었으며, 1898년에 나온 한 소설 속에서 브로드웨이는 황혼 무렵인데도 '눈부신 전기'의 물결로 인해 밝게 빛남으로써, 밤이 낮으로 '영원토록 변화되는' 효과가 생겨났다고 묘사된다.

　백열등은 단순한 문명의 이기(利器)가 아니었다. 적어도 에디슨의 관점에선 그건 인류사를 송두리째 바꿔놓을 이데올로기였다. "나 자신은 24시간 중에서 네댓 시간 이상의 잠이 필요하다고 느낀 적은 한 번도 없었다"고 말했던 에디슨의 소원은 '비생산적인 잠'을 자느라 쓰는 시간처럼 인간의 잠재능력을 낭비시키는 것을 뿌리째 뽑아버린 사람으로 알려지는 일이었다. 그는 백열등이 그런 역할을 해주길 원했고, 실제로 세상은 그가 원하는 방향으로 움직이기 시작했다. 인간의 잠이 도둑맞고 있다고 주장하는 크렌(Coren 1997)은 이를 가리켜 '에디슨의 저주'라고 말하지만, 이는 소수의견에 불과하다. 잠을 도둑맞는 것이 문명화와 진보로 여겨지는 세상이 도래했고, 이런 원리에 대한 신봉은 오늘날에도 건재하다.

참고문헌 Allen & Gomery 1985, Beatty 2002, Brian 2002, CCTV 2007, Cooke 1995, Coren 1997, Davis 2004, George 1962·1997, Kern 2004, Means 2002, Nace 2008, Panati 1998, Phillips 2004, Porter 1998, Weil 2003, Zinn & Stefoff 2008, 권용립 2003, 김용관 2009, 노형석 2004, 박진희 2005, 안영식 2008, 이승원 2005

남부의 로빈후드인가?
제시 제임스·프랭크 제임스 사건

남부가 보호해준 전설적인 무법자

남북전쟁은 1865년에 끝났지만, 그 상흔은 1870년대를 거쳐 1880년대까지 계속되었다. 이를 잘 보여주는 게 제시 제임스(Jesse James, 1847~1882)·프랭크 제임스(Frank James, 1843~1915) 사건이다. 침례교 선교사였다가 미주리주에서 농부가 된 사람의 아들인 제임스 형제는 남북전쟁기간 중에 남부연합을 위해 맹렬히 싸운 전사들이었다. 이들은 전쟁이 끝났는데도 일단의 패거리를 이끌고 기차와 역마차를 습격하는 등 게릴라 공격을 계속했다.

제임스 형제는 저항하는 사람들은 모조리 살해하면서도 친구, 성직자, 남부 사람, 과부 등에게는 강도짓을 한 적이 없다고 자랑하곤 했다. 이들은 전설적인 무법자로 명성이 자자했다. 미주리주와 캔자스주의 경계에 있는 농촌지역에서 특히 제시 제임스는 남부의 대의명분을 맹렬하게 추종하는 로빈후드 스타일의 영웅으로 대접받았다. 진

1880년 테네시 내슈빌에서 제임스 형제와 다른 갱 멤버들. 앞줄 왼쪽에서 다섯 번째가 제시, 뒷줄 왼쪽에서 일곱 번째가 프랭크이다.

편에 헌신했다는 이유로 양키 당국자들이 자신을 박해했기 때문에 범죄의 길로 내몰리게 되었다는 그의 주장을 농부들은 믿었다. 마을의 보호를 받은 이 무법자 형제는 17년 동안 체포의 손길을 피해 살았다.

1882년 미주리 주지사 크리텐든(Thomas Crittenden, 1832~1909)은 두 무법자 처단에 1만 달러의 현상금을 걸었다. 제임스 형제의 패거리였던 로버트 포드(Robert Ford, 1862~1892)가 주지사에게 연락해서 현상금에 덧붙여 자신과 동생 찰리(Charley)의 죄를 사면해주는 대가로 제시를 넘기겠다고 제안하자, 크리텐든은 이를 수락했다. 포드는 무엇이 겁이 났는지 제시 제임스를 생포해서 넘기는 대신에 4월 3일 살해했으며, 형인 프랭크 제임스는 10월 5일 주지사에게 자수했다.

제임스 형제의 활약은 싸구려 소설로 과장되게 그려져 베스트셀러가 되었다. 프랭크는 "남부군에 가담했다는 이유로 당국이 지나친 탄압을 가해 어쩔 수 없이 무법자가 되었다"는 변론을 펴고, 자신을 우상화한 베스트셀러 덕분에 우호적인 여론을 얻어 무혐의로 풀려나와 행복하게 살다가 죽었다.

조지프 퓰리처의 활약

이 사건에서 흥미로운 건 당시 센세이션을 일으킬 수 있는 사건에 혈안이 된 『세인트루이스 포스트-디스패치(St. Louis Post-Dispatch)』의 발행인 조지프 퓰리처가 보인 보도태도였다. 1847년 헝가리의 마코(Mako)에서 유대계 헝가리인 집안의 장남으로 태어난 퓰리처는 남북전쟁 덕분에 1864년 미국에 오게 되었다. 당시 병력이 모자란 북군이 유럽에서 이민을 장려한다는 구실을 내세워 당장 필요한 신병을 구했는데, 여기에 지원한 것이다. 그는 1865년 전쟁이 끝난 후 실업자 신세가 되어 뉴욕의 호화로운 프렌치스 호텔(French's Hotel)에 들어갔다가 호텔 짐꾼에게 쫓겨나는 수모를 겪었다. 그는 23년 후인 1888년 이 호텔을 사서 부순 다음 그 자리에 신문사 건물을 지었다. 1890년 완공된 이 건물은 16층으로 당시 미국에선 가장 높은 건물이었다.

퓰리처의 그런 '아메리칸 드림'은 언론인 활동에서부터 시작되었다. 그는 정치에도 관심이 많아 사실상 정치인 노릇도 했다. 아니 신문이 정치를 위한 대용이었다. 그는 1875년 한 정치집회에서 다음과 같이 주장했다. "이 나라에서 금권의 성장은 믿을 수 없을 만큼 굉장한 것이었으며, 금권이 정부와 연계되어 정부에 이해관계를 갖게 된 것은 심상치 않은 일입니다. …… 수백만 명의 뜻이 아니라 백만장자들의 힘에 의지해서 스스로를 유지하는 정부가 워싱턴에 절대로 들어서지 못하게 합시다."

풀리처는 죽을 때까지 이 발언의 취지를 지키며 자신의 신문에 그대로 반영했다. 그가 신문경영자로 변신하게 된 계기는 1878년 12월 경매에 부쳐진 『세인트루이스 디스패치(St. Louis Dispatch)』를 헐값에 인수하면서부터였다. 곧 경쟁지인 『세인트루이스 포스트(St. Louis Post)』와 합병해 『세인트루이스 포스트-디스패치』를 출범시켰다. 경쟁지인 『세인트루이스 스타(St. Louis Star)』가 자꾸 자기 신문기사를 표절하자 함정을 설치한 게 흥미롭다. 일부러 자기 신문에 엉터리 기사를 싣고 경쟁지가 그걸 표절하자 내막을 밝혀 골탕먹인 것이다. 결국 그 신문이 비틀거리자 그 신문도 인수했다.

풀리처는 미친 듯이 일하는 일 중독자였다. 발행인이면서도 말단기자처럼 여기저기를 쑤시고 다니면서 일일이 훈수를 뒀다. 게다가 시대가 좋았다. 당시 미국 사회의 부정부패가 워낙 심해 그걸 폭로하면 신문부수가 막 늘어나던 시절이었다. 거기다가 풀리처는 가십, 범죄, 유머, 스포츠, 오락 등 독자들의 흥미를 자극하는 기사를 싣는 데에 일로매진했다.

'제시 제임스' 사건보도는 풀리처 상술의 일면을 잘 보여준다. 풀리처는 '배신'에 초점을 맞춰 로버트 포드가 비겁하다며 제시 제임스를 동정했으며, 크리텐든 주지사를 맹렬히 비난했다. 계속 이런 식으로만 나갔다면 위험했을 텐데, 풀리처는 '줄타기'의 도사였다. 그는 남부색이 강한 다른 신문이 제임스의 패거리에게 포드를 죽여 복수할 것을 촉구하자, 이에 반발하면서 이 신문을 강하게 공격했다. 자신의 주장은 "범죄자로서 그 역시 법에 의해 판결받고 법에 의해 다뤄질 자격을 갖고 있었다는 것뿐"이라는 논리였다. 중요한 것은 이 문제를 둘러싼 논란 때문에 그달에 신문의 판매부수가 2만 부에서 2만6600부로 늘었다는 사실이다.

『세인트루이스 포스트-디스패치』의 성공 덕분에 퓰리처는 1883년 5월 다 죽어가던 신문 『뉴욕 월드』를 인수했다. 이미 10여 개의 쟁쟁한 신문들이 버티고 있는 뉴욕 시장에서 『뉴욕 월드』의 전망은 어두웠지만, 그 신문들은 모두 공화당 계열이었다. 그 반대로 가는 게 『뉴욕 월드』의 살길이었던 셈이다. 퓰리처는 사회개혁운동의 색깔을 강하게 드러내면서도 이전과는 달리 노동자들도 즐길 수 있는 이야깃거리들을 적극 개발했다. 그는 기사내용이 황당할수록 잘 팔린다는 사실을 발견했고, 그래서 사실확인과정도 건너뛴 채 그런 기사들을 양산해냈다. 예컨대, '꼬리 달린 야만족 발견' 같은 기사는 사실이 아니더라도 누가 명예훼손을 당했다고 시비를 걸 수 있는 건 아니었기에 필요한 건 뻔뻔함뿐이었다.

퓰리처의 활약은 미국 언론의 작동방식이 근본적으로 변했다는 걸 재확인시켜준다. 1870년대 이래로 신문들은 정치적 독립을 강하게 주장했는데, 이는 대중을 상대로 장사를 할 수 있는 시장상황의 변화에 따른 것이었다. 신문들은 노골적인 장사를 하는 것에 대한 비판에 대항하여 정치적 독립성을 강하게 부르짖곤 했는데, 그 대표적 주창자가 바로 퓰리처였다. 그 속셈이 무엇이었건 대중을 등에 업고 정치와 행정을 마음대로 비판하는 신문들의 활약은 미국 사회의 진보에 큰 기여를 하게 된다.

제임스 가필드 대통령 암살

제시 제임스가 전설적인 무법자로 남부 일대를 휩쓸고 다니던 때에 대통령이 암살당하는 사건이 일어났다. 그 비극의 주인공은 러더포드 헤이즈에 이어 제20대 대통령이 된 제임스 가필드다. 1881년 7월 2일 가필드는 아들 둘을 데리고 매사추세츠주 윌리엄스 타운에 있는 모교 윌리엄스대학 동창회에 가기 위해 볼티모어 앤 포토맥 역에서 기차를 기다리고 있었다.

그때 불만이 많고 제정신이 아닌 시카고의 변호사 찰스 J. 기토(Charles J. Guiteau, 1841~1882)가 뒤에서 접근해 44구경 불독 권총으로 두 번 쏜 다음 "나는 스톨워트(Stalwart)이고 이제 아서가 대통령이다!"라고 소리쳤다. 스톨워트는 체스터 A. 아서(Chester A. Arthur, 1829~1886) 부통령과 마찬가지로 부패한 이권체제를 유지하고 싶어 하는 공화당원들을 가리키는 말이었다. 가필드는 이 이권체제가 낳은 우체국 스캔들에 대한 조사를 지지함으로써 스톨워트들을 격분시킨 바 있었다.

중상을 입은 가필드는 여러 주 동안 병상에 누워 있었다. 15명의 의사들이 총알의 위치를 찾으려고 애썼지만 찾지 못했다. 발명가인 알렉산더 그레이엄 벨까지 동원돼 금속탐지기로 총알을 찾으려고 했지만 실패했

1908년 볼티모어 앤 포토맥 역.

다. 결국 가필드는 9월 19일 사망했다.

가필드를 승계해 제21대 대통령이 된 체스터 아서는 공화당원이었지만 사실상 임시직 대통령이나 다를 바 없었다. 그는 무능한 동시에 엉뚱했다. 그는 10시에 집무실에 나와 오후 4시나 5시면 퇴근했다. 언젠가 그는 유럽의 한 왕실에 전할 위안문안을 다듬는 데 한 달을 요구했다. 그 메시지는 이미 국무부에서 초안을 잡은 것이었는데도 말이다. 그는 "일하는 곳과 같은 집에서 사는 것이 얼마나 피곤하고 우울한지 아마 여러분들은 모르실 겁니다"라고 하소연하곤 했다. 한 백악관 서기는 "아서 대통령께서는 내일로 미룰 수 있는 일을 결코 오늘 하지 않았습니다"라고 말했다.

아서는 홀아비여서 신문에선 그의 이름이 신붓감들과 함께 자주 거론되곤 했다. 그의 뛰어난 점이라면 미식가이며 옷을 밝히는 멋쟁이라는 것 정도였다. 딱 어울리는 옷을 찾느라 20벌의 바지를 입어본다는 소문까지 나돌았다. 1884년 대통령 후보에 재지명되지 못하자 독설가인 엉클 조 캐논(Uncle Joe: Joseph Gurney Cannon, 1836~1926)은 "바지 때문에 졌다"고 꼬집었다.

훗날 우드로 윌슨은 아서를 "양쪽 구레나룻의 별 볼일 없는 인간"이라고 불렀다지만, 아서에 대해서만 그렇게 말할 수 있는 걸까? 링컨의 말마따나, 기업들이 마침내 권좌에 오른 세상이 아니었던가. 기업 패권이 강화되면서 대통령 권력은 날이 갈수록 더 상징적 의미만 가지게 된다.

참고문헌 Brian 2002, Dole 2007, Faul 1999, Folkerts & Teeter 1998, Smith 1990

'미국은 영토 욕심이 없는 나라'
조미수호조약

1882년 조미수호조약

미국은 1880년대부터 시선을 나라 밖으로 돌리기 시작했다. 1880년 국무장관 윌리엄 M. 에바츠(William M. Evarts, 1818~1901)는 국내경제의 발전이 한계에 도달했으며 계속적인 발전을 위해서는 해외진출만이 유일한 길이라고 주장했다. 경제학자 데이비드 A. 웰즈(David A. Welles, 1828~1898)도 해외시장 개척에 미국 경제의 사활이 달렸음을 강조했다. 농민들과 산업계도 해외시장 진출을 주장하고 나섰다. 1882년 조미수호조약이 맺어진 건 바로 이런 배경에서였다.

1880년 4월 미 정부로부터 조선과의 수교임무를 하달받은 해군제독 로버트 윌슨 슈펠트는 대서양·아프리카 남단·인도양을 거쳐 일본의 나가사키(長崎)에 도착했다. 그는 5월 부산에서 일본 영사를 통해 동래부사와의 회담을 요청했으나 거절당하자, 청의 이홍장(李鴻章, 1823~1901)과 조미조약을 담판하였다.

이홍장이 조선 문제를 맡게 된 건 1879년 일본의 류큐(琉球) 병합 때문이었다. 일본과 중국의 중간지점에 있는 류큐는 오래전부터 "중국은 우리의 아버지이고 일본은 우리의 어머니이다"라는 식으로 양쪽에 조공(朝貢)을 바치면서 독립을 유지하고 있었는데, 1879년에 일본이 이를 독단적으로 병합하여 '오키나와현(沖繩縣)'으로 개칭하고 일본의 영토로 만들어버렸다. 이에 놀란 청은 조선 문제를 그간 종속관계를 취급하던 부서인 예부(禮部)에서 대외관계를 관장하고 있던 이홍장에게 이관시켰다.

슈펠트는 1880년 8월 26일 이홍장과 가진 제1차 톈진(天津)회담을 시작으로 1882년 3월 19일~4월 22일의 제4차 회담을 통해 조미수교에 대한 최종합의를 성사시켰다. 당사자인 조선은 배제된 가운데 이뤄진 합의였다. 다만 1881년 11월 중국 톈진에서 이홍장을 만나 조미수교를 권고받은 김윤식(1835~1922)은 상소문을 올려 고종으로 하여금 조미수교 결심을 하게 했다는 것이 조선의 참여라면 참여였다. 청은 일본의 진출을 막기 위해 조선 정부가 서양의 여러 나라와 통상조약을 맺는 것이 유리하다고 보았을 것이다.

사실 조선에도 이미 조미수교를 위한 분위기는 무르익고 있었다. 고종은 이미 1871년 대원군이 전국에 세웠던 척화비를 철거했고 "병인(1866), 신미(1871) 양요는 우리나라가 반성해야 할 것이며, 서양 배를 침략선이라고만 떠드는 것도 잘못"이라고 하였다. 게다가 강화도조약으로 인해 이제 조선은 기존의 척양(斥洋)정책을 계속 추진할 수는 없게 되었다. 미국을 호의적으로 평가한 『조선책략(朝鮮策略)』(1880)의 영향도 컸다.

고종은 미국을 "영토 욕심이 없는 나라"로 이해하면서 양대인(洋大人)이라 존칭했다. 미국에 대해 "부강하되 소국을 능멸하지 않는다"고 밝힌 『해국도지』의 영향을 받은 박규수도 미국을 "부(富)가 6주에서 으뜸이면서도 가장 공평한 나라"로 인식했다.

조미수호조약의 평가

1882년 5월 22일 조선은 제물포(인천) 화도진 언덕에서 미국과의 수호통상조약을 체결하였다. 조미수호통상조약 1조는 "일방이 제3국에 의해 강압적 대우를 받을 때 다른 일방은 중재를 한다"고 했다. 이른바 '거중조정(居中調停, good office)' 조항이다. 조선은 여기에 큰 기대를 걸었지만 훗날의 역사는 이게 아무런 의미가 없었다는 걸 말해준다.

이홍장은 "조선은 청의 속방"이라는 조문을 조약 안에 넣으려고 애를 썼고 조선의 조정도 이를 무조건 지지하고 나섰지만, 미국의 끈질긴 반대로 이 조문의 삽입은 이루어지지 않았다. 김원모는 "조미조약을 체결함에 있어서 청국 이홍장의 끈질긴 대한종주권 주장을 단호히 물리치고 조선 왕조를 주권독립국가로 인정하고 대등한 주권국가의 위치에서 조약을 체결했다. 이로써 조선은 조·청 간의 전통적인 조공관계를 청산하고 주권독립국가로 새 출발을 했다는 점에서 그 역사적 의의는 매우 크다"고 평가한다.(안영배 1999)

하원호(1997)는 "조미조약은 치외법권 등 전형적 불평등조약 내용을 담고 있었으나 조선 측으로서는 일본과의 조약에 비하면 다소 나아진 것이었다. 먼저 이 조약은 열강이 조선의 관세자주권을 인정한 최초의, 그리고 유일한 조약이었다"고 평가한다.

반면 김정기(1992)는 조미수호조약을 "첫째, 조미조약의 교섭을 중국과 미국이 주도했고 정작 교섭 파트너이어야 할 조선은 거의 배제되어 있었다. 둘째, 조미조약의 성격은 수호조약이 아니라 불평등조약이었다. 셋째, 조약 내의 허황된 약속조항으로 고종의 숭미의식이 형성되었다. 넷째, 1905년까지 미국 정부의 조선 정책은 불개입·친일정책으로 거의 일관하였다. 다섯째, 1905년까지 미국의 조선 주재 외교관들은 정부훈령에 반하여 많은 이권을 침탈했고 선교의 바탕을 마련했다"며 부정적으로 평가한다.

미국은 조미조약에서 최혜국 대우권을 얻었는데, 이는 당시 세계적으로 강대국들이 약소국들의 이권침탈을 위한 도구로 이용되었다. 예컨대, 영국은 1883년 조영조약을 맺어 서울에서 상점을 개설하는 권리를 얻었는데, 이 권리를 얻지 못했던 미국은 최혜국 대우조항 덕분에 영국이 새로 획득한 그 개설권을 자동적으로 향유하게 되었다.

『한국, 그 은둔의 나라』

1882년 10월 일본에서 활동한 미국 선교사 그리피스(William Elliot Griffis, 1843~1928)가 미국 뉴욕에서 『한국, 그 은둔의 나라(Corea, The Hermit Nation)』란 책을 출간했다. 이 책은 전 세계적으로 많이 팔렸다. 그리피스는 목사직을 포기하고 전업작가로 나서긴 했지만 '기독교적 팽창주의자'로 활동했다. 미국의 개신교 선교부는 선교전략을 수립하는 과정에서 특히 이 책을 많이 참고했다. 비극은 그리피스가 일본의 조선 침략은 조선인들을 위한 행위라고 보는 친일인사였으며, 이런 시각이 이 책에 반영되었다는 사실이다.

이태진(2000)은 이 책을 한국이 은둔국이었다는 인식에 가장 큰 영향을 미친 주범으로 지목하면서 "문제는 그리피스가 스스로 찬사를 보내고 있는 일본의 '성공'을 설명하기 위해 한 번도 가보지 않은 나라 한국을 비교의 대상으로 삼았다는 점이다"고 비판한다.

이태진은 '은둔국' 수사(修辭)의 정치적 함의를 파고들었다. 그는 "근대 한국은 흔히 '은둔국'으로 규정한다. 대원군 집권기(1863~1873)에 병인양요·신미양요 등 외세와 충돌한 사건들이 발생했으므로 이 기간에 한해서는 이 규정이 적절할 수 있다. 그러나 이 시기를 벗어나서도 은둔국이란 딱지는 떨어지지 않는다"며 다음과 같이 주장한다.

"1876년 조일수호조규, 1882년 조미수호통상조약, 1883년 조영수호통상조약 등 각국과의 수교통상이 시작된 후에도 은둔국이란 규정은 철회되지 않는다. 1910년에 일본에게 나라가 병합되었을 때는 은둔과 쇄국 때문에 이렇게 병합되는 지경에 이를 수밖에 없었다는 해석이 붙기까지 하였다. 이런 인식 아래 한국 근대사는 곧 자력 근대화에 실패한 역사로 평가되었다. 한국인들은 지금도 국제적으로 어떤 큰 시련을 겪게 되면 '실패한 근대'를 들먹인다."

이어 이태진은 "한국이 근대화에 실패한 것은 지금까지 알려진 것처럼 전적으로 자체에만 문제가 있었던 것이 아니다"며 다음과 같이 주장했다.

"오히려 한국은 뒤늦게나마 적극적으로 국제사회에 진출하고자 하였지만, 이웃한 일본의 침략주의, 중국의 해묵은 국가이기주의로 방해를 받고 말았다. 한국은 국방력이 약하여 이를 극복하지 못한 것이지만, 근대화의 의지마저 결여했다는 것은 역사적 진실이 아니다. 한국 역사학계는 이러한 잘못된 인식을 바로잡기 위해 새로운 차원의 연구와 정리작업을 서둘러야 한다."

이태진의 이런 주장에 대해선, 조선이 1876년 조일수호조규(강화도조약)와 1882년 조미수호통상조약 이후엔 적극적 자세를 가졌다는 건 진실일망정 그게 너무 늦은 시점이 아니었는지, 그리고 그 의미가 매우 중요한 게 아닌지 하는 의문을 제기할 수 있겠다. 강재언(1998)의 다음과 같은 주장을 참고해보는 게 좋겠다.

"조선의 비극은 이웃나라 일본이 서양의 종교와 학술을 분리하여 양학을 수용함으로써 서양관에 일대 변혁을 이룬 시기에, 1801년의 신유교난으로 시작된 천주교 탄압의 와중에 반서교(反西敎)에서 반서양(反西洋)으로 전환하고, '쇄국양이'의 틀 속에 틀어박혀 아시아 최후의 '은자의 나라'가 되고 말았던 데에 있다. 그리고 '서학 부재' 상태에서 1882년에 겨우 미국이란 서양세계에 문호를 개방하였다. 이미 양국 간의 국력에는 하늘과 땅만큼의 차이가 벌어져 있었다."

사회진화론에 대해선 이제 곧 자세히 다루겠지만, 이태진의 주장에 대해선 사회진화론에 대한 비판과는 정반대의 관점에서 이의를 제기할 수도 있겠다. 제국주의 기운이 전 세계를 덮치고 있던 시절, 국가 간의 관계에서 다른 나라의 침략주의나 국가 이기주의를 비판하는 게 무슨 소용이 있을까? 근대화의 의지를 국방력과 분리시켜 말해도 되는 걸까? 물론 식민주의 사관의 잔재가 아직 한국 사회를 억누르고 있다는 점에서 이태진의 주장은 경청할 점이 있는 건 분명하지만, 이 경우에도 최소한의 균형은 필요하지 않을까라는 의문을 제기해볼 수 있겠다.

'조선은 단물 빠진 껌'

조미수호통상조약(1882년 5월 22일) 체결과 비준(1883년 1월 9일)에 따라 1883년 5월 12일 초대 미국 전권공사 푸트(Lucius H. Foote)가 입국해 비준서를 교환했다. 고종은 "초대 조선 주재 미국 공사의 격을 도쿄와 베이징 주재공사와 동격으로 격상하자 뛸 듯이 기뻐했다."(김정기 1992)

당시 조선은 미국에 큰 기대를 걸고 있었다. 반면 일본은 소국이면서도 최강국이고 일본과 지정학적 조건이 유사하다는 이유에서 일찍부터 영국에 주목하였다. 김옥균(1851~1894)이 "일본은 동방에서 영국과 같은 역할을 하려 한다. 그러므로 우리는 우리나라를 아시아의 프랑스로 만들어야만 한다"고 했지만, 프랑스가 본격적인 탐구대상이 된 건 아니었다. 장인성(2002)은 "조선 지식인들은 중화체제 외부의 특정국가를 모델로 삼아 유비(類比)의 심리를 투사하는 일은 별로 없었다"며 다음과 같이 말한다.

"개국기 조선 지식인들에게 의미 있는 서양국가는 미국이었다. 미국은 대단히 호의적으로 인식되었다. …… (그러나) 미국은 동일화하거나 유비를 통해 자기존재를 증명할 수 있는 대상이 아니었다. '경제대국' 으로서의 미국은 유력한 모델이 될 수 있고 도덕적 국가로서의 미국은 기대와 선망의 대상일 수 있을지언정, 영토의 크기나 부국의 정도, 그리고 국제정치적 위상 등에서 '유비' 의 대상(모델)이 될 수는 없었다."

푸트는 부임하자마자 조선의 시장조사에 들어갔다. 그는 5월 26일 미 정부에 보낸 보고서에서 한국 정부는 실질적인 힘이 거의 없고 나라는 정체돼 있고 가난하며 다년간에 이룩된 중국과 일본에 대한 굴종은 일정 수준의 우매함을 자아냈다고 했다. 또 그는 "수출 가능 물품은 소가죽, 쌀, 사람 머리털, 전복껍데기 등등이다"며 조선의 경제적 가치를 '단물 빠진 껌 내지 계륵(鷄肋)' 이라고 평가했다.

민영익 등 보빙사 미국 파견

푸트는 고종을 배알하는 자리에서 미국 대통령 체스터 아서가 사절단 파견을 환영한다는 의향을 전했고, 여기에 고종이 쾌히 동의했다. 1883년 7월 조선 정부는 미국에 보빙사(報聘使, 報聘은 '답례로서 외국을 방문하는 일')를 파견하였다. 사절단은 정사(正使)에 민영익(1860~1914), 부사(副使) 홍영식(1855~1884), 종사관(서기관) 서광범(1859~1897) 등으로 모두 20대의 젊은이들이었다. 이밖에 유길준, 고영철, 변수, 현흥택, 최경석과 중국인 오례당(吳禮堂), 미국인 퍼시벌 로렌스 로웰(Percival Lawrence Lowell), 일본인 미야오카 츠네지로(宮岡恒次郎) 등이 수행했다. 모두 11명이었다.

이들은 7월 15일 주한 미국공사인 푸트가 주선한 아시아함대 소속 미 군함 모노카시호(Monocacy)를 타고 제물포항을 떠나 일본 요코하마(橫浜)에서 동서 기선회사 소속 태평양횡단 여객선 아라빅호(Arabic)로 갈아타고 9월 2일 이른 아침에 미국 샌프란시스코항에 도착했다. 제물포항을 떠난 지 한 달 반 만이었다. 이때의 모습을 김인숙(2004)은 다음과 같이 묘사했다.

"미국의 샌프란시스코 항구에는 긴 도포자락을 휘날리는 조선의 젊은 관리들의 모습이 보인다. 큰 갓의 챙으로 스며든 햇살이 위엄을

앞줄 왼쪽부터 퍼시벌 로웰, 홍영식, 민영익, 서광범, 오례당, 뒷줄 왼쪽부터 현흥택, 미야오카 츠네지로, 유길준, 최경석, 고영철, 변수다.

잃지 않으려고 애쓰는, 그러나 충격에 빠진 그들의 얼굴을 비추고 있다. 태평양을 건너는 동안의 오랜 배멀미는 이제 서구문명에 대한, 다스릴 수 없는 멀미로 뒤바뀐다."

민영익 일행의 미국 도착 사실을 당시의 『샌프란시스코 모닝콜(San Francisco Morning Call)』지는 이렇게 보도했다.

"어제 이른 아침 이곳 항에 도착한 아라빅호는 한국으로부터 귀빈 일행을 모셔왔다. 이들은 그 왕국으로부터 외국에 파견된 최초의 사절단이다. 그들의 여행은 슈펠트 제독의 협상에 의해서 이루어진 한미조약 조인과 지금까지 닫혀 있던 왕국의 몇 개 항만이 그 나라 역사상 최초로 외부세계와의 상업을 위해 문호개방된 결과라 간주된다.

뉴욕 주간지 『뉴스 페이퍼』 1883년 9월 29일자에 실린 민영익 일행의 아서 대통령 접견 장면.

영국, 독일, 프랑스도 모두 한국과의 교역의 문을 트려 애써왔으나 미국이 이들을 앞질렀다."

이들의 전통 옷차림도 화제가 되었다. 『샌프란시스코 이브닝 블레틴(San Francisco Evening Bulletin)』지는 "가장 이목을 끄는 것은 모자다. 그들은 공무를 집행하고 있을 때는 물론이고, 방문객을 맞고 있을 때도 반드시 모자를 쓰고 있어야 한다. 만찬회 석상에까지 쓰고 나온다. 그것은 대나무로 만들었는데, 색깔만 다를 뿐 꼭 퀘이커교 신자들이 쓰는 챙이 넓은 모자와 같다"고 보도했다.

보빙사 일행은 샌프란시스코에서 기차로 제노, 솔트레이크, 덴버, 오마하를 거쳐 시카고에서 하루 묵은 뒤 다시 클리블랜드, 피츠버그

제5장 약육강식과 우승열패 277

를 거쳐 8일간의 기차여행 끝에 워싱턴에 도착했다. 그러나 당시 미국 대통령 체스터 아서가 수도인 워싱턴을 떠나 뉴욕에 가 있는 중이어서, 이들은 대통령 접견과 신임장 제정을 위해 다시 뉴욕으로 갔다.

9월 18일 오전 11시쯤, 민영익 등 사절단은 뉴욕 5번가 호텔의 대귀빈실에서 아서를 만나 신임장을 제정했다. 일행은 민영익의 신호에 따라 마룻바닥에 엎드려 이마가 닿을 정도의 큰절을 해 아서를 당황하게 만들었다. 게다가 복잡한 통역절차는 모두에게 당황스러운 것이었으리라. 조선어-영어 통역을 할 수 있는 사람이 없어 보빙사 일행엔 '중국어-영어' '일본어-영어' '조선어-중국어' '조선어-일본어'를 구사하는 4명의 통역이 있었다. 따라서 이런 식이었다. 아서가 영어로 말하면, '중국어-영어 통역'이 중국어로 옮기고, 이어 '조선어-중국어 통역'이 조선어로 옮겼다. 그걸로는 부족하다고 생각했던 것인지 똑같은 방식으로 '일본어-영어 통역'과 '조선어-일본어 통역'을 활용함으로써 두 가지를 종합해 의사소통을 했던 것이다.

이어 보빙사는 40여 일간 각지를 순방하면서 공공기관, 산업박람회, 시범농장, 병원, 전신회사, 소방서, 우체국, 상점, 제당공장, 해군기지 등을 시찰했다. 민영익 일행이 뉴욕항을 떠나 귀국길에 오른 것은 1883년 11월 10일이었다.

민영익은 자신이 수행원으로 발탁했던 유길준을 국비유학생으로 미국에 남겨두고 떠났다. 이렇게 해서 유길준은 한국 최초의 미국 유학생이 되었다. 부사 홍영식을 단장으로 하는 일행은 갔던 길을 되돌아가 그해 12월 말에 귀국하였고, 정사 민영익과 서광범·변수는 유럽 제국(諸國)을 역방(歷訪)한 뒤 1884년 5월 말에 귀국하였다. 민영익은 귀국 후 "나는 암흑세계에서 태어나 광명세계에 갔다가 다시 암흑세계로 돌아왔다"고 고백했다.

보빙사 귀국 후 개화정책은 급격히 미국을 통로로 추진되기 시작했다. 미국인 군사교관을 초빙하고 라이플총 4000정을 미국에 주문했다. 양잠시설과 상하이-인천, 부산-시모노세키 간 기선항해를 미국 회사에 허락하고, 민영익이 미국에서 구입한 가축들로 목장을 개설했다.

그러나 보빙사를 보낸 보람도 없이 미국은 조선을 외면했다. 고종은 1883년 10월 푸트를 불러 조선의 미숙한 외교문제를 다루고 신식 군대를 교육할 수 있는 외교고문과 군사훈련 교관을 파견해주면 2품의 벼슬을 주겠노라고 했다. 그러나 이는 이행되지 않다가 수년이 지난 1888년 4월에서야 윌리엄 다이(William Dye)를 비롯한 4명의 교관이 조선에 파견되었다.

1884년 7월 7일부터 한국에 있는 전권공사의 자리는 변리공사 겸 총영사로 격하되었다. 이 때문에 푸트는 사임하고 귀국했다. 1886년 6월 9일 W. H. 파커(W. H. Parker, 1826~1896)가 내한할 때까지 해군무관 조지 포크(George Foulk, 1856~1893)가 임시대리 공사로 일했지만, 포크는 박봉에 시달려 업무수행을 제대로 하기 어려웠다.

류대영(2004)은 "일본은 거의 모든 개항지에 영사관을 설치하고 있었으며 중국·러시아·영국 등도 최소한 두 개의 영사관을 가지고 있었다"며 "조선에 대한 미국의 무관심은 미국이 조선에 진출한 주요국가 가운데 서울 이외의 지역에 영사관을 설치하지 않은 유일한 국가였다는 사실을 통해서도 짐작할 수 있다"고 했다. 미국이 조선에 별 가치를 느끼지 못했다는 게 오히려 훗날 조선의 국가적 운명엔 비극적인 결과를 낳는다. 조선의 살길은 열강들의 상호견제와 힘의 균형에 있었지만, 강대국들이 약소국들을 나눠 먹는 잔치판을 벌이는 상황에서 미국의 조선에 대한 무관심은 일본의 독주를 초래한 것이다.

참고문헌 Harrington 1973, 강재언 1998, 김인숙 2004, 김정기 1992, 김태익 1994a, 류대영 2004, 민경배 1991, 서영희 2002, 신복룡 1985·1991, 안영배 1999, 이광린 1997a, 이정식 2002·2006, 이태진 2000, 장인성 2002, 전봉관 2007, 정성화 2000, 조현범 2002, 차상철 외 1999, 하원호 1997, 허동현 2004

'상상할 수도 없는 묵시록적 의미'
의료선교사 알렌의 조선 입국

미국의 '무디 부흥'

1884년 9월 20일 미국 북장로교 선교사로 중국 상해에서 활동하던 의료선교사 호러스 N. 알렌(Horace N. Allen, 安連, 1858~1932)이 인천 제물포에 도착, 22일 서울에 들어섰다. 알렌의 입국 배경은 1870년대로 거슬러 올라간다.

1872년 미국의 유명한 부흥사인 무디(Dwight L. Moody, 1837~1899) 목사가 미국의 조그만 교회에서 부흥회를 열었는데 열흘 동안 400명이 구원받는 놀라운 역사가 일어났다고 한다. 박용규(2006)는 '무디 부흥'을 비롯하여 미국, 캐나다, 영국 전역을 휩쓴 놀라운 부흥을 경험한 젊은이들이 뜨거운 심장을 가지고 세계 오대양 육대주로 흩어졌다며 다음과 같이 말한다.

"그중에 아시아는 최대의 선교 대상지였고, 그 가운데서도 조선은 이들이 가장 선호하는 선교지였다. 한국 선교의 개척자 가운데 한 사람이었던 찰스 A. 클락은 놀라운 사실을 전해준다. 그가 맥코믹 신학교 재학시절 44명의 졸업반 학생 중 18명이 해외선교를 지망했고, 그들 모두가 조선을 지망했다는 것이다. 그러나 그와 컨스 두 사람만이 조선에 선교사로 입국할 수 있었다. 이처럼 당시 조선의 선교사로 입국하려면 엄청난 경쟁률을 뚫어야 했다. 선교에 대한 열정만 가지고서는 조선땅에 발을 디딜 수 없었다."

무디의 출생지인 매사추세츠주 노스필드(Northfield)에선 1880년대 후반 200개 대학의 학생들로 구성된 학생봉사운동단체 회원들이 모여 해외선교를 결의하였다. 이들은 1891년 "이 나라에 머물지 마세요, 우리가 복음을 전하지 않았기 때문에 희망 없이 하루에도 수만의 이교도들이 죽어갑니다"라면서 "단 30년 만에 세계를 기독교화" 하겠다고 다짐했다. 6000명의 학생들이 해외 선교사가 되겠다는 서약 카드에 서명했는데, 이 운동은 이후 10년간 더욱 확장되었으며 이들의 주요 선교대상지는 중국을 비롯한 극동지역이었다.

알렌의 입국

'무디 부흥' 과는 별도로 1873년 조선 선교에 뜻을 둔 스코틀랜드 연합장로교회 소속의 로스(John Ross)와 그의 매제인 매킨타이어(J. McIntyre)는 청국과 조선의 국경이자 합법적인 교역관문인 만주 통화(통화)현 고려문에서 조선 상인들을 만나 한문성경을 팔며 전도에 나섰다. 조선 상인들은 성경엔 관심이 없고 이들이 입은 영국산 면제품인 '양복' 에만 관심을 보여 이들을 실망시켰지만, 나중에 여관에 있는 로스에게 50대의 남자 상인 한 명이 찾아와 신약성경을 받아갔다.

이 상인은 최초의 개신교 순교자가 된 백홍준 장로의 아버지였다.

1876년 강화도조약으로 조선의 문호가 개방되자 로스는 다시 만주를 방문하여 의주 상인 이응찬, 이성하, 김진기, 서상륜 등을 만나 이들에게 성경을 가르치면서 함께 성서 번역에 손을 댔다. 이 4명은 1879년 매킨타이어로부터 세례를 받고 신앙공동체를 형성해 최초

호러스 알렌. 미국의 선교사이자 외교관.

의 한국 교회를 출발시켰으며, 1882년엔 최초의 한글성경 『예수셩교누가복음젼셔』를 간행했다. 이들은 한글로 번역한 『누가복음』과 『요한복음』을 들고 1884년 고향인 황해도 장연 소래(松川, 솔내)에 교회를 세우고 선교에 나섰다. 훗날 백낙준은 소래를 '한국 개신교의 요람'이라 불렀다.

한편 무디가 촉발시킨 선교 붐을 타고 일본에서 활동하던 미국 감리교 선교사 매클레이(Robert S. MacLay, 1824~1907)는 주일 미국공사 빙햄(John A. Bingham, 1815~1900)과 주조선 미국공사 푸트의 적극적인 후원을 받아 1884년 6월 24일부터 7월 8일까지 조선을 방문하였다. 그는 이때 김옥균에게 한국에서 학교와 병원사업을 할 수 있도록 고종황제에게 허락받아줄 것을 요청하였다. 고종의 허락이 떨어지자, 비로소

알렌이 입국한 것이다.

이미 조선의 천주교 박해는 널리 알려진 사실이었기에 알렌은 한국 선교사로 파송될 때 주한 미국공사관 공의(公醫) 자격으로 입국했다. 알렌은 천주교가 조선 사회와 심각한 갈등을 겪었던 걸 반면교사로 삼아 포교에 신중을 기했다. 장석만(1999)은 개신교가 천주교와 구별하는 포교전략으로 사용한 방법은 다음 세 가지라고 말한다.

"첫째, 천주교가 정치에 관여하는 데 비해 개신교는 절대 정치에 간섭하지 않는다는 것, 둘째, 천주교가 마리아 숭배 등 우상숭배를 하는 데 비해 개신교는 오직 유일신만을 믿는다는 것, 셋째, 천주교가 프랑스의 종교인 데 비해 개신교는 미국의 종교라는 것이다. 첫째와 셋째 방식은 서로 연관되어 미국의 개신교 선교사가 조선에서 호의적으로 수용되는 데 크게 기여하였으며, 개인의 종교신앙의 자유와 정교분리가 '우리의 당연함'으로 자리잡는 데 기반이 되었다."

알렌 이후 들어오는 선교사들도 무디의 영향을 강하게 받았는데, 이들은 타교파에 대해서는 관대하였으나 신학적 자유주의나 성경비판은 단호히 배격하였다. 미국 북장로교 선교부의 총무였던 브라운(A. J. Brown)은 한국에 온 선교사들을 이렇게 평하였다.

"그들은 성경비판이나 자유주의는 위험한 이단으로 간주한다. 미국이나 영국의 복음주의 교회는 대부분 보수파든 자유파든 평화롭게 공존하며 공동으로 일을 하기도 하는데 한국에서는 자유주의 신학 사상을 가진 사람은 어려운 길을 가야 한다. 그런데 이러한 경향은 장로교회에 더욱 짙음을 본다."

입국 이후 알렌은 조선 조정이 미국으로 기울게끔 하는 데에 큰 기여를 하게 되지만, 미국은 결코 믿을 수 있는 나라가 아니었다. 아니 냉혹한 국제관계에서 어느 나라라고 믿을 수 있었겠는가.

갑신정변과 알렌

1884년 12월 4일에 일어난 갑신정변 시 수구파의 실력자인 민영익은 칼을 맞아 얼굴과 목, 등에 이르는 치명적 상처를 입고 생명이 위독한 상태였다. 이때 민영익의 치료를 맡은 사람이 의료선교사 알렌이었다. 알렌은 여기서 실패하는 날에는 한국의 선교가 영원히 끝장날 수도 있다는 압박을 받고 기도하면서 민영익을 수술했다.

민경배(1991)는 '이 극적인 장면'을 '과학과 기독교 그리고 미국의 이상이 한국에 그 피와 골수 속에서 새 활력을 환기시키는 역사의 동력으로 환영받기 시작한 때의 모습'으로 보면서, 한국 근대사에서 '상상할 수도 없는 묵시록적 의미'를 부여하였다. 그 의미는 근대사를 넘어서 먼 훗날에 나타나게 되지만, 바로 이때가 실질적인 개신교 입국이 이루어진 순간이었다고 해도 과언은 아니다.

알렌의 수술은 성공적이었다. 민영익은 점차 회복하여, 그 다음해인 1885년 3월 완전히 건강을 찾게 되었다. 알렌은 정부로부터 1000량의 사례금까지 받았다. 또 그는 민영익을 살려낸 덕분에 국왕과 왕비의 시의(侍醫)로 임명돼 외국인들 중 고종과 왕비와 가장 많은 시간을 보냄으로써 조선 조정에 미국공사를 능가하는 영향력을 행사하게 되었다. 알렌은 1884년 9월부터 1905년 미국 공사관 폐쇄로 서울을 떠날 때까지 처음 5년간은 의료선교사, 이어 7년간은 미국공사관의 서기관으로, 마지막 8년간은 공사로 지내게 된다.

한편 갑신정변 주동자인 박영효(1861~1939), 서재필, 서광범은 실패 후 일본을 거쳐 1885년 4월 26일 미국으로 떠났다. 이들은 6월 11일 샌프란시스코에 도착했는데, 이것이 공식적으로는 조선인이 민간인 신분으로 미국에 발을 디딘 최초의 기록이다. 박영효는 1886년 5월 다시 일본으로 돌아갔지만, 서재필, 서광범은 계속 미국에 머무르면서 각각 1890년 6월 19일, 1892년 11월 18일에 미국 시민권을 받았다. 서재필의 미국 시민권 획득 역시 공식적으론 최초다.

알렌과 관련된 '상상할 수도 없는 묵시록적 의미'란 과연 무엇일까? 조선이 개신교와 미국의 세례를 받게 되는 것이었을까? 그 무엇이건 훗날 조선, 아니 한국은 놀라울 정도로 많은 면에서 미국을 닮아가는 나라가 된다. 강한 근로의욕과 노동강도, 그리고 경쟁과 성공의 미덕을 예찬함에 있어서 한국은 유럽보다는 미국에 훨씬 더 가까운 나라다. 그래서 더욱 미국에 대해 애증(愛憎)의 감정을 가지는 건지도 모른다.

참고문헌 Allen 1991 · 1999, Rosenberg 2003, 김수진 2001, 김승태 2005, 김영재 1992, 김정기 1992, 민경배 1991, 박용규 2006, 박은봉 1997, 방선주 2001, 이덕주 2006, 장석만 1999, 정성희 1997

"백만장자는 자연도태의 산물"
윌리엄 섬너의 사회진화론

허버트 스펜서의 '부자옹호론'

1883년 미국 뉴잉글랜드 공장 직원의 5분의 2가 7~16세의 어린이였으며, 이들의 노동시간은 아침부터 저녁 8시까지였다. 그러나 이런 어린이 노동문제는 별로 부각되지 않았으며 오히려 이 시기엔 '부자예찬론'이 미국 사회를 휩쓸었다. 이런 사회 분위기 조성에 기여한 인물이 있었으니, 그가 바로 1882년 가을 미국을 방문한 영국의 사회학자 허버트 스펜서다. 그는 영국에선 점차 외면받고 있었지만, 미국에선 폭발적인 인기를 누렸다. 왜 그랬을까? 스펜서의 사회진화론이 영국을 거쳐 이젠 미국의 사회적 분위기에 잘 들어맞았기 때문이다. 역사가 리처드 호프스태터(Richard Hofstadter, 1916~1970)의 표현을 빌리자면, "미국 사회가 이빨과 발톱으로 승자를 결정하는 자연세계의 선택과정에서 바로 스스로의 모습을 발견"했기 때문이다.

스펜서는 1851년 『사회정학(社會靜學, Social Statics)』, 1855년 『심리학

아동 노동자는 끊어진 실을 잇거나 빈 실패를 바꾸기 위해 자신보다 훨씬 큰 방적기 위로 올라가야 했다.

원리(Principles of Psychology)』, 1862년 『제1원리(First Principles)』, 1864~1867년 『생물학원리』, 1873년 『사회학연구(The Study of Sociology)』, 1870년대에서 1890년대에 걸쳐 여러 권으로 된 『윤리학원리(The Principles of Ethics)』, 『사회학원리(Principles of Sociology)』, 1884년 『인간 대 국가(The Man Versus the State)』, 1904년 『자서전(Herbert Spencer: An Estimate and Review)』 등을 출간했다. 그는 이미 1850년대부터 『사회정학』을 통해 '벗어날 수 없는 생물학의 원칙을 통해 자유방임주의를 강화하려는 시도'를 함으로써 명성을 누렸다.

스펜서는 사회진화론을 지정학 이론과 결합시켜 좀더 복잡한 사회가 좀더 잘 조직되어 있기 때문에 자연스럽게 전쟁에서 승리한다고 주장했다. 그는 전쟁을 사회적 진화의 중요한 동인으로 보았는데, 그 이유는 적들을 정복하거나 식민화함에 따라 사회조직의 전반적인 효율성과 사회적 보편성의 복잡성이 증가하기 때문이라는 것이다. 스펜서는 우회적으로 기독교에 비판적인 입장을 취하면서 불가지론(不可知論, agnosticism)의 유행에도 앞장섰다. 불가지론은 1869년 생물학자 토머스 H. 헉슬리(Thomas H. Huxley, 1825~1895)가 만든 조어로 신의 존재문제에 대해 중립적인 입장, 즉 판단을 보류하는 사람들의 입장을 가리킨다.

스펜서는 의분을 느끼면 인도적이었지만 고독한 독신생활 때문인지 인간적인 따뜻함이 부족한 사람이었다. 그는 좋아하던 당구에 지면 이런 오락에 전문가가 될 만큼 많은 시간을 허비했다고 상대를 비난했다. 그래도 솔직함의 미덕은 있었다. 그는 "나는 추상적인 것에 너무 빠져들었기 때문에 구체적인 인간에 대한 관찰이 서툴다"고 고백했다.

이 '서툰' 실력으로 그는 인간에게 엄청난 영향을 미칠 수 있는 인간에 대한 주장을 쏟아냈다. 일련의 저서를 통해 스펜서는 빈부격차의 심화는 사회진화과정에서 불가피하며, 기업의 활동을 규제하는 것은 종(種)의 자연적 진화를 막는 것과 같다고 주장했다. 그는 가난한 사람들에게 사적으로든 공적으로든 도움을 준다는 것은 인류의 진보를 심하게 방해하는 것이라고 주장했다. 자연은 발전정도가 가장 뒤떨어진 자를 배제하는 동시에 살아남은 자에게 끊임없이 시련을 가함으로써 생존의 조건을 이해하고 또 이것에 따라 행동할 수 있는 인간의 진보를 확실하게 한다는 이유 때문이었다. 이거야말로 부자들이 반겨 마지않을 복음이었을 것이다. 가난한 사람들을 그대로 내버려두는 게 인류의 진보에 기여하는 것이라지 않은가. 그러니 얼마나 마음이 편했겠는가.

코저(Coser 1978)는 "지금까지 어떻게든 살아남은 사람은 그렇지 못한 사람보다 더욱 적합한 존재라고 보는 그의 학설은 이 시대의 탐욕적 개인주의를 정당화시켜주었고 프로테스탄트 윤리가 교육받은 대중들의 마음속에 호소력을 상실해버렸던 이 시대에 성공을 향한 정력적 추구를 합리화시켜주었다"며 다음과 같이 말한다.

"스펜서주의는 벤담주의보다 훨씬 더 탐욕적 개인주의의 정당화에 봉사하였던 것 같다. 벤담의 사상도 개인주의를 주장하지만 그래도 그것은 사회계약에 있어서 법률의 긍정적 측면을 강조하고 있었다. 그러나 스펜서주의는 어떤 형태의 법률적 간섭도 궁극적으로는 인류의 전체 복지와 환경에 대한 최적의 적응을 손상시킨다며 거부하였다. 그는 열심히 '쾌락'을 극대화하기 위하여 노력하는 사람은 그의 그러한 행위로 인해 의식적이지는 않더라도 인류 전체의 최대행복과 그 진화적 발전에 공헌하게 된다는 것을 보여줌으로써 오로지 자신의 개인적 이익만을 추구하는 사람들에게 좋은 변명을 제공해주었다."

이어 코저는 "스펜서의 가르침에는 빅토리아 시대 중기에 널리 퍼져 있던 전반적으로 낙관적인 사고 분위기가 그대로 받아들여지고 있음이 드러난다"며 다음과 같이 말한다.

"전반적으로 유익한 사회법칙의 작용을 나타내주는 그의 진화론은 최근의 또는 좀더 먼 사회변동을 설명하고자 하는 갈망을 채워주었다. 이와 동시에 이 이론은 인류의 미래는 영원히 상승하는 것이며 지속적인 것이라는 확신을 제공해주었다. 그러나 1870년대의 경제적 위기와 노동자의 동요가 시작되자 빅토리아 중기의 낙관주의는 사라지게 되었고 스펜서의 학설도 내리막길에 서게 되었다. …… 그러나 영국인이 그에게 등을 돌림과 때를 같이하여 열심히 그의 가르침을 받아들이는 새로운 대중인 미국인들을 얻게 되었다."

윌리엄 섬너의 '부자옹호론'

미국은 영국과는 달리 여전히 급성장하는 사회였기에 사회진화론은 적어도 부자들이나 부자 지망생들에겐 큰 매력이 있었다. 스펜서의 저서는 1860년부터 1900년까지 미국에서 약 50만 권이 팔렸는데, 이는 오늘날의 기준으로 수백만 권에 해당하는 것이다. 존 D. 록펠러(John D. Rockefeller, 1839~1937)나 J. P. 모건 등과 같은 거대 부자들이 '가난에서 부유함으로(from rags to riches)'의 본보기로 부각되면서 빈곤은 가난한 사람들의 결함 때문이라는 사상이 풍미했다.

'미국의 스펜서'라 할 미국의 대표적인 사회진화론자는 예일대 교수 윌리엄 그레이엄 섬너(William Graham Sumner, 1840~1910)다. 엄격한 청교도인 섬너는 2년간 미국 성공회의 목사로 목회를 한 뒤 1872년 예일대 정치학 및 사회과학 교수로 임용되었으며, 대표작으로는 『사회계급들이 서로에게 빚지고 있는 것(What Social Classes Owe to Each Other)』

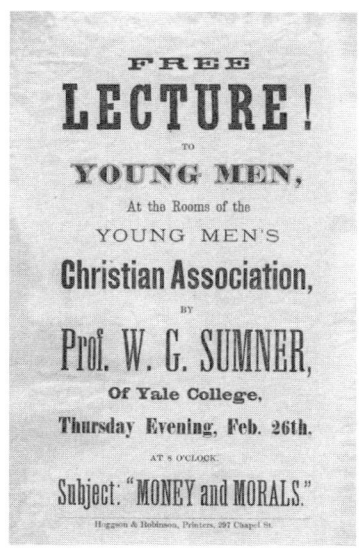

19세기 말 윌리엄 섬너의 '돈과 도덕'에 대한 강의 포스터.

(1883), 『사회적 관행(Folkways)』(1906) 등이 있다.

레스터 F. 워드(Lester F. Ward, 1841~1913)는 1883년 『동태적 사회학(Dynamic Sociology)』에서 인간사회는 동물세계와 근본적으로 다르기 때문에 사회진화론은 아무런 의미가 없다고 주장하였다. 워드의 이론은 사회주의자들에게 큰 영향을 주었지만, 미국인들이 더 귀를 기울인 건 섬너의 주장이었다. 모두 다 부자가 되고 싶은 열망 때문이었으리라.

특별한 창조라고 하는 종교적 교리를 포기하면서 확신에 찬 진화론자가 된 섬너는 노골적인 '부자옹호론'을 폈다. 그는 "백만장자는 자연도태의 산물"이며, 그들은 어떤 역할을 하기 위해 자연스럽게 선정된 사회의 대행자로 보는 것이 마땅하며, 그들의 존재는 사회적으로도 이로운 것이라고 단언했다. 당면한 사회문제를 인간의 힘으로 해결하거나 과학적인 방법으로 진보를 이룩할 수는 없다고 믿은 섬너는 "석판과 펜을 들고 새로운 사회를 건설할 청사진을 그릴 수 있다고 생각하는 것은 인간이 범할 수 있는 가장 큰 오류다"고 주장했다.

섬너는 『사회계급들이 서로에게 빚지고 있는 것』에서 "평등을 향한 열망은 질투와 선망의 소산이다. B에게 주려고 A에게서 강탈하는 것을 빼고는 그 열망을 만족시킬 방안은 없다. 따라서 그러한 모든 안은 인간본성의 지극히 비열한 악덕을 조장하고, 자본을 쇠퇴시키며, 문명을 전복시킨다"며 개혁가들을 공격하고 나섰다.

"기존 계층들 간에 이미 배분된 재산들을 재분배하려고 애쓰는 대신, 기회를 늘리고 다양화하여 확대하는 것이 우리의 목표여야 한다. 이렇게 하는 것이 문명화의 과제이기도 하다. 지나간 모든 잘못이나

폐해를 없앰으로써, 사회의 완전히 새로운 동력에 새로운 발전기회를 터줄 수 있다. 교육이나 학문, 예술, 정부 분야의 모든 향상은 세상 사람들의 기회를 확대시킨다. 이러한 확대는 평등의 보장이 아니다. 오히려 자유가 있으면 어떤 사람은 그 기회를 열심히 활용하여 득을 볼 것이고, 어떤 사람은 기회를 소홀히 하여 전부 날려버릴 것이다. 따라서 기회가 많을수록, 이 두 부류의 자산은 더욱 불평등해지게 된다. 모든 정의와 올바른 이성의 관점에서 보아도 그것이 마땅하다."

그렇다면 사회적 약자의 고통은 외면해도 좋다는 것인가? 섬너의 대답은 이렇다. "인간의 삶에 따르는 고통은 자연의 본성에서 비롯된다. 이것은 인간이 자연과의 투쟁을 통해서 생존해야 한다는 사실에서 비롯된다. 그렇기에 우리가 어떤 고통을 받는다 해서 그것을 이웃 탓으로 돌릴 수는 없다. …… 자유로운 국가에서는 누구도 남에게 도움을 청할 권리가 없고 또 어느 누구도 타인을 도와야 할 부담을 지지 않는다."

사회진화론과 캘빈주의의 결합

이런 '개인 책임주의' 사상을 역설한 섬너는 재능이 뛰어난 사람들에 의한 '자연적 독점(natural monopolies)'에는 찬성했지만 보호관세나 제국주의 정책에 의한 '인위적 독점(artificial monopolies)'에는 반대했다.(권용립 2003)

섬너는 부자들에게 유리한 보호관세와 미국-스페인전쟁에 격렬하게 반대했으며, 임종이 임박해선 "나는 이 나라 역사 중에 가장 최선의 시기를 살았다. 다음 세대들은 전쟁과 사회적 재난을 보게 될 것이다. 그런 것을 보게 될 때까지 계속 살지 않는 것이 기쁘다"며 비관적 견해를 드러냈다.

그런데 '자연적 독점'과 '인위적 독점'의 경계가 명확한가 하는 의문이 남는다. 아니 섬너는 그런 고민조차 하지 않았던 것 같다. 존 D. 록펠러는 "내 돈은 하나님이 준 것"이라고 주장했는데, 섬너가 이 주장을 뒷받침해주었다. 그는 예일대 학생들에게 "워싱턴이 나라 전체에 정치적 섭리를 행사하도록 만들어야 한다고 생각할 필요는 없습니다. 하나님이 이 몫을 정치경제학적 법칙에 따라 훨씬 더 잘 수행해왔습니다"라고 주장했다.

어찌 부자들이 섬너를 좋아하지 않을 수 있었겠는가. 그러나 섬너의 이론 자체는 꼭 부자들만을 위한 것은 아니었다. 브링클리(Brinkley 1998)는 "사회적 진화론은 주식회사의 지도자들에게는 그들의 성공을 정당화해주고 그들의 덕목을 강화해주는 것처럼 보였기 때문에 호소력이 있었다"며 다음과 같이 말한다.

"사회적 진화론은 자유와 개인주의라는 미국의 전통적인 사상의 맥락에서 그들의 활동을 자리매김하였고 또한 그들의 전략을 정당화시켰다. 그러나 사회적 진화론은 대기업 중심 경제현실과 많은 관련이 있는 이념은 아니었다. 동시에 기업가들은 경쟁과 자유시장의 덕목을 찬양하면서, 자신들을 경쟁에서 보호하고 시장의 자연적 기능을 자신들의 거대한 기업연합의 통제로 대체하기 위해 적극적으로 노력하였다. 스펜서와 섬너가 찬양하고 건전한 진보의 근원이라 불렸던 사악할 정도로 투쟁적인 경쟁은 사실 미국 기업가들이 가장 두려워하면서 제거하려고 했던 것이었다."

권용립(2003)은 "사회진화론이 당시 미국의 사회사상으로 자리 잡은 까닭을 자본주의 팽창기에 수반되는 자유경쟁과 약육강식의 현실을 정당화시키고 개인주의 정서를 강화시키는 데 적당했기 때문이라는 식으로 간단히 설명해서는 안된다"며 다음과 같이 말한다.

"사회진화론이란 것은 다윈이 말한 생물세계 내에서의 적자생존, 자연도태, 약육강식, 그리고 변화의 점진성을 인간사회까지 지배하는 보편법칙이라고 연역해낸 것인데, 이것은 신과 인간의 관계를 냉혹한 관계로 보는 캘빈주의 정서에 직결된다. …… 구체적으로 캘빈주의가 현세적 삶의 전형으로 보는 근면, 검소, 절약의 윤리는 나태하고 사회에 적응하지 못하는 부류의 도태를 자연법칙으로 보는 사회진화론과 일맥상통하는 것이고, 또 캘빈주의의 근면관념은 자연히 '개인주의적' 성공에 대한 신념을 동반하게 된다."

그 신념은 해외지향성을 수반했다. 목사인 조사이어 스트롱(Josiah Strong, 1847~1916)은 1885년에 베스트셀러가 된 『우리 조국(Our Country)』에서 앵글로색슨 가치의 세계 전파를 역설하면서 "이 힘있는 종족은 저 아래 멕시코와 중남미, 대양의 섬들, 아프리카와 그 너머에까지 이르게 될 것이다. 종족 간의 이 같은 경쟁이 '적자생존의 법칙'으로 이어지게 되리라는 것은 불을 보듯 뻔하다"고 주장했다.

많은 사람들이 사회진화론은 19세기 말에 유행했던 것으로 20세기에 접어들면서 쇠퇴하였다고 말한다. 그러나 사회진화론이 쇠퇴하였다면 신자유주의의 득세는 어떻게 설명할 것인가? 갤브레이스(Galbraith 1995)는 "아무도 스펜서나 섬너가 단순히 과거의 유물이라고 생각해서는 안된다. 그들은 아직도 부자들의 마음에 영향을 미쳐 거지에게 자선을 베푸는 행위를 억제시키고 있다"고 경고한다.

김병곤(1996)은 "만약에 이러한 이론을 전적으로 받아들인다면 사회의 진화는 인간의 생존을 위한 능력의 유무라는 하나의 명제 속으로 갇혀 그 방향성이 고착되고 만다"며 "이 이념 속에서 자유주의의 고유한 가치는 유산자의 재산축적의 자유가 되고, 부의 불균등한 분배를 정당화하는 결론이 도출된다"고 비판한다.

유길준의 사회진화론

사회진화론의 주창자인 스펜서 자신은 철저한 개인주의자로서 제국주의에 단호히 반대한 인물이었지만, 1870년대 이후 사회진화론은 우월한 인종이 열등한 인종을 지배하는 것을 자연의 법칙으로 주장함으로써 제국주의의 정당화에 기여하였다. 카를 마르크스조차 식민주의를 문명화의 사명으로 정당화하는 관점에서 "잉글랜드의 죄악이 무엇이건 간에 그들은 아시아에 근본적인 혁명을 가져오는 데 역사의 무의식적인 도구가 되었다"며 제국주의에 지지를 보냈다. 이와 관련, 염운옥(2004)은 "다윈의 생물진화론을 사회에 적용한 사상가들에게서는 자유방임주의, 제국주의, 사회주의 등 다양한 정치적 성향이 나타난다"며 다음과 같이 말한다.

"사회진화론의 중심개념은 맬서스의 인구론에서 나온 '생존투쟁'과 스펜서가 처음으로 사용한 '적자생존'인데, 이 두 개념의 적용범위가 개인인가 집단인가에 따라 자유방임주의와 결합하기도 하고 민족주의・제국주의와 결합하기도 하는 것이다. 스펜서의 사회진화론은 개체・개인 간의 경쟁에 주목한 자유방임주의적 이론이었고, 키드

(Benjamin Kidd)와 피어슨(Karl Pearson)의 경우는 집단·민족을 단위로 두 개념을 적용함으로써 제국주의 이론을 뒷받침했다."

사회진화론은 다양한 경로를 거쳐 조선에도 수입되었다. 일본에서 베스트셀러가 된 후쿠자와 유키치(福澤諭吉, 1835~1901)의 『문명론의 개략(文明論之槪略)』(1875)은 사회진화론을 국가 간의 생존경쟁에 적용시켰으며, 유길준을 비롯한 조선 개화기 지식인들에게 큰 영향을 끼쳤다. 개화기에 발행되던 『한성순보(漢城旬報)』에도 사회진화론이 침투하여, 이 신문은 제국주의에 비판적인 입장을 취하면서도 약육강식이 팽배한 세계대세를 긍정하는 차원에서 그 책임을 피침략국의 잘못으로 돌렸다. 물론 이는 당시 세계 사상계를 풍미하던 사회진화론을 받아들인 결과였다. 『한성순보』 1883년 11월 30일자가 아프리카의 야만성을 장황하게 거론하면서 아프리카의 식민화를 '침략'이라기보다는 일종의 '교화'로 본 것도 바로 그런 시각을 반영한 것이었다.

조선에서 사회진화론을 역설한 대표적 문헌은 유길준이 1883년에 쓴 「경쟁론」이다. 유길준이 1881년부터 1882년까지 일본 도쿄에서 유학하고 있을 당시 도쿄제국대학교에서 생물학을 강의하던 미국인 교수 에드워드 S. 모스(Edward S. Morse, 1838~1925)의 진화론은 일본 학계에 엄청난 반응을 불러일으키고 있었다. 그는 1883년 한국 최초의 도미사절인 보빙사의 일행으로 미국을 가게 되자 모스를 찾아가 스승으로 삼아 1885년까지 공부했다. 유길준(2004)은 훗날 『서유견문(西游見聞)』의 서문에서 모스를 가리켜 "뛰어난 재주와 넓은 학식으로 미국 전체를 통하여 학문의 지도자 위치에 있으며, 그의 명성을 온 세계에 떨치는 사람"이라고 했으며, 후에 막내아들에게 남긴 글에서도 자신의 생애에 가장 큰 영향을 끼친 인물로 모스를 꼽았다.

사회진화론의 두 얼굴

구선희(1998)는 유길준이 경쟁심을 일국의 문명부국을 위해서는 반드시 필요한 정신이라 보고 그렇기 때문에 아무 조건 없이 칭송했다고 말한다. 당시의 약육강식 논리가 관철되던 세계적 상황에서 조선은 경쟁에서 반드시 승자가 되어야 하고 그러기 위해서는 힘이 정의가 되는 시대상황을 수용해야 한다고 인식했다는 것이다.

그러나 정용화(2004)는 유길준의 경쟁이 '자연도태' '우승열패'를 다투는 경쟁이 아니며, 유길준의 '경쟁'과 '진보' 관념은 사회진화론적 관점으로 보기 어렵다고 주장한다. 그는 "경쟁을 발전과 진보의 요인으로 파악하는 것은 전형적인 자유주의(Liberalism)적 관점이다. 그런데 '경쟁'과 '진보'라는 용어에만 주목하여 이를 사회진화론의 수용-그것도 최초의 사례-으로 이해하는 경우가 있다"며 다음과 같이 말한다.

"하지만 이것은 자유주의에서 말하는 '경쟁' 및 '진보'와 적어도 동양에 수용된 사회진화론에서 말하는 그 개념들과 혼동한 데서 비롯된 것이다. 양자가 모두 경쟁과 진보를 말하고 있는 것은 사실이지만, 경쟁의 과정과 결과에 대해서는 관점의 차이가 있다. 자유주의에서는 '보이지 않는 손'에 의해 궁극적으로 '조화'를 상정하고 있는 데 반해, 사회진화론에서는 '자연도태'를 상정하고 있다. 따라서 사회진화론의 경쟁은 '적자생존' '우승열패'를 향한 경쟁으로서, 끊임없는 세력의 강화만 요구하는 영원하고도 잔악한 경쟁을 말하며, 강자의 권리와 약자의 복종만이 정당화되는 경쟁이다."

반면 전복희(1996)는 '자유주의와 사회진화론의 부분적 공통성'에 주목하면서 "어떤 의미에서 자유주의는 자유방임주의이므로 사회진화론적인 측면이 강하다. 그 같은 측면에 19세기라는 급격한 변화와 도전의 시대를 맞으면서 보다 확연하게 증폭되어 나타나게 되었고 그것의 구체적인 정치적 표현이 사회진화론이었다고 할 수 있는 것이다"고 주장한다.

이명화(2002)는 '한국 사회에서 전개된 사회진화론의 특수성'에 주목하면서 "한국 근대사에서 사회진화론은 강자에 대한 패배를 불가피한 숙명으로 보고 그 저항의욕을 약화시키는 패배주의를 낳기도 했지만, 반면 한국 민족주의의 자강론(自强論)을 형성시키고 제국주의 침략으로부터 실력양성운동을 촉발하는 계기를 이루기도 하였다"고 주장한다.

그렇다면 사회진화론을 '공격적 사회진화론'과 '방어적 사회진화론'으로 나누어보는 건 어떨까? 마루야마 마사오(丸山眞男, 1914~1996)는 "중국에서는 같은 적자생존이라도 약자 편에 선 입장이 강조됩니다. 그런데 일본의 경우에는 강자·적자(適者)가 되어야만 한다는 것이라 제국주의의 입장이 되고 말죠"라고 말한다. 일본은 말할 것도 없거니와 중국으로부터도 당해야 했던 한국의 경우엔 방어적 사회진화론이 불가피했다고 볼 수 있다. 그럼에도 국가별 차이를 무시한 채 사회진화론을 한꺼번에 싸잡아 평가해야만 하는가? 이 또한 주요논점이 될 수 있을 것이다.

구한말 지식인의 사회진화론 수용을 지금의 잣대로 평가하기는 어려울 것이다. 적어도 을사늑약 이후 약한 국력으로 인해 국권을 사실상 빼앗긴 것에 대해 당시의 애국적인 지식인들이 느꼈을 한(恨)에 공감하긴 쉽지 않다 하더라도, 그들이 약하다는 걸 죄악으로 보았다고 해도 놀랄 일은 아니지 않겠는가.

참고문헌 Allen 2008, Baumer 1999, Beatty 2002, Brinkley 1998, Coser 1978, Davies 2002, Durant 1987, Galbraith 1995, Laurent 2001, Persons 1999, Phillips 2004, Sandage 2005, Smith 1996, Timasheff & Theodorson 1985, Turner 2001, 구선희 1998, 권용립 2003, 김병곤 1996, 김태익 1994, 마루야마 마사오·가토 슈이치 2000, 박노자 2003·2005a, 박지향 2000, 박찬승 1996, 염운옥 2004, 유길준 2004, 유동환 1996, 유영렬 1985, 윤건차 1996, 이경원 2003, 이근식 2000, 이명화 2002, 이영석 2009, 전복희 1996, 정용화 2004, 조경란 1996, 최웅·김봉중 1997

참고문헌

Frederick Lewis Allen, 『Only Yesterday: An Informal History of the Nineteen-Twenties』, New York: Bantam Books, 1931.
F. L. 알렌(Frederick Lewis Allen), 박진빈 옮김, 『원더풀 아메리카』, 앨피, 2006.
F. L. 알렌(Frederick Lewis Allen), 박진빈 옮김, 『빅 체인지』, 앨피, 2008.
H. N. 알렌(H. N. Allen), 김원모 완역, 『알렌의 일기: 구한말 격동기 비사』, 단국대학교출판부, 1991.
H. N. 알렌(H. N. Allen), 신복룡 역주, 『조선견문기: 한말 외국인 기록 4』, 집문당, 1999.
Robert C. Allen & Douglas Gomery, 『Film History: Theory and Practice』, New York: Alfred A. Knopf, 1985.
J. Herbert Altschull, 『Agents of Power: The Role of the News Media in Human Affairs』 (New York: Longman, 1984).
허버트 알철(J. Herbert Altschull), 강상현·윤영철 공역, 『지배권력과 제도언론: 언론의 이데올로기적 역할과 쟁점』, 나남, 1991.
허버트 알철(J. Herbert Altschull), 양승목 옮김, 『현대언론사상사: 밀턴에서 맥루한까지』, 나남, 1993.
케이티 앨버드(Katie Alvord), 박웅희 옮김, 『당신의 차와 이혼하라』, 돌베개, 2004.
크리스 앤더슨(Chris Anderson), 정준희 옮김, 『프리: 비트 경제와 공짜 가격이 만드는 혁명적 미래』, 랜덤하우스, 2009.
조엘 안드레아스(Joel Andreas), 평화네트워크 옮김, 『전쟁중독: 미국이 군사주의를 차버리지 못하는 진정한 이유』, 창해, 2003.
데이비드 아널드(David Arnold), 서미석 옮김, 『인간과 환경의 문명사』, 한길사, 2006.
폴 애브리치(Paul Avrich), 하승우 옮김, 『아나키스트의 초상』, 갈무리, 2004.
토머스 아이크(Thomas Ayck), 소병규 옮김, 『잭 런던: 모순에 찬 삶과 문학』, 한울, 1992.
Erik Barnouw, 『Documentary: A History of the Non-Fiction Film』, New York: Oxford

University Press, 1974.
Erik Barnouw, 『Tube of Plenty: The Evolution of American Television』, New York: Oxford Univ. Press 1982.
에릭 바누(Erik Barnouw), 이상모 옮김, 『세계 다큐멘터리 영화사』, 다락방, 2000.
P. T. Barnum, 『Struggles and Triumphs: Or, Forty Years' Recollections of P. T. Barnum』, New York: Penguin Books, 1981.
로버트 바스키(Robert Barsky), 장영준 옮김, 『촘스키, 끝없는 도전』, 그린비, 1998.
프랭클린 보머(Franklin L. Baumer), 조호연 옮김, 『유럽 근현대 지성사』, 현대지성사, 1999.
잭 비어티(Jack Beatty), 유한수 옮김, 『거상: 대기업이 미국을 바꿨다』, 물푸레, 2002.
시몬 드 보부아르(Simone de Beauvoir), 백선희 옮김, 『미국여행기』, 열림원, 2000.
울리히 벡(Ulrich Beck), 홍성태 옮김, 『위험사회: 새로운 근대(성)를 향하여』, 새물결, 1997.
대니얼 벨(Daniel Bell), 김진욱 옮김, 『자본주의의 문화적 모순』, 문학세계사, 1990.
Edward Bellamy, 「Looking Backward」, Richard N. Current & John A. Garraty, eds., 『Words That Made American History: The 1870's to the Present』, Boston, Mass.: Little, Brown and Co., 1962, pp.80~101.
존 벨튼(John Belton), 이형식 옮김, 『미국영화 / 미국문화』, 한신문화사, 2000.
Daniel J. Boorstin, 『The Image: A Guide to Pseudo-Events in America』, New York: Atheneum, 1964.
대니얼 J. 부어스틴(Daniel J. Boorstin), 이보형 외 옮김, 『미국사의 숨은 이야기』, 범양사출판부, 1991.
대니얼 부어스틴(Daniel J. Boorstin), 「미국, 정치제도의 성공 그리고 정치철학의 실패」, 이동욱 편역, 『21세기를 여는 상상력의 창조자들』, 여성신문사, 1995, 238~245쪽.
Tom Bottomore 외, 임석진 편집 및 책임감수, 『마르크스 사상사전』, 청아출판사, 1988.
Harry Braverman, 『Labor and Monopoly Capitalism: The Degradation of Work in the Twentieth Century』, New York: Monthly Review Press, 1974.
데니스 브라이언(Denis Brian), 김승욱 옮김, 『퓰리처: 현대 저널리즘의 창시자, 혹은 신문왕』, 작가정신, 2002.
앨런 브링클리(Alan Brinkley), 황혜성 외 공역, 『미국인의 역사(전3권)』, 비봉출판사, 1998.
데이비드 브룩스(David Brooks), 김소희 옮김, 『보보스는 파라다이스에 산다』, 리더스북, 2008.
디 브라운(Dee Brown), 최준석 옮김, 『나를 운디드 니에 묻어주오』, 프레스하우스, 1996.
빌 브라이슨(Bill Bryson), 정경옥 옮김, 『빌 브라이슨 발칙한 영어산책: 엉뚱하고 발랄한 미국의 거의 모든 역사』, 살림, 2009.
데이비드 캘러헌(David Callahan), 강미경 옮김, 『치팅컬처: 거짓과 편법을 부추기는 문화』, 서돌, 2008.
Andrew Carnegie, 「The Gospel of Wealth」, Richard N. Current & John A. Garraty, eds., 『Words That Made American History: The 1870's to the Present』, Boston, Mass.: Little, Brown and Co., 1962, pp.101~111.

Ronald H. Carpenter, 「America's Tragic Metaphor: Our Twentieth-Century Combatants as Frontiersmen」, 『The Quarterly Journal of Speech』, 76:1(February 1990), pp.1~22.
Harry Castleman & Walter J. Podrazik, 『Watching TV: Four Decades of American Television』, New York: McGraw-Hill, 1982.
CCTV 다큐멘터리 대국굴기 제작진, 소준섭 옮김, 『강대국의 조건: 미국』, 안그라픽스, 2007.
James E. Cebula, 「The New City and the New Journalism: The Case of Dayton, Ohio」, 『Ohio History』, 88(Summer 1979), pp.277~290.
에드워드 챈슬러(Edaward Chancellor), 강남규 옮김, 『금융투기의 역사: 튤립투기에서 인터넷 버블까지』, 국일증권경제연구소, 2001.
크리스토프 샤를(C. Charle)·자크 베르제르(J. Verger), 김정인 옮김, 『대학의 역사』, 한길사, 1999.
노엄 촘스키(Noam Chomsky), 오애리 옮김, 『507년, 정복은 계속된다』, 이후, 2000.
노엄 촘스키(Noam Chomsky), 장영준 옮김, 『불량국가: 미국의 세계 지배와 힘의 논리』, 두레, 2001.
리처드 코니프(Richard Conniff), 이상근 옮김, 『부자』, 까치, 2003.
David A. Cook, 「The Birth of the Network」, 『Quarterly Review of Film Studies』, 8:3Summer 1983.
앨리스터 쿠크(Alistair Cooke), 윤종혁 옮김, 『도큐멘터리 미국사』, 한마음사, 1995.
Martha Cooper & John J. Makay, 「Knowledge, Power, and Freud's Clark Conference Lectures」, 『The Quarterly Journal of Speech』, 74:4(November 1988), pp.416~433.
스탠리 코렌(Stanley Coren), 안인희 옮김, 『잠 도둑들: 누가 우리의 잠을 훔쳐갔나?』, 황금가지, 1997.
루이스 A. 코저(Lowis A. Coser), 신용하·박명규 옮김, 『사회사상사』, 일지사, 1978.
로버트 달(Robert A. Dahl), 박상훈·박수형 옮김, 『미국헌법과 민주주의』, 후마니타스, 2004.
메릴 윈 데이비스(Merryl Wyn Davies), 이한음 옮김, 『다윈과 근본주의』, 이제이북스, 2002.
케네스 데이비스(Kenneth C. Davis), 이순호 옮김, 『미국에 대해 알아야 할 모든 것, 미국사』, 책과함께, 2004.
Albert Desbiens, 『The United States of America: A Short History』, Montreal, Canada: Robin Brass Studio, 2007.
토머스 J. 딜로렌조(Thomas J. DiLorenzo), 남경태 옮김, 『링컨의 진실: 패권주의-위대한 해방자의 정치적 초상』, 사회평론, 2003.
John Dizikes, 「P. T. Barnum: Games and Hoaxing」, 『The Yale Review』, Spring, 1978, pp.338~356.
밥 돌(Bob Dole), 김병찬 옮김, 『대통령의 위트: 조지 워싱턴에서 부시까지』, 아테네, 2007.
피터 드러커(Peter Drucker), 이재규 옮김, 『자본주의 이후의 사회』, 한국경제신문사, 1993.
피터 드러커(Peter Drucker), 이재규 옮김, 『이노베이션의 조건: 어떻게 스스로를 혁신할 것인가』, 청림출판, 2001.
윌 듀란트(Will Durant), 이철민 옮김, 『철학이야기』, 청년사, 1987.
데이비드 에드먼즈(R. David Edmunds), 「인디언의 눈으로 바라본 국가의 팽창」, 프레더릭 E. 혹시(Frederick E. Hoxie)·피터 아이버슨(Peter Iverson) 엮음, 유시주 옮김, 『미국사에 던지는 질문: 인디언, 황야, 프런티어, 그리고 국가의 영혼』, 영림카디널, 2000, 215~236쪽.
Michael Emery & Edwin Emery, 『The Press and America: An Interpretive History of the Mass Media』, 8th ed. Boston, Mass.: Allyn and Bacon, 1996.
질비아 엥글레르트(Sylvia Englert), 장혜경 옮김, 『상식과 교양으로 읽는 미국의 역사』, 웅진지식하우스, 2006.
낸시 에트코프(Nancy Etcoff), 이기문 옮김, 『미(美): 가장 예쁜 유전자만 살아남는다』, 살림, 2000.
세라 에번스(Sara M. Evans), 조지형 옮김, 『자유를 위한 탄생: 미국 여성의 역사』, 이화여자대학교 출판부, 1998.
스테파니 폴(Stephanie Faul), 유시민 편역, 『신대륙문화이야기: 미국·호주·뉴질랜드』, 푸른나무, 1999.
데버러 G. 펠더(Deborah G. Felder), 송정희 옮김, 『세계사를 바꾼 여성들』, 에디터, 1998.
도널드 제롬 필더(Donald J. Fielder), 윤동구 옮김, 『제로니모에게 배운다: 역사상 가장 위대했던 인디언 전사』, 한스미디어, 2008.
Louis Filler, 『Appointment At Armageddon: Muckraking and Progressivism in American Life』, Westport, Conn.: Greenwood Press, 1976.
Louis Filler, 『The Muckrakers』, University Park, Penn.: The Pennsylvania State University Press, 1976a.
마셜 W. 피쉬윅(Marshall W. Fishwick), 홍보종우 옮김, 『대중의 문화사』, 청아출판사, 2005.
리처드 플로리다(Richard Florida), 이길태 옮김, 『창조적 변화를 주도하는 사람들』, 전자신문사, 2002.
Jean Folkerts & Dwight L. Teeter, Jr., 『Voices of a Nation: A History of Mass Media in the United States』, 3rd ed. (Boston, Mass.: Allyn and Bacon, 1998.
존 벨라미 포스터(John Bellamy Foster), 김현구 옮김, 『환경과 경제의 작은 역사』, 현실문화연구, 2001.
존 벨라미 포스터(John Bellamy Foster), 박종일·박선영 옮김, 『벌거벗은 제국주의: 전 지구적 지배를 추구하는 미국의 정책』, 인간사랑, 2008.
로버트 프랭크(Robert H. Frank)·필립 쿡(Philip J. Cook), 권영경·김양미 옮김, 『이긴 자가 전부 가지는 사회』, CM비지니스, 1997.
에릭 프라이(Eric Frey), 추기옥 옮김, 『정복의 역사, USA』, 들녘, 2004.
데이비드 프리드먼(David Friedman), 김태우 옮김, 『막대에서 풍선까지: 남성 성기의 역사』, 까치, 2003.
존 케네스 갤브레이스(John Kenneth Galbraith), 지길홍 옮김, 『불확실성의 시대』, 홍신문화사, 1995.
한스 디터 겔페르트(Hans-Dieter Gelfert), 이미옥 옮김, 『전형적인 미국인: 미국과 미국인 제대로 알기』, 에코리브르, 2003.
Henry George, 「Progress and Poverty」, Richard N. Current & John A. Garraty, eds., 『Words That Made American History: The 1870's to the Present』, Boston, Mass.: Little, Brown and Co., 1962, pp.69~80.
헨리 조지(Henry George), 김윤상 옮김, 『진보와 빈곤』, 비봉출판사, 1997.
제로니모(Geronimo), 『제로니모 자서전: 아파치 최후의 전사』, 우물이있는집, 2004.
토드 기틀린(Todd Gitlin), 남재일 옮김, 『무한 미디어: 미디어 독재와 일상의 종말』, Human & Books, 2006.
맬컴 글래드웰(Malcolm Gladwell), 노정태 옮김, 『아웃라이어』, 김영사, 2009.
존 스틸 고든(John Steele Gordon), 강남규 옮김, 『월스트리트제국: 금융자본권력의 역사 350년』, 참솔, 2002.
Daniel Guerin, 『Fascism and Big Business』, New York: Monad Press Book, 1974.
윌리엄 T. 헤이건(William T. Hagan), 「서부는 어떻게 사라져갔는가?」, 프레더릭 E. 혹시(Frederick E. Hoxie)·피터 아이버슨(Peter Iverson) 엮음, 유시주 옮김, 『미국사에 던지는 질문: 인디언, 황야, 프런티어, 그리고 국가의 영혼』, 영림카디널, 2000, 237~266쪽.
데이비드 핼버스탬(David Halberstam), 김지원 옮김, 『데이비드 핼버스탬의 1950년대 아메리카의 꿈』, 세종연구원, 1996.
켄 하퍼(Kenn Harper), 박종인 옮김, 『뉴욕 에스키모 미닉의 일생』, 청어람미디어, 2002.
F. H. 해링튼(F. H. Harrington), 이광린 옮김, 『개화기의 한미관계: 알렌박사의 활동을 중심으로』, 일조각, 1973.
Neil Harris, 『Humbug: The Art of P. T. Barnum』, Chicago, Il.: The University of Chicago Press, 1973.
마이클 H. 하트(Michael H. Hart), 김평옥 옮김, 『랭킹 100 세계사를 바꾼 사람들』, 에디터, 1993.
로버트 L. 하일브로너(Robert L. Heilbroner), 장상환 옮김, 『세속의 철학자들: 위대한 경제사상가들의 생애, 시대와 아이디어』, 이마고, 2005.
그레고리 헨더슨(Gregory Henderson), 박행웅·이종삼 옮김, 『소용돌이의 한국정치』, 한울아카데미, 2000.
벨 훅스(Bel Hooks), 이경아 옮김, 『벨 훅스, 계급에 대해 말하지 않기』, 모티브북, 2008.
리오 휴버먼(Leo Huberman), 장상환 옮김, 『자본주의 역사 바로 알기』, 책벌레, 2000.
리오 휴버먼(Leo Huberman), 박정원 옮김, 『가자, 아메리카로!』, 비봉출판사, 2001.
H. B. 헐버트(H. B. Hulbert), 신복룡 역주, 『대한제국멸망사: 한말 외국인 기록 1』, 집문당, 1999.
린 헌트(Lynn Hunt), 전진성 옮김, 『인권의 발명』, 돌베개, 2009.
마이클 헌트(Michael H. Hunt), 권용립·이현휘 옮김, 『이데올로기와 미국외교』, 산지니, 2007.

필리프 자캥(Philippe Jacquin), 송숙자 옮김, 『아메리카 인디언의 땅』, 시공사, 1998.
캐슬린 홀 재미슨(Kathleen Hall Jamieson), 원혜영 옮김, 『대통령 만들기: 미국대선의 선거전략과 이미지메이킹』, 백산서당, 2002.
찰머스 존슨(Chalmers Johnson), 안병진 옮김, 『제국의 슬픔: 군국주의, 비밀주의, 그리고 공화국의 종말』, 삼우반, 2004.
폴 존슨(Paul Johnson), 김욱 옮김, 『위대한 지식인들에 관한 끔찍한 보고서』, 한·언, 1999.
베른하르트 카이(Bernhard Kay), 박계수 옮김, 『항해의 역사』, 북폴리오, 2006.
마저리 켈리(Majorie Kelly), 강현석 옮김, 『자본의 권리는 하늘이 내렸나?』, 이소출판사, 2003.
폴 케네디(Paul Kennedy), 이일수 외 옮김, 『강대국의 흥망』, 한국경제신문사, 1996.
스티븐 컨(Stephen Kern), 박성관 옮김, 『시간과 공간의 문화사 1880~1918』, 휴머니스트, 2004.
로널드 케슬러(Ronald Kessler), 임홍빈 옮김, 『벌거벗은 대통령 각하』, 문학사상사, 1997.
F. 클렘(Friedrich Klemm), 이필렬 옮김, 『기술의 역사』, 미래사, 1992.
데이비드 C. 코튼(David C. Korten), 채혜원 옮김, 『기업이 세계를 지배할 때』, 세종서적, 1997.
미하엘 코르트(Michael Korth), 권세훈 옮김, 『광기에 관한 잡학사전』, 을유문화사, 2009.
P. A. 크로포트킨(Pyotr A. Kropotkin), 김유곤 옮김, 『크로포트킨 자서전』, 우물이있는집, 2003.
Jessica Kuper ed., 『Key Thinkers, Past and Present』, New York: RKP, 1987.
알랭 로랑(Alain Laurent), 김용민 옮김, 『개인주의의 역사』, 한길사, 2001.
V. I. Lenin, 『Imperialism: The Highest State of Capitalism』, New York: International Publishers, 1939.
William E. Leuchtenburg, 『The Perils of Prosperity, 1914-32』, Chicago: The University of Chicago Press, 1958.
스티븐 레빗(Steven D. Levitt) & 스티븐 더브너(Stephen J. Dubner), 안진환 옮김, 『슈퍼 괴짜경제학』, 웅진지식하우스, 2009.
패트리샤 넬슨 리메릭(Patricia Nelson Limerick), 김봉중 옮김, 『정복의 유산: 서부개척으로 본 미국의 역사』, 전남대학교 출판부, 1998.
대너 린더만(Dana Lindaman) & 카일 워드(Kyle Ward) 엮음, 박거용 옮김, 『역지사지 미국사: 세계의 교과서로 읽는 미국사 50 장면』, 이매진, 2009.
스벤 린드크비스트(Sven Lindqvist), 김남섭 옮김, 『야만의 역사』, 한겨레신문사, 2003.
Kenneth Lindsay, 『The Future of UNESCO』, 『Spectator』, 177(13 Dec. 1946), pp. 634.
잭 런던(Jack London), 차미례 옮김, 『강철군화』, 한울, 1989.
잭 런던(Jack London), 한기욱 옮김, 『마틴 에덴』, 한울, 1991.
잭 런던(Jack London), 윤미기 옮김, 『잭 런던의 조선사람 엿보기: 1904년 러일전쟁 종군기』, 한울, 1995.
데이비드 로웬덜(David Lowenthal), 김종원·한명숙 옮김, 『과거는 낯선 나라다』, 개마고원, 2006.
Curtis D. MacDougall, 『Understanding Public Opinion: A Guide for Newspapermen and

Newspaper Readers』, New York: Macmillan, 1952.
마거릿 맥밀런(Margaret MacMillan), 권민 옮김, 『역사사용설명서: 인간은 역사를 어떻게 이용하고 악용하는가』, 공존, 2009.
루시 매덕스(Lucy Maddox) 편, 김성곤 외 옮김, 『미국학의 이론과 실제』, 서울대학교 출판부, 2006.
Alfred Thayer Mahan, 「The United States Looking Outward」, Richard N. Current & John A. Garraty, eds., 『Words That Made American History: The 1870's to the Present』, Boston, Mass.: Little, Brown and Co., 1962), pp.32~42.
데이비드 마크(David Mark), 양원보·박찬현 옮김, 『네거티브 전쟁: 진흙탕 선거의 전략과 기술』, 커뮤니케이션북스, 2009.
Richard L. McCormick, 「The Discovery that Business Corrupts Politics: A Reappraisal of the Origins of Progressivism」, 『American Historical Review』, 86(April 1981), pp.247~274.
Thomas K. McCraw ed., 『Regulation in Perspective: Historical Essays』, Cambridge, Mass.: Harvard University Press, 1981.
존 맥닐(John R. McNeill)·윌리엄 맥닐(William H. McNeill), 유정희·김우영 옮김, 『휴먼 웹: 세계화의 세계사』, 이산, 2007.
하워드 민즈(Howard Means), 황진우 옮김, 『머니 & 파워: 지난 천년을 지배한 비즈니스의 역사』, 경영정신, 2002.
John Stuart Mill, 『Utilitarianism / On Liberty / Essay on Bentham』, New York: Meridian Books, 1962.
존 스튜어트 밀(John Stuart Mill), 서병훈 옮김, 『자유론』, 책세상, 2005.
네이슨 밀러(Nathan Miller), 김형곤 옮김, 『이런 대통령 뽑지 맙시다: 미국 최악의 대통령 10인』, 혜안, 2002.
C. W. 밀스(C. Wright Mills), 진덕규 옮김, 『파워엘리트』, 한길사, 1979.
에드윈 무어(Edwin Moore), 차미례 옮김, 『그 순간 역사가 움직였다: 세계사를 수놓은 운명적 만남 100』, 미래인, 2009.
Richard Morris & Philip Wander, 「Native American Rhetoric: Dancing in the Shadows of the Ghost Dance」, 『The Quarterly Journal of Speech』, 76:2(May 1990), pp.164~191.
케네스 M. 모리슨(Kenneth M. Morrison), 「아메리카 원주민과 미국 혁명: 역사적 담론과 프런티어 분쟁의 추이」, 프레더릭 E. 혹시(Frederick E. Hoxie)·피터 아이버슨(Peter Iverson) 엮음, 유시주 옮김, 『미국사에 던지는 질문: 인디언, 황야, 프런티어, 그리고 국가의 영혼』, 영림카디널, 2000), 137~163쪽.
존 모로(John Morrow), 김영명·백승현 옮김, 『정치사상사』, 을유문화사, 2000.
빈센트 모스코(Vincent Mosco), 김지운 옮김, 『커뮤니케이션 정치경제학』, 나남, 1998.
테드 네이스(Ted Nace), 김수현 옮김, 『미국의 경제 깡패들』, 예지, 2008.
David F. Noble, 『America by Design: Science, Technology, and the Rise of Corporate

Capitalism』, New York: Oxford University Press, 1977.
조지프 나이(Joseph S. Nye), 홍수원 옮김, 『제국의 패러독스』, 세종연구원, 2002.
돈 오버도퍼(Don Oberdorfer), 이종길 옮김, 『두 개의 한국』, 길산, 2002.
로버트 올리버(Robert T. Oliver), 황정일 옮김, 『이승만: 신화에 가린 인물』, 건국대학교 출판부, 2002.
Christine Oravec, 「Conservationism vs. Preservationism: The "Public Interest" in the Hetch Hetchy Controversy」, 『The Quarterly Journal of Speech』, 70:4(November 1984), pp.444~458.
알폰소 오르티즈(Alfonso Ortiz), 「서언 / 인디언과 백인의 관계: '프런티어' 반대편에서 바라본 관점」, 프레더릭 E. 혹시(Frederick E. Hoxie)·피터 아이버슨(Peter Iverson) 엮음, 유시주 옮김, 『미국사에 던지는 질문: 인디언, 황야, 프런티어, 그리고 국가의 영혼』, 영림카디널, 2000), 19~39쪽.
찰스 패너티(Charles Panati), 이용웅 옮김, 『문화와 유행상품의 역사(전2권)』, 자작나무, 1997.
찰스 패너티(Charles Panati), 최희정 옮김, 『문화라는 이름의 야만』, 중앙 M&B, 1998.
웨인 패터슨(Wayne Patterson), 정대화 옮김, 『아메리카로 가는 길: 한인 하와이 이민사, 1896~1910)』, 들녘, 2002.
웨인 패터슨(Wayne Patterson), 정대화 옮김, 『하와이 한인 이민 1세: 그들 삶의 애환과 승리 (1903~1973)』, 들녘, 2003.
Don R. Pember, 『Mass Media in America』 4th ed.(Chicago: SRA, 1983).
마크 펜더그라스트(Mark Pendergrast), 고병국·세종연구원 옮김, 『코카콜라의 경영기법』, 세종대학교 출판부, 1995.
스토 퍼슨스(Stow Persons), 이형대 옮김, 『미국지성사』, 신서원, 1999.
시어도르 피터슨(Theodore Peterson) & 가네히라 쇼노스케, 전영표·금창연 편역, 『미국잡지 경영전략』, 독자와함께, 1996.
케빈 필립스(Kevin Phillips), 오삼교·정하용 옮김, 『부와 민주주의: 미국의 금권정치와 거대 부호들의 정치사』, 중심, 2004.
Adam Piore, 「상업주의로 얼룩진 성조기」, 『뉴스위크 한국판』, 2001년 12월 5일, 44면.
톰 플레이트(Tom Plate), 김혜영 옮김, 『어느 언론인의 고백』, 에버리치홀딩스, 2009.
에드위 플레넬(Edwy Plenel), 김병욱 옮김, 『정복자의 시선: 서방 세계는 타자를 어떻게 재구성했는가』, 마음산책, 2005.
케네스 포메란츠(Kenneth Pomeranz)·스티븐 토픽(Steven Topik), 박광식 옮김, 『설탕, 커피 그리고 폭력: 고역으로 읽는 세계사 산책』, 심산, 2003.
필립 폼퍼(Philip Pomper), 윤길순 옮김, 『네차예프, 혁명가의 교리문답』, 교양인, 2006.
이시엘 디 솔라 풀(Ithiel de Sola Pool), 원우현 옮김, 『자유언론의 테크놀러지』, 전예원, 1985.
Daniel Pope, 『The Making of Modern Advertising』, New York: Basic Books, 1983.
Glenn Porter, 손영호·연동원 편역, 『미국 기업사: 거대 주식회사의 등장과 그 영향』, 학문사, 1998.
피에르 조제프 프루동(Pierre Joseph Proudhon), 이용재 옮김, 『소유란 무엇인가』, 아카넷,

2003.
윌리엄 레이몽(William Reymond), 이희정 옮김, 『코카콜라 게이트: 세계를 상대로 한 콜라 제국의 도박과 음모』, 랜덤하우스, 2007.
Syngman Rhee, 『Neutrality as Influenced by the United States(Ph.D. Dissertation, Princeton University 1910)』, Princeton: Princeton University Press, 1912.
윌리엄 라이딩스 2세(William J. Ridings, Jr.) & 스튜어트 매기버(Stuart B. McIver), 김형곤 옮김, 『위대한 대통령 끔찍한 대통령』, 한·언, 2000.
D. 리스먼(David Riesman) 외, 권오석 옮김, 『고독한 군중』, 홍신문화사, 1994.
페이터 라트베르헨(Peter Rietbergen), 김길중 외 옮김, 『유럽 문화사』, 지와 사랑, 2003.
제러미 리프킨(Jeremy Rifkin), 이영호 옮김, 『노동의 종말』, 민음사, 1996.
제러미 리프킨(Jeremy Rifkin), 전영택·전병기 옮김, 『바이오테크 시대』, 민음사, 1999.
제러미 리프킨(Jeremy Rifkin), 이희재 옮김, 『소유의 종말』, 민음사, 2001.
제러미 리프킨(Jeremy Rifkin), 신현승 옮김, 『육식의 종말』, 시공사, 2002.
제러미 리프킨(Jeremy Rifkin), 이원기 옮김, 『유러피언 드림: 아메리칸 드림의 몰락과 세계의 미래』, 민음사, 2005.
마르트 로베르(Marthe Robert), 이재형 옮김, 『정신분석혁명: 프로이트의 삶과 저작』, 문예출판사, 2000.
Theodore Roosevelt, 「Message to Congress(December 5, 1905)」, Richard N. Current & John A. Garraty, eds., 『Words That Made American History: The 1870's to the Present』, Boston, Mass.: Little, Brown and Co., 1962), pp.160~168.
리처드 로티(Richard Rorty), 김동식 옮김, 『실용주의의 결과』, 민음사, 1996.
에밀리 로젠버그(Emily S. Rosenberg), 양홍석 옮김, 『미국의 팽창: 미국 자유주의 정책의 역사적인 전개』, 동과서, 2003.
William Ryan, 『Blaming the Victim』, New York: Vintage Books, 1971.
Scott A. Sandage, 『Born Losers: A History of Failure in America』, Cambridge, Mass.: Harvard University Press, 2005.
지아우딘 사다르(Ziauddin Sardar) & 메릴 윈 데이비스(Merryl Win Davies), 장석봉 옮김, 『증오 바이러스, 미국의 나르시시즘』, 이제이북스, 2003.
Arthur M. Schlesinger, Jr., 『The Imperial Presidency』, Boston, Mass.: Houghton Mifflin, 1973.
라이너 M. 슈뢰더(Rainer M. Schroeder), 이온화 옮김, 『개척자·탐험가·모험가』, 좋은생각, 2000.
Michael Schudson, 『Discovering the News: A Social History of American Newspapers』, New York: Basic Books, 1978.
마이클 셔드슨(Michael Schudson), 「신문의 변모와 발전: 뉴 저널리즘」, 채백 편역, 『세계언론사』, 한나래, 1996.
앙드레 슈미드(Andre Schumid), 정여울 옮김, 『제국 그 사이의 한국 1895~1919』, 휴머니스트, 2007.

숀 시핸(Sean M. Sheehan), 조준상 옮김, 『우리 시대의 아나키즘』, 필맥, 2003.
리처드 솅크먼(Richard Shenkman), 이종인 옮김, 『미국사의 전설, 거짓말, 날조된 신화들』, 미래M&B, 2003.
업튼 싱클레어(Upton Sinclair), 채광석 옮김, 『정글』, 페이퍼로드, 2009.
Robert Sklar, 『Movie-Made America: A Cultural History of American Movies』, New York: Vintage Books, 1975.
Anthony Smith, 최정호·공용배 옮김, 『세계신문의 역사』, 나남, 1990.
제임스 A. 스미스(James A. Smith), 손영미 옮김, 『미국을 움직이는 두뇌집단들』, 세종연구원, 1996.
Ronald Steel, 『Walter Lippmann, 1889~1974』, 『New Republic』, December 28, 1974, p.6.
Ronald Steel, 『Walter Lippmann and the American Century』, Boston, Mass.: Little, Brown, 1980.
Lincoln Steffens, 『The Shame of the Cities』, New York: Hill and Wang, 1957.
미첼 스티븐스(Mitchell Stephens), 이광재·이인희 옮김, 『뉴스의 역사』, 황금가지, 1999.
폴 스트레턴(Paul Strathern), 김낙년·전병윤 옮김, 『세계를 움직인 경제학자들의 삶과 사상』, 몸과마음, 2002.
제임스 M. 스트룩(James M. Strouk), 최종옥 옮김, 『꿈을 이룬 대통령: 루스벨트 파워 리더십』, 느낌있는나무, 2002.
제임스 서로위키(James Surowiecki), 홍대운·이창근 옮김, 『대중의 지혜: 시장과 사회를 움직이는 힘』, 랜덤하우스중앙, 2005.
커윈 C. 스윈트(Kerwin C. Swint), 김정욱·이훈 옮김, 『네거티브, 그 치명적 유혹: 미국의 역사를 바꾼 최악의 네거티브 캠페인 25위~1위』, 플래닛미디어, 2007.
The Commission on Freedom of the Press, 『A Free and Responsible Press A General Report on Mass Communication : Newspapers, Radio, Motion Pictures, Magazines, and Books』, Chicago: University of Chicago Press, 1947.
크리스틴 톰슨(K. Thompson) & 데이비드 보드웰(D. Bordwell), 주진숙 외 옮김, 『세계영화사(전2권)』, 시각과언어, 2000.
니콜라스 S. 티마셰프(Nicholas S. Timasheff) & 조지 A. 테오도슨(George A. Theodorson), 박재묵·이정옥 옮김, 『사회학사: 사회학이론의 성격과 발전』, 풀빛, 1985.
Time-Life 북스 편집부, 한국일보 타임-라이프 편집부 옮김, 『미국('세계의 국가' 시리즈)』, 한국일보 타임-라이프, 1988.
존 터먼(John Tirman), 이종인 옮김, 『미국이 세계를 망친 100가지 방법』, 재인, 2008.
제임스 트라웁(James Traub), 이다희 옮김, 『42번가의 기적: 타임스퀘어의 몰락과 부활』, 이후, 2007.
Frederick Jackson Turner, 『The Significance of the Frontier in American History』, Richard N. Current & John A. Garraty, eds., 『Words That Made American History: The 1870's to the Present』, Boston, Mass.: Little, Brown and Co., 1962, pp.42~65.

조너선 터너(Jonathan H. Turner), 정태환 외 옮김, 『현대 사회학 이론』, 나남출판, 2001.
제임스 B. 트위첼(James B. Twitchell), 김철호 옮김, 『욕망, 광고, 소비의 문화사』, 청년사, 2001.
제임스 B. 트위첼(James B. Twitchell), 최기철 옮김, 『럭셔리 신드롬: 사치의 대중화, 소비의 마지막 선택』, 미래의창, 2003.
래리 타이(Larry Tye), 송기인 외 옮김, 『여론을 만든 사람, 에드워드 버네이즈: 'PR의 아버지'는 PR을 어떻게 만들었나?』, 커뮤니케이션북스, 2004.
제임스 M. 바더맨(James M. Vardaman), 이규성 옮김, 『두개의 미국사: 남부인이 말하는 미국의 진실』, 심산, 2004.
토르스타인 베블런(Thorstein Veblen), 이완재 · 최세양 옮김, 『한가한 무리들』, 동인, 1995.
토르스타인 베블런(Thorstein Veblen), 홍기빈 옮김, 『자본의 본성에 관하여 외』, 책세상, 2009.
이매뉴얼 월러스틴(Immanuel Wallerstein), 김인중 외 옮김, 『근대세계체제 III』, 까치, 1999.
Booker T. Washington, 「The Atalanta Exposition Address」, Richard N. Current & John A. Garraty, eds., 『Words That Made American History: The 1870's to the Present』, Boston, Mass.: Little, Brown and Co., 1962, pp.124~133.
J.W.N. 왓킨스(J.W.N. Watkins), 「제12장 밀과 개인주의적 자유」, D. 톰슨(David Thomson) 엮음, 김종술 옮김, 『서양 근대정치사상』, 서광사, 1990, 219~236쪽.
프랑수아 베유(François Weil), 문신원 옮김, 『뉴욕의 역사』, 궁리, 2003.
렉 휘태커(Reg Whitaker), 이명균 · 노명현 옮김, 『개인의 죽음: 이제 더 이상 개인의 프라이버시는 존재하지 않는다』, 생각의나무, 2001.
Woodrow Wilson, 「The New Freedom」, Richard N. Current & John A. Garraty, eds., 『Words That Made American History: The 1870's to the Present』, Boston, Mass.: Little, Brown and Co., 1962, pp.213~224.
Woodrow Wilson, 「Message to Congress(April 2, 1917)」, Richard N. Current & John A. Garraty, eds., 『Words That Made American History: The 1870's to the Present』, Boston, Mass.: Little, Brown and Co., 1962a, pp.237~251.
로버트 폴 볼프(Robert Paul Wolff), 임홍순 옮김, 『아나키즘: 국가권력을 넘어서』, 책세상, 2001.
리처드 월하임(Richard Wollheim), 이종인 옮김, 『프로이트』, 시공사, 1999.
해리슨 M. 라이트(Harrison M. Wright) 엮음, 박순식 편역, 『제국주의란 무엇인가』, 까치, 1989.
Fareed Zakaria, 강태욱 옮김, 「미국의 독주 끝나는가(표지 기사)」, 『뉴스위크 한국판』, 2006년 7월 12일, 20~25쪽.
하워드 진(Howard Zinn), 조선혜 옮김, 『미국민중저항사(전2권)』, 일월서각, 1986.
하워드 진(Howard Zinn), 이재원 옮김, 『불복종의 이유』, 이후, 2003.
하워드 진(Howard Zinn), 문강형준 옮김, 『권력을 이긴 사람들』, 난장, 2008.
하워드 진(Howard Zinn) & 도날도 마세도(Donaldo Macedo), 김종승 옮김, 『하워드 진, 교육

을 말하다』, 궁리, 2008.
하워드 진(Howard Zinn) & 레베카 스테포프(Rebecca Stefoff), 김영진 옮김, 『하워드 진 살아있는 미국역사』, 추수밭, 2008.
슈테판 츠바이크(Stefan Zweig), 안인희 옮김, 『광기와 우연의 역사』, 자작나무, 1996.
강돈구, 「한국 기독교는 민족주의적이었나: 한국 초기 기독교와 민족주의」, 『역사비평』, 계간 27호(1994년 겨울), 317~327쪽.
강병, 「"일본 전쟁비용 지원위해 루스벨트, 미사업가 동원"」, 『경향신문』, 2007년 4월 26일, 12면.
강성학, 『시베리아 횡단열차와 사무라이: 러일전쟁의 외교와 군사전략』, 고려대학교 출판부, 1999.
강재언, 『신편 한국근대사 연구』, 한울, 1995.
강재언, 이규수 옮김, 『서양과 조선: 그 이문화 격투의 역사』, 학고재, 1998.
강준만, 『세계의 대중매체 1: 미국편』, 인물과사상사, 2001.
강준만, 『한국근대사 산책(전10권)』, 인물과사상사, 2007~2008.
강준만, 「한국 자전거 문화의 역사: 자전거를 '레저'로 만든 '자동차 공화국'」, 월간 『인물과 사상』 2008년 3월, 161~201쪽.
강준만 외, 『권력과 리더십(전6권)』, 인물과사상사, 1999~2000.
고명섭, 「거대 통제사회, 그 괴물의 탄생기」, 『한겨레』, 2007년 8월 4일자.
고명섭, 『광기와 천재』, 인물과사상사, 2007a.
고정휴, 「독립운동기 이승만의 외교 노선과 제국주의」, 『역사비평』, 계간 31호(1995년 겨울), 129~187쪽.
고종석, 『코드 훔치기: 한 저널리스트의 21세기 산책』, 마음산책, 2000.
구선희, 「개화파의 대외인식과 그 변화」, 한국근현대사회연구회, 『한국근대 개화사상과 개화운동』, 신서원, 1998.
구정은, 「어제의 오늘」, 『경향신문』, 2009년 6월 24일~10월 28일자.
권오신, 『미국의 제국주의: 필리핀인들의 시련과 저항』, 문학과지성사, 2000.
권용립, 『미국의 정치문명』, 삼인, 2003.
권재현, 「20세기 우연과 필연(19) 할리우드 건설」, 『동아일보』, 1999년 9월 30일, 8면.
김광현, 『기호인가 기만인가: 한국 대중문화의 가면』, 열린책들, 2000.
김기정, 『미국의 동아시아 개입의 역사적 원형과 20세기 초 한미관계 연구』, 문학과지성사, 2003.
김기흥, 「한국 교회와 근본주의: 세계교회사적 입장」, 한국교회사학연구원 편, 『한국기독교사상』, 연세대학교 출판부, 1998.
김기훈, 「코닥의 몰락」, 『조선일보』, 2007년 2월 28일, A34면.
김남균, 「미국사회 예외주의의 배경과 전망」, 강치원 엮음, 『세계화와 한국사회의 미래: 신자유주의적 세계화와 미국, 그 대안은 없는가』, 백의, 2000.
김남균, 「외교정책의 전통: 예외주의 역사의식」, 김형인 외, 『미국학』, 살림, 2003, 155~178쪽.
김덕호, 「제2부 제6장 환경운동」, 김덕호·김연진 엮음, 『현대 미국의 사회운동』, 비봉출판사,

2001, 392~430쪽.

김덕호·원용진, 「미국화, 어떻게 볼 것인가」, 김덕호·원용진 엮음, 『아메리카나이제이션』, 푸른역사, 2008, 10~45쪽.

김동식, 『프래그머티즘』, 아카넷, 2002.

김동철, 『자유언론법제연구』, 나남, 1987.

김동춘, 『미국의 엔진, 전쟁과 시장』, 창비, 2004.

김명진, 「자동차와 도로망의 발전」, 국사편찬위원회 편, 『근현대과학기술과 삶의 변화』, 두산동아, 2005.

김명환, 「미국에서 생각하는 한국의 영미문학」, 『안과밖(영미문학연구)』, 제12호(2002년 상반기), 126~139쪽.

김병곤, 「사회진화론의 발생과 전개」, 『역사비평』, 제32호(1996년 봄).

김봉중, 『미국은 과연 특별한 나라인가?: 미국의 정체성을 읽는 네 가지 역사적 코드』, 소나무, 2001.

김봉중, 『카우보이들의 외교사: 먼로주의에서 부시 독트린까지 미국의 외교전략』, 푸른역사, 2006.

김삼웅, 『친일정치 100년사』, 동풍, 1995.

김성곤, 『문학과 영화』, 민음사, 1997a.

김성호, 「아펜젤러 선교 숨결 간직한 국내 첫 서양식 '하나님의 집': 정동제일교회 '벧엘 예배당'」, 『서울신문』, 2006년 5월 15일, 18면.

김수진, 「新한국교회사」, 『국민일보』, 2001년 3월 14일~5월 2일자.

김순배, 「'아파치 추장' 증손 "할아버지 유골 돌려달라"」, 『한겨레』, 2009a년 2월 20일자.

김승태, 「한국 개신교와 근대 사학」, 『역사비평』, 통권 70호(2005년 봄), 123~144쪽.

김시현, 「자동차를 미국이 발명했다고?: "오바마 첫 의회연설 곳곳 오류투성이"」, 『조선일보』, 2009년 2월 27일자.

김영재, 『한국교회사』, 개혁주의신행협회, 1992.

김영진, 「자동차」, 김성곤 외, 『21세기 문화 키워드 100』, 한국출판마케팅연구소, 2003.

김용관, 『탐욕의 자본주의: 투기와 약탈이 낳은 괴물의 역사』, 인물과사상사, 2009.

김용구, 『세계외교사』, 서울대학교 출판부, 2006.

김운태, 『일본제국주의의 한국통치』, 박영사, 1998.

김인수, 「한국교회의 청교도주의: 한국교회사적 입장」, 한국교회사학연구원 편, 『한국기독교사상』, 연세대학교 출판부, 1998.

김인숙, 「무너져가는 나라가 기댈 것은 미래뿐 … 고종, 학교설립 흔쾌히 허락: 광혜원·배재학당 등 설립…민간의 근대화 움직임」, 『조선일보』, 2004년 4월 9일, A26면.

김인호, 『백화점의 문화사: 근대의 탄생과 욕망의 시공간』, 살림, 2006.

김재신, 『마크 트웨인: 생애와 '허클베리 핀의 모험'』, 건국대학교출판부, 1994.

김재엽, 『122년간의 동거: 전환기에 읽는 한미관계 이야기』, 살림, 2004.

김정기, 「1882년 조미수호통상조약과 이권침탈」, 『역사비평』, 계간 17호(1992년 여름), 18~32쪽.

김종하, 「하와이 이민노동자 모집 광고지 원본 LA서 발굴: 1903년 한국서 발행」, 『한국일보』,

2002년 10월 8일, 25면.
김태수, 『꽃가치 피어 매혹케 하라: 신문광고로 본 근대의 풍경』, 황소자리, 2005.
김태익, 「유길준과 모스교수(유길준과 개화의 꿈 2)」, 『조선일보』, 1994년 11월 10일, 7면.
김태익, 「최초의 대미사절 보빙사(유길준과 개화의 꿈 4)」, 『조선일보』, 1994a년 11월 14일, 7면.
김학준, 『러시아혁명사』, 문학과지성사, 1979.
김형인, 「마이너리티, 흑인의 삶」, 김형인 외, 『미국학』, 살림, 2003, 309~354쪽.
김형인, 『두 얼굴을 가진 하나님: 성서로 보는 미국 노예제』, 살림, 2003a.
김형인, 『미국의 정체성: 10가지 코드로 미국을 말한다』, 살림, 2003b.
김호일, 『다시 쓴 한국 개항 전후사』, 중앙대학교 출판부, 2004.
나윤도, 「미국의 대통령 문화(21회 연재)」, 『서울신문』, 1997년 11월 22일~1998년 5월 7일자.
노용택·박지훈, "'미, 일제 한반도 강점 적극 지원 러·일전쟁 전비 제공'", 『국민일보』, 2007년 4월 26일, 1면.
노주석, 「러 외교문서로 밝혀진 구한말 비사 (2) 오락가락하는 대 한반도 정책」, 『대한매일』, 2002년 5월 13일, 17면.
노형석, 『모던의 유혹 모던의 눈물: 근대 한국을 거닐다』, 생각의나무, 2004.
도진순, 「세기의 망각을 넘어서: 러일전쟁 100주년 기념행사를 중심으로」, 『역사비평』, 통권 77호(2006년 겨울), 279~318쪽.
류대영, 『개화기 조선과 미국 선교사: 제국주의 침략, 개화자강, 그리고 미국 선교사』, 한국기독교역사연구소, 2004.
마루야마 마사오·가토 슈이치, 임성모 옮김, 『번역과 일본의 근대』, 이산, 2000.
매일경제 지식프로젝트팀, 『지식혁명 보고서: 당신도 지식인입니다』, 매일경제신문사, 1998.
문정식, 『펜을 든 병사들: 종군기자 이야기』, 전국언론노동조합연맹, 1999.
민경배, 『알렌의 선교와 근대한미외교』, 연세대학교 출판부, 1991.
박노자, 『나를 배반한 역사』, 인물과사상사, 2003.
박노자, 『우승열패의 신화』, 한겨레신문사, 2005a.
박노자·허동현, 『열강의 소용돌이에서 살아남기』, 푸른역사, 2005.
박보균, 『살아 숨쉬는 미국역사』, 랜덤하우스중앙, 2005.
박석분·박은봉, 『인물여성사』, 새날, 1994.
박성수, 『이야기 독립운동사: 121 가지 사건으로 보는 한국근대사』, 교문사, 1996.
박성수, 「무지한 외교가 나라를 망치노니: 임진왜란·강화도조약·을사조약·신을사조약」, 『신동아』, 1997년 8월.
박영배, 『미국, 야만과 문명의 두 얼굴: 주미특파원 박영배 리포트』, 이채, 1999.
박용규, 「미국 선교사들, 조선을 가장 선호」, 『주간조선』, 2006년 5월 8일, 76~77면.
박원식, "'1887년 미 광부이민 흔적 찾아냈죠'": 미(美)이민 100주년 기념사업회 서동성·최융씨」, 『한국일보』, 2002년 11월 16일, 23면.
박은봉, 『개정판 한국사 100장면』, 실천문학사, 1997.
박지향, 『제국주의: 신화와 현실』, 서울대학교출판부, 2000.
박지향, 『일그러진 근대: 100년전 영국이 평가한 한국과 일본의 근대성』, 푸른역사, 2003.

박진빈, 『백색국가 건설사: 미국 혁신주의의 빛과 그림자』, 앨피, 2006.
박진희, 「서양과학기술과의 만남」, 국사편찬위원회 편, 『근현대과학기술과 삶의 변화』, 두산동아, 2005.
박찬승, 『한국근대 정치사상사연구: 민족주의 우파의 실력양성운동론』, 역사비평사, 1992.
박찬승, 「한말·일제시기 사회진화론의 성격과 영향」, 『역사비평』, 제32호(1996년 봄).
박천홍, 『매혹의 질주, 근대의 횡단: 철도로 돌아본 근대의 풍경』, 산처럼, 2003.
박태호, 「근대적 주체의 역사이론을 위하여」, 김진균·정근식 편저, 『근대주체와 식민지 규율권력』, 문화과학사, 1997.
박홍규, 『윌리엄 모리스의 생애와 사상』, 개마고원, 1998.
박홍규, 『아나키즘 이야기: 자유·자치·자연』, 이학사, 2004.
방선주, 「한국인의 미국 이주: 그 애환의 역사와 전망」, 『한국사 시민강좌 제28집』, 일조각, 2001, 90~108쪽.
배경식, 「보릿고개를 넘어서」, 한국역사연구회, 『우리는 지난 100년 동안 어떻게 살았을까 3』, 한국역사연구회, 1999.
백승찬, 「어제의 오늘」, 『경향신문』, 2009년 5월 1일~2009년 11월 13일자.
백욱인, 「디지털혁명과 일상생활」, 『문화과학』, 제10호(1996년 가을).
백종국, 『멕시코 혁명사』, 한길사, 2000.
사루야 가나메, 남혜림 옮김, 『검증, 미국사 500년의 이야기』, 행담출판, 2007.
사이토 다카시, 『세계사를 움직이는 다섯가지 힘』, 뜨인돌, 2009.
서영희, 「명성황후 재평가」, 『역사비평』, 통권 60호(2002년 가을), 328~350쪽.
서의동, 「어제의 오늘」, 『경향신문』, 2009년 7월 14일~10월 6일자.
서정갑, 『부조화의 정치: 미국의 경험』, 법문사, 2001.
서정민, 『언더우드가 이야기: 한국과 가장 깊은 인연을 맺은 서양인 가문』, 살림, 2005.
서정주, 『우남 이승만전』, 화산문화기획, 1995.
손세일, 「연재」 손세일의 비교 전기 / 한국 민족주의의 두 유형: 이승만과 김구」, 『월간조선』, 2001년 8월~2003년 5월호.
손세호, 『하룻밤에 읽는 미국사』, 랜덤하우스, 2007.
손영호, 『마이너리티 역사 혹은 자유의 여신상』, 살림, 2003.
손제민, 「외신기자 눈에 비친 근현대사: 60여명 취재기 '한국의 목격자들' 출간」, 『경향신문』, 2006년 6월 5일, 21면.
송기도, 『콜럼버스에서 룰라까지: 중남미의 재발견』, 개마고원, 2003.
송상근, 「책갈피 속의 오늘」 1899년 美 첫 교통사고 사망자 발생」, 『동아일보』, 2008년 9월 13일자.
송우혜, 「운명의 20년」, 『조선일보』, 2004년 8월 18일~2004년 10월 20일자.
수요역사연구회 편, 『일제의 식민지 지배정책과 매일신보 1910년대』, 두리미디어, 2005.
신동원, 「미국과 일본 보건의료의 조선 진출: 제중원과 우두법」, 『역사비평』, 통권 56호(2001년 가을), 334~350쪽.
신문수, 「미국문화 원류 탐험기 ④ '프런티어 맨', 대니얼 분 신화의 무대 컴벌랜드 갭: 숱한 문명의 행렬 거쳐간 서부 개척의 관문」, 『신동아』, 2006년 4월호.
신복룡, 『동학사상과 갑오농민혁명』, 평민사, 1985.
신복룡, 『한국정치사』, 박영사, 1991.
신복룡, 『이방인이 본 조선 다시읽기』, 풀빛, 2002.
신영숙, 「사진신부는 미국 한인의 뿌리」, 이배용 외, 『우리나라 여성들은 어떻게 살았을까 2: 개화기부터 해방기까지』, 청년사, 1999.
신영숙, 「신식 결혼식과 변화하는 결혼 양상」, 국사편찬위원회 편, 『혼인과 연애의 풍속도』, 두산동아, 2005.
안영배, 「1899년 대한제국과 1999년 대한민국—어설픈 근대화론이 조선 망쳤고, 서툰 세계화가 국난 불렀다」, 『신동아』, 1999년 3월, 528~545쪽.
안영식, 「책갈피 속의 오늘—1879년 에디슨 '백열전구 발명' 공개」, 『동아일보』, 2008년 12월 3일자.
안윤모, 『미국 민중주의의 역사』, 이화여자대학교출판부, 2006.
양홍석, 『고귀한 야만: 버펄로 빌 코디의 서부활극을 통해 본 미국의 폭력, 계급 그리고 인종』, 동국대학교출판부, 2008.
연동원, 『영화 대 역사: 영화로 본 미국의 역사』, 학문사, 2001.
염운옥, 「영국의 식민사상과 사회진화론」, 강만길 외, 『일본과 서구의 식민통치 비교』, 선인, 2004.
염운옥, 「생명에도 계급이 있는가: 유전자 정치와 영국의 우생학」, 책세상, 2009.
오치 미치오, 곽해선 옮김, 『와스프: 미국의 엘리트는 어떻게 만들어지는가』, 살림, 1999.
오치 미치오 외, 김영철 편역, 『마이너리티의 헐리웃: 영화로 읽는 미국사회사』, 한울, 1993.
요미우리 신문사 엮음, 이종주 옮김, 『20세기의 드라마(전3권)』, 새로운 사람들, 1996.
요시다 도시히로, 김해경·안해룡 옮김, 『공습』, 휴머니스트, 2008.
우덕룡 외, 『라틴아메리카: 마야, 잉카로부터 현재까지의 역사와 문화』, 송산출판사, 2000.
우태희, 『세계경제를 뒤흔든 월스트리트 사람들』, 새로운제안, 2005.
원준상, 『한국의 세계화와 미국 이민사』, 삶과꿈, 1997.
유길준, 허경진 옮김, 『서유견문』, 서해문집, 2004.
유동환, 『잃어버린 미래를 찾아서』, 푸른나무, 1996.
유민영, 「신파극시대의 희곡」, 김윤식·김우종 외, 『한국현대문학사』, 현대문학, 2005.
유영렬, 『개화기의 윤치호연구』, 한길사, 1985.
유의영, 「아메리카—풍요를 좇아 산 고난의 90년: 해외동포 이민애사, 그 유랑의 세월」, 『역사비평』, 제14호(1991년 가을), 231~243쪽.
유재현, 『거꾸로 달리는 미국: 유재현의 미국사회 기행』, 그린비, 2009.
유종선, 『미국사 100 장면: 신대륙 발견에서 LA 흑인폭동까지』, 가람기획, 1995.
윤건차, 「일본의 사회진화론과 그 영향」, 『역사비평』, 제32호(1996년 봄).
윤경로, 「1910년대 민족해방운동과 3·1운동」, 강만길 외, 『통일지향 우리민족해방운동사』, 역사비평사, 2000.
윤덕한, 『이완용 평전: 애국과 매국의 두 얼굴』, 중심, 1999.

윤병석, 『한국독립운동의 해외사적 탐방기』, 지식산업사, 1994.
윤희영, 「뉴욕타임스 100주년: 타이태닉호 침몰 1시간 만에 15개면 특집기사」, 『조선일보』, 1996년 9월 19일, 8면.
이강숙 외, 『우리 양악 100년』, 현암사, 2001.
이경민, 「사진신부, 결혼에 올인하다 1: 하와이 이민과 사진결혼의 탄생」, 『황해문화』, 제56호(2007년 가을), 402~411쪽; 「사진신부, 결혼에 올인하다 2: 하와이 이민과 사진결혼의 탄생」, 『황해문화』, 제57호(2007년 겨울), 406~414쪽.
이경원, 「미국학과 미국경제」, 김형인 외, 『미국학』, 살림, 2003, 195~222쪽.
이광린, 「『대한매일신보』 간행에 대한 일고찰」, 이광린 외, 『대한매일신보연구: 인문연구논총 제16집』, 서강대학교 인문과학연구소, 1986.
이광린, 『한국개화사상연구』, 일조각, 1995.
이광린, 『한국사강좌 V(근대편)』, 일조각, 1997.
이광린, 『개화당연구』, 일조각, 1997a.
이근식, 「논평」, 안병영·임혁백 편, 『세계화와 신자유주의: 이념·현실·대응』, 나남, 2000.
이달순, 『이승만 정치 연구』, 수원대학교 출판부, 2000.
이덕주, 『조선은 왜 일본의 식민지가 되었는가』, 에디터, 2004.
이덕주, 『한국교회 처음 이야기』, 홍성사, 2006.
이만열, 『한국기독교와 민족의식: 한국기독교사연구논고』, 지식산업사, 1991.
이명화, 『도산 안창호의 독립운동과 통일노선』, 경인문화사, 2002.
이문창, 「크로포트킨과 그의 시대」, P. A. 크로포트킨(Pyotr A. Kropotkin), 김유곤 옮김, 『크로포트킨 자서전』, 우물이있는집, 2003, 595~656쪽.
이민원, 「당시 국제 역학관계: 러일전쟁 100주년」, 『한겨레』, 2004년 2월 17일, 6면.
이배용, 「열강의 이권침탈과 조선의 대응」, 『한국사 시민강좌 제7집』, 일조각, 1990, 97~126쪽.
이보형, 「터너의 프론티어사관」, 차하순 편, 『사관이란 무엇인가』, 청람, 1988.
이보형, 『미국사 개설』, 일조각, 2005.
이상익, 『서구의 충격과 근대 한국사상』, 한울아카데미, 1997.
이상찬, 「을사조약과 병합조약은 성립하지 않았다」, 『역사비평』, 계간31호(1995년 겨울), 223~248쪽.
이상철, 『커뮤니케이션 발달사』, 일지사, 1982.
이성형, 『콜럼버스가 서쪽으로 간 까닭은?』, 까치, 2003.
이소영, 「서양음악의 충격과 음악문화의 왜곡」, 『역사비평』, 통권 45호(1998년 겨울), 123~139쪽.
이승원, 『소리가 만들어낸 근대의 풍경』, 살림, 2005.
이승원, 「식민지 역사의 '뼈아픈 기록'」, 『교수신문』, 2007년 4월 30일, 5면.
이영석, 『영국 제국의 초상』, 푸른역사, 2009.
이이화, 「이완용의 곡예: 친미·친로에서 친일로」, 『역사비평』, 계간 17호(1992년 여름), 193~202쪽.
이재광·김진희, 『영화로 쓰는 20세기 세계경제사』, 혜윰, 1999a.
이정식, 권기붕 옮김, 『초대 대통령 이승만의 청년시절』, 동아일보사, 2002.

이정식, 『대한민국의 기원』, 일조각, 2006.
이주영, 『미국사』, 대한교과서, 1995.
이중한 외, 『우리 출판 100년』, 현암사, 2001.
이지현, 「아! 아펜젤러, 기념교회 세웠다 … 군산 내초도에, 순교 105년 만에 건립」, 『국민일보』, 2007년 6월 9일자.
이태숙, 「공리주의」, 김영한 엮음, 『서양의 지적운동 II』, 지식산업사, 1998.
이태진, 『고종시대의 재조명』, 태학사, 2000.
이한우, 『거대한 생애 이승만 90년(전2권)』, 조선일보사, 1995.
이혁재 외, 「미국 이민 100년」, 『조선일보』, 2002년 1월 4일~2월 4일자.
이현하, 「초기 영화: 영화의 탄생과 매체적 특성」, 임정택 외, 『세계영화사 강의』, 연세대학교 출판부, 2001, 9~29쪽.
이형대, 「미국의 지적 전통과 위기」, 김형인 외, 『미국학』, 살림, 2003, 75~99쪽.
임소정, 「어제의 오늘」 1889년 여기자 넬리 블라이 세계일주」, 『경향신문』, 2009년 11월 14일자.
임종국, 민족문제연구소 엮음, 『한국인의 생활과 풍속(2권)』, 아세아문화사, 1995.
임희완, 『역사학의 이해』, 건국대학교출판부, 2000.
장석만, 「'근대문명'이라는 이름의 개신교」, 『역사비평』, 통권 46호(1999년 봄), 255~268쪽.
장인성, 『장소의 국제정치사상: 동아시아 질서변동기의 요코이 쇼난과 김윤식』, 서울대학교출판부, 2002.
장태한, 『아시안 아메리칸: 백인도 흑인도 아닌 사람들의 역사』, 책세상, 2004.
전복희, 『사회진화론과 국가사상: 구한말을 중심으로』, 한울아카데미, 1996.
전봉관, 『럭키경성: 근대조선을 들썩인 투기 열풍과 노블레스 오블리주』, 살림, 2007.
전성원, 「로버트 우드러프: 콜라를 통한 세계화, 코카콜로니제이션의 대부」, 월간 『인물과 사상』, 제139호(2009년 11월), 77~101쪽.
전성원, 「윌리엄 보잉: 전쟁과 평화, 야누스의 두 얼굴을 가진 하늘의 거인」, 월간 『인물과 사상』, 제140호(2009a년 12월), 95~123쪽.
정근식, 「장애의 새로운 인식을 위하여: 문화비판으로서의 장애의 사회사」, 『당대비평』, 제14호(2001년 봄), 252~278쪽.
정미옥, 「식민지 여성과 이산의 공간」, 태혜숙 외, 『한국의 식민지 근대와 여성공간』, 여이연, 2004.
정병준, 『우남 이승만연구: 한국 근대국가의 형성과 우파의 길』, 역사비평사, 2005.
정성화, 「W. 그리피스, 『은자의 나라 한국』: 그리피스의 한국관을 중심으로」, 연세대학교 현대한국학연구소 편, 『해외한국학평론』, 창간호(2000년 봄), 11~42쪽.
정성희, 『한권으로 보는 한국사 101장면』, 가람기획, 1997.
정수나, 「'장막 속의 조선' 이해하거나 오해하거나: '서양인이 본 조선'에 대한 기록들」, 『한겨레』, 2005년 4월 26일, 16면.
정용화, 『문명의 정치사상: 유길준과 근대 한국』, 문학과지성사, 2004.
정운현, 『호외, 백년의 기억들: 강화도 조약에서 전두환 구속까지』, 삼인, 1997.
정일성, 『후쿠자와 유키치: 탈아론을 어떻게 펼쳤는가』, 지식산업사, 2001.

정일성, 『이토 히로부미: 알려지지 않은 이야기들』, 지식산업사, 2002.
조경란, 「중국에서의 사회진화론 수용과 극복」, 『역사비평』, 제32호(1996년 봄).
조선일보 문화부 편, 『아듀 20세기(전2권)』, 조선일보사, 1999.
조이영, 「책갈피 속의 오늘」, 『동아일보』, 2008년 9월 3일~2009년 2월 13일자.
조정래, 『아리랑 1~12: 조정래 대하소설』, 해냄, 2001.
조지형, 「실용주의」, 김영한·임지현 편, 『서양의 지적운동 I: 르네상스에서 포스트모더니즘까지』, 지식산업사, 1994, 427~463쪽.
조현범, 『문명과 야만: 타자의 시선으로 본 19세기 조선』, 책세상, 2002.
주진오, 「청년기 이승만의 언론·정치활동 해외활동」, 『역사비평』, 계간 33호(1996년 여름), 157~203쪽.
진인숙, 『영어 단어와 숙어에 담겨진 이야기』, 건국대학교 출판부, 1997.
차배근, 『미국신문사』, 서울대학교출판부, 1983.
차상철 외, 『미국외교사: 워싱턴 시대부터 루즈벨트 시대까지(1774~1939)』, 비봉출판사, 1999.
최기영, 「제6장. 한말-일제 시기 미주의 한인언론」, 위암장지연선생기념사업회, 『한국근대언론과 민족운동』, 커뮤니케이션북스, 2001.
최문형, 『국제관계로 본 러일전쟁과 일본의 한국병합』, 지식산업사, 2004.
최민영, 「자판기 첫 등장은 기원전 215년 이집트서」, 『경향신문』, 2000년 11월 13일, 26면.
최영창, 「한국과 일본 굴곡의 100년을 넘어」, 『문화일보』, 2005년 1월 25일~11월 19일자.
최웅·김봉중, 『미국의 역사』, 소나무, 1997.
최재봉, 「'잭 런던 걸작선' 미국 사회주의 신고 오다」, 『한겨레』, 2009년 3월 14일자.
최정수, 「미국의 필리핀 지배전략과 자치화정책」, 강만길 외, 『일본과 서구의 식민통치 비교』, 선인, 2004, 181~216쪽.
최진섭, 『한국언론의 미국관』, 살림터, 2000.
태혜숙, 『다인종 다문화 시대의 미국문화 읽기』, 이후, 2009.
팽원순, 『매스코뮤니케이션 법제이론』, 법문사, 1988.
하원호, 『한국근대경제사연구』, 신서원, 1997.
한겨레신문 문화부 편, 『20세기 사람들(전2권)』, 한겨레신문사, 1995.
한국기독교역사연구소, 『한국 기독교의 역사 I』, 기독교문사, 1989.
한국민족운동사학회 편, 『미주지역의 한인사회와 민족운동』, 국학자료원, 2004.
한기욱, 「추상적 인간과 자연: 미국 고전문학의 근대성에 관하여」, 『영미문학연구 안과밖』, 제2호(1997년 상반기), 41~69쪽.
한기홍, 「한반도 1904 vs 2004」, 『동아일보』, 2004년 1월 8일, A8면.
한승동, 「'한반도 분할' 일본 아이디어: 러·일전쟁전 러에 제안 / 미, 일 전쟁비용 지원」, 『한겨레』, 2001년 4월 14일, 7면.
한승동, 「자본주의, 너 이대로 가다간 망한다」, 『한겨레』, 2007년 6월 16일자.
한승동, 「여전히 가쓰라와 태프트의 세계」, 『한겨레 21』, 2007a년 8월 23일자.
한윤정, 「다시 쓰는 한반도 100년 (9) 하와이 이민과 한·일 갈등」, 『경향신문』, 2001년 10월 13일, 7면.

함태경, 「구한말~일제시대 반봉건 반외세 앞장: 한국학생선교운동의 여명기」, 『국민일보』, 2004년 4월 26일, 36면.
허동현, 「수출할 수 있는 것은 소가죽·쌀·머리털·전복껍데기뿐: 사회모습 어땠나」, 『조선일보』, 2004년 3월 19일, A25면.
허동현, 「그때 오늘」, 『중앙일보』, 2009년 7월 29일~2009년 12월 7일자.
허동현·박노자, 『우리 역사 최전선: 박노자·허동현 교수의 한국 근대 100년 논쟁』, 푸른역사, 2003.
허두영, 『신화에서 첨단까지: 신화로 풀어내는 과학사(전2권)』, 참미디어, 1998.
허우이제, 장지용 옮김, 『원세개』, 지호, 2003.
홍사중, 『근대시민사회사상사』, 한길사, 1997.
홍성태, 「전쟁국가 미국, 잔악한 미군」, 『황해문화』, 제44호(2004년 가을).
홍윤서, 『전쟁과 학살, 부끄러운 미국』, 말, 2003.
황상익, 「한말 서양의학의 도입과 민중의 반응」, 『역사비평』, 통권 44호(1998년 가을), 271~285쪽.

찾아보기

KKK 174~178

가필드, 제임스 153, 266~267
강화도조약(조일수호조규) 250~251, 272~273, 283
개리슨, 윌리엄 로이드 14, 85~86
게티즈버그 연설 117~120
게티즈버그 전투 110~112, 115~117
고종 258, 269~271, 274~275, 279, 283, 285
구로다 기요타카 249~250
국가징집법 109
굴드, 제이 242, 245
그랜트, 율리시스 103~104, 117, 120~121, 123, 125, 136, 146, 157, 171, 181~182, 204~207, 218, 241~242, 247~248
그릴리, 호러스 98, 111, 122, 204~205
김옥균 274, 283

날강도 귀족 207, 238, 241, 243, 245, 251
내셔널리그 234
너대니얼 호손 18
노예해방선언 106~107
뉴올리언스전투 99

다윈, 찰스 66, 68~70
대륙횡단철도 27, 99, 159, 179, 184~188
대원군 163~165, 198~199, 269
더글러스, 스티븐 14~15, 26~27, 29, 58~60

더들러스, 프레더릭 61, 93
데이비스, 제퍼슨 225
데이비스, 케네스 81~82, 207
도금시대 207~210, 243
도망노예법 10~11
드레드 스콧 사건 41~43, 80
딜로렌조, 토머스 83, 107, 133~134, 158, 160, 177, 183

러시모어 223~226
로저스, 존 195~196, 201
루스벨트, 시어도어 223~224
리, 로버트 95~96, 102, 115, 131, 146, 157, 176, 217
리빙스턴, 데이비드 192~193
리틀 빅혼 전투 216~218
링컨, 에이브러햄 13~15, 48, 56~60, 64, 69, 74~80, 82~88, 91~93, 95~96, 98~111, 117~123, 125~138, 141, 146~147, 150~155, 218, 222~224, 241

마르크스, 카를 45, 68~70, 205, 256, 296
만국박람회 48~50
매코믹, 홀 143~144
맥클렐런, 조지 102~104, 122, 126
메이시, 롤런드 51
메이지유신 22
모건, 존 피어폰트 110, 186, 258, 291

모스, 새뮤얼 29
몰몬교 188~189
무디, 드와이트 281~284
미일수호통상조약 21
미주리협정 27
민영익 275~276, 278~279, 285

바넘, 피니어스 테일러 220~222
〈바람과 함께 사라지다〉 123~125
박규수 163~166, 199~200, 270
반더빌트, 코넬리우스 141, 185, 222, 242~243
반유대주의 177
백화점의 탄생 50~51
버펄로 빌 214, 220, 223
번사이드, 앰브로스 145, 222
벨, 알렉산더 그레이엄 50, 227~229, 233
병인양요 198~199, 269, 272
보빙사 258, 275, 277~279, 297
부스, 존 윌크스 151~152
불런 전투·머내서스 전투 97~99, 108
뷰캐넌, 제임스 39~40, 61
브라운, 존 37~38, 60~64, 85
브로커 140~141
빅스버그 전투 117
빅토리아 여왕 49, 95, 192, 206

사회진화론 36, 70~72, 273, 287~288, 291~299
샌드크리크 학살사건 126~128
섬너, 윌리엄 287, 291~295
셔먼, 윌리엄 테컴서 103~105, 122~123, 126, 135, 146, 157~158, 213
셰리든, 필립 158
소득세 법안 99
소로, 헨리 데이비드 14, 62~63, 237
숄즈, 크리스토퍼 50, 232
수정헌법 13조(노예제 폐지) 129
슈어드, 윌리엄 74~75, 107, 170~171
슈펠트, 로버트 윌슨 195, 200, 268~269, 276
스콧, 윈필드 17, 92
스탠턴, 에드윈 136, 143, 151, 181
스탠퍼드, 릴런드 186, 190
스탠리, 헨리 모튼 193~194
스토, 해리엇 비처 11~13
스톤마운틴 225~226

스톨워트 266
스펜서, 허버트 70, 72~73, 287~291, 294~296
시빙턴, 존 127~128
시팅 불 218, 223
신미양요 166, 195~198, 200~202, 269
심스, 토머스 14

아서, 체스터 266~267, 275, 277~278
아시아의 아일랜드인 35~36
아일랜드 대기근 32~34
알렌, 호러스 281~286
애틀란타 전투 122~123
어재연 196, 202~203
에디슨, 토머스 228~229, 256~260
에머슨, 앨프 왈도 31, 62
엥겔스, 프리드리히 69, 256
영, 브리검 188~189
영원한 성조기 결사단 30
옴스테드, 프레더릭 15, 142
워싱턴, 조지 223~224
웹스터, 대니엘 9, 119
윌슨, 우드로 137, 267
유길준 258, 275, 278, 296~298
이양선 22~24
이홍장 268, 270

『**자**본론』 45, 69
『자유론』 71
재건법 156
잭슨, 앤드루 17, 40, 46, 213
잭슨, 토머스 조너선 97, 225
제너럴 셔먼호 161~166, 194~195
제임스, 프랭크 261~263
제임스, 제시 261~262, 264~265
제퍼슨, 데이비스 79, 96~97, 131~132, 146
제퍼슨, 토머스 223~224
조미수호조약 268~274
조지, 헨리 252~256
조지프스, 매튜 243
존슨, 앤드루 154~156, 181~182
『종의 기원』 66~67, 70
『진보와 빈곤』 254~256
진화론 66~70, 256

카우보이 172~174
칼라일, 토머스 71

칼훈, 존 9, 85
캔자스네브래스카법 27~28, 37~38
커스터, 조지 암스트롱 216~219
콜팩스, 스카일러 129, 182, 242
콤스톡법 210~212
크레이지 호스 218~220, 223~224
크리텐든, 토머스 262, 264
클레이, 헨리 9, 86

태머니홀 245~246
태평양철도법 99
테일러, 재커리 10
토머스, 제임스 162~163
토크빌, 알렉시스 드 71
『톰 소여의 모험』 232
『톰 아저씨의 오두막』 11~13
트웨인, 마크 119, 207~209, 224, 232
트위드, 윌리엄 245~247
틸든, 새뮤얼 존스 247~248

페리, 매튜 20~21
포타와토미 학살 38~39
푸트, 루셔스 274~275, 283
푸트, 셸비 91, 109, 123, 132
퓰리처, 조지프 263~265
프리몬트, 존 39
피어스, 프랭클린 17~21, 37, 39
필립스, 웬델 85, 93, 103
필모어, 밀러드 10

『**한**국, 그 은둔의 나라』 271
허드슨 조지 46
헤이즈, 러더포드 247~248, 266
홈스테드 법 100, 179
후커, 조지프 145